DU MÊME AUTEUR

Aux Éditions Gallimard, collection « Hoëbeke / Étonnants voyageurs »

OÙ VONT LES VENTS SAUVAGES. Marcher à la rencontre des vents d'Europe des Pennines jusqu'en Provence, 2020.

UN PALMIER EN ARCTIQUE

NICK HUNT

UN PALMIER EN ARCTIQUE

Voyages imaginaires à travers l'Europe

Traduit de l'anglais
par Alexandra Maillard

nrf

GALLIMARD

Titre original :

OUTLANDISH

Pour Archer

Tout à fait ailleurs, d'immenses
troupeaux de rennes traversent
des kilomètres et des kilomètres de mousse dorée,
en silence et à toute allure.

W.H. AUDEN,
« La chute de Rome »

Introduction

CONTRÉES LOINTAINES

L'endroit que l'on appelle parfois « le seul désert d'Angleterre » est accessible par une ligne de chemin de fer miniature menant à une centrale nucléaire située sur l'une des plus grandes plages de galets d'Europe. À travers la plaine côtière, une minuscule locomotive à vapeur rutilante dépasse avec bravoure et ridicule des cabanes battues par les intempéries et des bateaux de pêche abandonnés, pour déposer ses passagers au pied d'un phare noir. La centrale ronronne à l'intérieur des terres, trop brutalement immense pour être comprise. Devant, l'estran s'avance vers la mer. Des sections de promenade en bois guident les visiteurs au milieu des pierres, le long de morceaux d'engins de treuillage rouillés et d'affleurements de chou marin ; en été, le paysage de galets est rouge de coquelicots. En descendant des planches, les pierres crissent sous les pas. Les galets étant composés de silex, chacun peut faire des étincelles en posant lourdement ses bottes dessus.

Le désert anglais de Dungeness attire un million de personnes par an, pèlerins de sa bizarrerie. Pourquoi aller au Sahara quand on peut visiter le Kent ? Le cap se détache de la côte sud-est en direction de Boulogne-sur-Mer, à cinquante kilomètres de l'autre côté des flots. C'est un lieu isolé, en route pour nulle part.

Nous ne sommes pas arrivés en train, ma compagne Caroline et moi, mais à vélo, en longeant la côte sablonneuse vers l'est depuis Rye, nous enfonçant à l'intérieur des terres et passant par la ville de Lydd, puis revenant vers la mer. Malgré le ciel sans nuages et éblouissant, un vent tempétueux nous a battus tout au long du trajet, nous faisant suffoquer si nous lui faisions face si bien que, vacillant et haletant, nous avons cheminé comme des ivrognes. Par moments, il était si intense qu'il nous a presque obligés à faire demi-tour, ou à nous en abriter derrière des barrières brise-lame, quand cela était encore possible. Car bientôt devant nous il n'y a plus eu que des cailloux. Le vide semblait immense et nous extrêmement petits. Les distances étaient difficiles à estimer, les proportions désalignées.

Nous sommes restés une semaine à Dungeness, dans une cahute emblématique – qui appartenait à la famille d'un ami –, et avons passé nos journées à marcher sur l'estran et nos soirées à regarder le soleil, boule orange tremblotante, disparaître comme un ovni qui aurait été abattu. Le ciel n'était pas celui d'Angleterre, mais d'un continent plus vaste, avec une qualité de lumière plus claire. Nos découvertes devenaient peu à peu de plus en plus étranges. Étonnamment, pour ce qui semble à première vue un endroit désolé, ce cap constitue l'habitat naturel d'un tiers des essences végétales de Grande-Bretagne, rares pour la plupart; le tamisage incessant de la mer trie les galets en creux et en crêtes qui retiennent l'eau de pluie, aménageant ainsi de petites poches de vie. Des sculptures en bois flotté et en ferraille saillent le long du rivage, créations d'artistes attirés ici par l'héritage de Derek Jarman, le réalisateur de films d'avant-garde qui a fait naître un jardin à partir de ces pierres. Et à un endroit étrange au large, des tuyaux dissimulés déversent l'eau chaude d'une centrale nucléaire (en fait, de deux centrales, Dungeness A et Dungeness B), attirant dans ces zones surnommées « les furoncles », où la température est plus élevée, de minuscules créatures marines qui, à leur tour, séduisent des bancs de poissons et des mouettes. Les eaux usées sont apparemment propres, mais comment ne pas soupçonner des énergies mutantes ? Cette côte est d'ailleurs souvent qualifiée de « post-apocalyptique ».

Un soir, au coucher du soleil, tandis que la lumière écarlate enveloppait un décor d'ammophiles battues par les vents et de squelettes de bateaux, j'ai vécu une dislocation momentanée ; soudain, je n'étais plus en Angleterre, mais dans un terrain vague d'Amérique du Nord, à un instant précis d'un futur imaginaire onirique et familier, entouré par les débris flottants ou rejetés sur le rivage d'une culture effondrée. La lumière, les câbles en métal rouillé, les plantes en forme de choux déformés, la présence des centrales avec leurs luminosités clignotantes et mystérieuses, l'*étrangeté* pure et simple du paysage m'ont, pour quelques secondes, libéré du temps et de l'espace. *Outlandish*[1], étrange, voire « exotique », en français, vient du vieil anglais *ūtland*, qui signifie « pays étranger ». Et c'était bien l'effet que me faisait ce désert ; là, mon pays était étranger.

Dungeness n'est – malheureusement – pas vraiment un désert. Dans des temps moins taxonomiques, le terme était plus culturel que géographique et désignait un lieu simplement déserté (du latin *desertum*). Mais la classification

1. Titre original de ce livre.

scientifique l'a maintenant fixé, et certains paramètres climatologiques décrivent mal ce promontoire. Pour être qualifiée aujourd'hui de désert, une zone doit recevoir moins de 250 millimètres de précipitations par an. Dungeness en reçoit plus – le chou marin, le chardon bleu, les orchidées, la vesce, le genêt, l'oseille, la sauge, la buglosse, les coquelicots et six cents autres espèces de plantes le prouvent. Trop, même, dans cet endroit parmi les plus secs de Grande-Bretagne. Au point qu'en 2015, le service national de météo, en réponse à l'assertion d'un journal, a officiellement réfuté le statut mythique dudit désert de galets.

Néanmoins, l'espace d'un instant, là-bas, je me suis senti ailleurs.

Ce livre parle d'endroits similaires. De lieux qui transportent. De portails.

Après cette semaine passée à Dungeness, l'expérience m'est restée en mémoire. C'était comme si j'étais tombé dans la lumière claire d'un autre monde, un endroit « tout à fait ailleurs », pour reprendre le vers de ce poème d'Auden qui m'a toujours interpellé. Mais ce n'était pas un ailleurs, pas du tout un lointain. Qu'y avait-il de si exaltant dans l'idée d'un désert – même s'il n'en était pas vraiment un – niché dans le coin sud-est de l'Angleterre ? L'Angleterre ne devrait pas posséder de désert, ni quoi que ce soit qui y ressemblerait de près ou de loin ; cette seule allusion était en elle-même dangereuse et subversive. Les déserts appartiennent sûrement à des régions très éloignées de cette agréable terre verte, ou de cette époque bien trop civilisée. Il ne devrait pas y avoir de place pour eux ici. Et pourtant, l'un d'eux (ou presque) s'y étend.

Après ce désert du Kent, il y a eu une forêt tropicale dans le sud-ouest de l'Angleterre ; encore un lieu qui m'a fait basculer de façon inattendue dans l'ailleurs. Par une froide journée de février, je suis parti à la recherche de Wistman's Wood, une forêt de chênes anciens du Dartmoor, et j'ai découvert une jungle naine aux membres verts contorsionnés, agglomérés par des mousses, des lichens, des fougères et autres épiphytes – ces plantes qui poussent sur d'autres, caractéristiques des forêts tropicales –, qui m'a donné l'impression de pénétrer dans un autre monde primaire. On trouve également des parcelles de forêt équatoriale tempérée dans les vallées fluviales du nord-ouest du pays de Galles, sur les côtes atlantiques de l'Écosse et de l'Irlande, ainsi qu'en Cornouailles et dans le comté de Cumbria – où elles sont parfois appelées, non sans un certain romantisme, « forêts tropicales celtes » –, éléments d'un biome de forêt tropicale côtière tempérée qui s'étend à l'est au Japon et à l'ouest au littoral pacifique nord-américain. Comme les déserts, les forêts tropicales semblent appartenir à une terre lointaine, mais leur existence ne devrait guère surprendre dans un lieu où il pleut tout le temps[1]. « Apprendre que la Grande-Bretagne est une nation de forêts tropicales nous étonne seulement parce qu'il en reste si peu », écrit le journaliste George Monbiot; jadis, leur canopée ruisselante couvrait la majeure partie de ces îles.

Alors que je cherchais la sensation que ces moments – le désert de Dungeness et la jungle du Devon – me rappelaient le plus, j'ai pensé à la neige, dont la plus infime couche transforme le quotidien en quelque chose d'extraordinaire : une pelouse en steppe givrée, un parc de banlieue en taïga.

1. En anglais, les forêts tropicales s'appellent *rain forests*, « forêts pluviales ».

Au début de l'année 2019, j'ai voulu retrouver ce sentiment.

En 2018, des incendies dévastateurs avaient balayé le monde, brûlant des millions de kilomètres carrés dans des endroits jamais atteints par le feu auparavant, ou jamais à une telle échelle, de la Méditerranée au cercle arctique. (La forêt d'Amazonie partirait en flammes un an plus tard, ce que je n'aurais jamais imaginé à l'époque.) Dans l'Arctique et l'Antarctique, et dans toutes les chaînes de montagnes de la planète, les glaciers et les calottes glaciaires fondaient à un rythme sans précédent. Le dérèglement climatique – qui, jusqu'alors, m'avait paru une urgence lointaine, alarmante au sens intellectuel, mais intangible – est soudain devenu réel d'une façon nouvelle. Les paysages archétypaux et parfaits auxquels j'avais cru dans mon enfance – les monts recouverts de neige et de glace, les forêts denses et sombres s'étendant au loin, impénétrables et immenses, les plaines infinies d'herbe jaune et de mousse dorée battues par les vents – n'étaient pas des caractéristiques immuables de notre planète, ou, pour le dire différemment, à l'abri du changement. Les glaciers se transformaient en neige fondue et les forêts tropicales laissaient place à de la savane ; d'un continent à l'autre, les distances se réduisaient et les horizons vides étaient peu à peu remplis par le fatras de l'anthropocène. Tandis que j'investissais ces terres singulières anglaises, les vastes territoires exotiques du monde disparaissaient ou se modifiaient au point de devenir méconnaissables.

En tant qu'écrivain voyageur de plus en plus conscient des dommages provoqués par le fait de voyager – et principalement la violence chimique infligée à la stratosphère par les avions, bien évidemment –, je cherchais des destinations qui transforment plus proches de chez moi. Mes livres précédents avaient traité de la marche et de l'Europe. Dans ces deux cas, j'avais chaque fois expérimenté des états d'étrangeté. La plupart du temps, ils ne s'étaient pas produits dans des régions sauvages reculées, mais à proximité immédiate de villes, de routes et d'exploitations agricoles. Cette proximité avait en quelque sorte renforcé, plutôt qu'altéré, leur magie. À l'instar de l'autre monde dans sa conception celtique, qui existe à côté du nôtre et auquel on accède dans certains endroits, ou dans certains états d'esprit. Comme le mystique gallois Arthur Machen l'a écrit à propos de Londres au début du XXe siècle : « Celui qui ne trouve pas l'émerveillement, le mystère, l'effroi, le sentiment d'un nouveau monde et d'un royaume inconnu autour de Gray's Inn Road ne trouvera jamais ces secrets ailleurs, ni au cœur de l'Afrique, ni dans les légendaires royaumes cachés du Tibet. »

Même si je voulais m'aventurer un peu plus loin que Gray's Inn Road, l'idée que l'émerveillement, le mystère, la crainte des mondes nouveaux et des royaumes méconnus soient accessibles en train plutôt qu'en un vol dispendieux en carbone jusqu'à l'autre bout de la planète m'a ouvert à la possibilité d'un type de voyage nouveau pour moi. Quels paysages insoupçonnés pourraient se cacher là-bas, prêts à attirer dans l'étrange le voyageur imprudent ?

L'Europe est parfois considérée comme le seul continent sans désert (on trouve des déserts gelés aux pôles). Mais quelques simples recherches m'ont révélé des exemples de lieux désertiques différents et improbables. Dans le sud de la Roumanie – si vert dans mon esprit –, la désertification initiée par la déforestation de l'ère communiste a créé une zone, communément appelée Sahara d'Olténie, qui s'étend un peu plus chaque année. La Serbie a sa dune de Deliblato, une région de collines sablonneuses qui formait jadis le fond d'une mer; avant les programmes de plantation d'arbres du XIXᵉ siècle, on rapportait que ce sable balayait parfois jusqu'à Vienne elle-même. Et au cœur de la Pologne, on trouve cette anomalie qualifiée de désert de Błędów, un autre semi-désert qui doit son existence à la cupidité humaine. Des siècles de déforestation ont provoqué l'érosion de la couche arable et exposé un lit de sable ancien (bien que les légendes locales accusent le diable, qui aurait déversé ce sable dans le but d'enterrer une mine d'argent voisine). L'Afrikakorps allemand s'y est entraîné pendant la Seconde Guerre mondiale, la Pologne se transformant en un terrain d'expérimentation pour le déploiement dans le Sahara.

Là encore, il ne s'agit pas de déserts au sens strict, scientifique : l'Europe continentale en compte un seul, que j'explore dans ce livre. Mais appréhender l'existence de ces bizarreries géologiques a élargi mes horizons imaginatifs de ce territoire. Soudain, il est devenu plus grand, plus ancien et infiniment plus méconnu, d'une certaine façon. En suivant ce fil rouge de l'étrange, j'ai découvert qu'il y avait des fjords en Irlande (trois, tous situés à l'ouest) ; des badlands curieusement érodées dans le sud de la France et de l'Italie, respectivement nommées calanques et *calanchi*; et que la seule steppe d'Europe occidentale était coincée en Provence. Ce qui rapprochait ces topographies si dissemblables était le fait que chacune d'elles semble appartenir à une partie du monde différente, voire à une autre époque historique ou géologique. Les fjords sont forcément scandinaves (ou, à la rigueur, chiliens) ; les bad-lands sont associées à la frontière nord-américaine; les steppes se situent dans les prairies de Mongolie, d'Asie centrale et du sud de la Russie. Toutes ces régions sont des exclaves, un terme normalement associé à la géopolitique décrivant une zone possédée par un pays tiers mais qui ne lui est pas reliée par voie terrestre et qui se retrouve seule, cernée par un territoire étranger.

J'ai commencé à considérer ces terres étranges d'Europe, ces portails vers l'ailleurs, comme des exclaves territoriales, mais aussi d'époques lointaines.

Parmi tous les lieux insolites que j'ai découverts, quatre m'ont particulièrement intrigué et sont devenus les quatre parties de ce livre : une parcelle de toundra arctique en Écosse ; le plus grand vestige de forêt vierge du continent, en Pologne et en Biélorussie ; le seul véritable désert d'Europe, en Espagne ; et les steppes herbeuses de Hongrie. Outre leurs connotations écologiques et géologiques superficielles, toutes ces régions avaient des liens culturels profonds, et souvent surprenants, avec d'autres, beaucoup plus lointaines : l'Arctique, la toundra sibérienne, les bad-lands d'Amérique du Nord, le Sahara, les steppes d'Asie centrale. Y pénétrer, en plus de l'alchimie de la marche, était un moyen d'être transporté sans mettre le pied hors de ce petit continent réputé apprivoisé (qui, surtout pour un marcheur, n'est ni petit ni apprivoisé). Ces voyages à travers les tempêtes de neige et le soleil brûlant, les montagnes et les déserts, les forêts et les plaines, étaient aussi des marches dans le temps. Ils ne m'ont pas uniquement ramené à l'histoire préhumaine, aux paysages glaciaires et aux grandes migrations – via l'art rupestre paléolithique, les nomades qui suivent les rennes, les vagabonds du désert, les chamans, les dieux des forêts slaves, les bouquetins, le bison européen, les auteurs de récits sur le Far West, les écoactivistes, les archers à cheval, le Grand Homme Gris et autres esprits improbables des Cairngorms –, ils m'ont aussi propulsé vers l'avant, vers un avenir dont nous commençons à peine à entrevoir la carte.

Le résultat n'est peut-être pas tant un ouvrage sur la nature, ni même un récit de voyage, qu'une fantaisie : quatre petits pèlerinages dans l'imaginaire.

Dans la lumière déclinante, nous avons marché jusqu'à l'endroit où la plaine pierreuse rencontre les vagues, dépassé des pêcheurs au dos voûté et des épaves de bateaux désossées. Le faisceau du phare sondait le ciel avec la puissance de cent mille bougies. À mesure que la nuit tombait, le quasi-désert se confondait avec la mer grisonnante.

Nous nous sommes retrouvés dans un espace ouvert qui s'étendait à l'infini, peuplé par les clignotements des chalutiers flottant au large de la côte et des monolithes à angle droit de Dungeness A et Dungeness B, qui scintillaient dans les terres. Les galets glissaient sous nos bottes comme un lit d'atomes. Des milliers d'années s'écoulaient entre les silex qui avaient jadis déclenché le feu et la centrale nucléaire dont les déchets perdureront pour des siècles, un monument dédié à la fois à l'éternité et à l'extrême fragilité. Pendant un instant, dans l'obscurité, nous nous sommes retrouvés entre le passé et l'avenir; entre ce qui s'étirait sous nos pieds et ce qui se profilait à l'horizon.

L'ARCTIQUE DE L'ÉCOSSE

Jadis, là, tout n'était que glace. Une rivière solide. Elle dévalait vers le sud sur des centaines de kilomètres, profondément, dans ce qui n'était pas encore l'Angleterre, à l'ouest à travers une mer enterrée vers ce qui serait un jour l'Irlande. Mais surtout, elle courait vers le nord et l'est, telle une épaule gelée pentue enveloppant les os granitiques des chaînes de montagnes, ou un membre glacé qui reliait ce rocher au vaste continent eurasien. On pouvait la parcourir sur des milliers de kilomètres sans en voir la fin.

Elle n'était pas plate, mais profonde, et de cinq kilomètres d'épaisseur par endroits. Elle n'était pas vierge, mais encombrée d'énormes pierres et de débris rocheux, les maintenant au-dessus de la terre comme s'ils étaient suspendus dans le temps. Elle n'était pas immobile, mais perpétuellement mouvante, s'écoulant sous son propre poids, plus rapide en haut et plus lente en bas, glissant et ratissant à un rythme de quelques centimètres par an. La glace à sa surface était vieille de plusieurs années. Celle à sa base, de plusieurs millions d'années.

Des siècles – des millénaires – de chutes de neige ont augmenté son volume, formant des couches compactes, fusionnées, aussi dures que la pierre. Ses flancs ont soulevé les parois des montagnes, et les roches encastrées dans sa base ont rongé la terre comme des dents, laissant des cicatrices crénelées. Sur ces territoires, elle a déposé des lochs; plus au nord, des fjords. À mesure que le monde prenait forme au-delà de son pied, que les plaques terrestres tâtaient le terrain, sa masse glacée avançait et reculait, avançait et reculait, avançait et reculait, tels le flux et le reflux d'un souffle gelé. Quand elle expirait, la vie se rétractait.

Lorsqu'elle inspira, les humains arrivèrent.

Aux yeux des premiers chasseurs-cueilleurs du paléolithique qui s'aventuraient au nord, cette grande machine de glace devait sembler être la limite de tout. Mais elle relâcha son emprise et la terre reprit le dessus. Les populations humaines migrantes suivirent les troupeaux d'animaux migrateurs dans le sillage des glaciers migrateurs, découvrant de nouvelles terres en dessous, comme des gens s'élançant prudemment sur un fond marin récemment asséché. Mais, tandis qu'une porte s'ouvrait, une autre se fermait.

La mer du Nord, depuis longtemps solide, redevint une mer. Les plateaux de glace se divisèrent, brisés en icebergs, et les eaux montèrent. La Grande-Bretagne redevint une île, séparée du continent auquel elle avait été reliée par la glace, orpheline du Nord.

Une parcelle du passé gelé est demeurée, une île dans une île.

Quelque part, dans les profondeurs du temps, une figure émerge de l'obscurité. La Cailleach, la sorcière divine, trayant son troupeau de cerfs. Elle est connue comme étant la reine de l'Hiver, porteuse de glace et de neige, aux dents aussi lentes que les glaciers, qui rongeait les flancs des montagnes pour faire couler les eaux.

Aviemore n'est pas à la hauteur de la poésie de son nom. Ignorant tout de l'endroit, j'imaginais quelque chose de nostalgique, de sauvage. Au lieu de cela, une lumière électrique éclatante éclabousse le macadam mouillé. À travers le ballet des essuie-glace, je vois une rangée de magasins discount dédiés aux vêtements de montagne et aux activités commerciales de plein air. Je m'attendais à trouver de la neige, mais il tombe seulement une pluie fine et tenace.

Je suis venu en Écosse à la recherche de l'Arctique.

Dougie Strang, mon ami et guide, arrête doucement la voiture le long du trottoir, puis nous sortons nous dégourdir les jambes. Nous avons parcouru trois cent vingt kilomètres vers le nord depuis sa maison située près de Lockerbie. Nous partirons à pied dans les montagnes ce soir, mais d'abord nous devons prendre des forces. Je le suis donc à travers la bruine jusqu'à l'Old Bridge Inn.

Le pub est encombré par de grands chiens d'une taille improbable, six ou sept races différentes et disgracieuses étalées sur le sol. Nous nous trouvons un coin dans cette chaude ménagerie canine. Nous commandons à manger et de la bière, puis Dougie ouvre une carte.

La chaîne des Cairngorms se déploie sur la table.

Elle est ridée, tordue, étrange, un idiome que je ne sais pas parler. *Coires* et *choires, lairigs* et *beinns, allts* et *gleanns, lochans* et *carns* : le gaélique m'est aussi peu familier que le hongrois ou le polonais. Mais Dougie connaît le territoire, linguistiquement et physiquement. D'un point de vue linguistique, grâce à un intérêt de longue date pour la langue et les mythes gaéliques, et d'un point de vue physique, grâce à ses expéditions d'enfance avec les Boys' Brigade – il avait détesté les défilés et l'uniforme, mais était tombé amoureux des randonnées dans les collines – et à une relation de quarante ans avec ces montagnes. Dougie est mince, il a une barbe rousse de trois jours et de gentils yeux lumineux, comme ceux d'un renard. Il est en train de tracer des itinéraires possibles pour les prochains jours.

« On pourrait marcher ensemble jusqu'à Strath Nethy et prendre des chemins différents après ça. En empruntant la grande route vers Bynack Moŕe, tu pourras traverser la rivière au niveau du refuge des Gués d'A'an, si l'eau est suffisamment basse. Moi, je resterai en bas et je suivrai le Nethy jusqu'au loch. On se retrouve soit à la Shelter Stone, soit à l'Hutchison Hut… »

Pendant que nous nous organisons, le jeune Anglais de la table d'à côté tend l'oreille, légèrement nerveux. Nous apprendrons bientôt qu'il retourne dans le Sud après une semaine de formation aux techniques hivernales – l'usage de piolets et de crampons, les techniques de survie en cas d'avalanche, scier avec les doigts gelés, ce genre de choses, j'imagine – qui l'a déçu, vu que l'hiver n'était pas de la partie. L'année dernière à la même époque, dit-il, tout était blanc des sommets aux vallées. Maintenant, tout est brun. Aviemore est une station de ski sans neige, inhabituellement hors saison.

« Quand j'étais petit, les jonquilles ne sortaient pas avant le mois d'avril. Cette année, j'en ai vu le jour de l'An », dit-il en souriant, impuissant.

Au moment où nous partons, je ne peux m'empêcher de penser qu'il est pratiquement encore un enfant ; il a l'air d'avoir une quinzaine d'années. Bien trop vert, semble-t-il, pour se souvenir que les choses étaient différentes à l'époque, dans le climat plus frais de sa jeunesse. Mais, comme tout le reste, la solastalgie s'accélère de nos jours.

Du mot latin *solacium*, « consolation », accolé au grec *algia*, « douleur », le terme du philosophe Glenn Albrecht désigne l'angoisse existentielle liée à la disparition d'un certain environnement. Comme les cotes et les noms de lieux gaéliques sur la carte, ce mot nous servira de repère au cours des prochains jours.

Nous laissons derrière nous les vêtements d'hiver soldés et nous dirigeons vers l'obscurité prometteuse, par-delà les dernières lumières de la ville. Dougie se gare sur le bord de la route près du Centre du renne de Glenmore. La bruine s'est pratiquement arrêtée alors que nous complétons nos provisions : assez de nourriture pour soixante-douze heures – ragoût maison, divers dhals, soupe miso et porridge d'avoine –, plusieurs couches tactiques de vêtements chauds, d'autres imperméables, du whisky, des trousses de premiers secours et un sac de charbon divisé en deux. Avant de fermer la voiture, Dougie laisse un mot : *Mardi 15 janvier, départ pour Ryvoan, puis Hutchison, puis Corrour. Retour vendredi 18.*

Je suis silencieusement ravi. C'est comme si nous nous apprêtions à faire un bref saut hors du temps.

Il est un sentiment particulier, à marcher dans les montagnes la nuit; un peu comme celui d'approcher un troupeau de bétail endormi : nous ne pouvons les voir, mais nous devinons leur présence quelque part à proximité, leurs masses un simple indice, leurs formes plus sombres que l'obscurité. Il y a un chemin le long d'un ruisseau : on entend un bouillonnement abstrait, et des bouffées d'air humide et perturbé s'engouffrent dans les branches de pin. L'envie de me raconter un extrait de mythe prend Dougie

– le dernier Picte disparaissant vers le nord sur les traces du dernier renne, regardant derrière lui tout en avançant – et ces mots cavalent dans mon esprit pendant que nous marchons. Il n'explique pas ce que ce récit signifie et je ne le lui demande pas. Son caractère énigmatique sied à l'instant. L'image remplace Aviemore, et c'est suffisant.

Dans l'heure qui suit, alors que mon dos commence à s'habituer au poids de mon sac et aux pressions qu'il exerce, une négociation avec de petits désagréments, nous apercevons le toit de Ryvoan qui se détache, noir, contre le ciel. C'est dans ce *bothy* que nous dormirons ce soir. La porte n'est pas verrouillée. Il n'y a personne à l'intérieur. C'est un simple cube de pierre nue. Dougie lance le poêle grâce à des allume-feu et à des copeaux de charbon brillant – nul besoin de bois d'allumage, une astuce que je n'avais jamais vue auparavant et qui devrait être enseignée dans tous les cours de « techniques hivernales » – et s'occupe de la flamme jusqu'à ce qu'elle prenne. Nous nous retrouvons assis là, accueillant la chaleur dans nos mains. Le poêle ressemble au casque d'un chevalier méchant et stupide.

Nous sommes sur le point d'aller nous coucher quand trois grands alpinistes entrent en titubant, une possibilité à ne jamais négliger lorsque l'on dort dans un *bothy*. Eux aussi cherchaient la neige et ont été déçus. Dans une telle proximité, leurs personnalités paraissent très fortes. Elles remplissent l'espace et nous repoussent, Dougie et moi, dans les coins. L'un d'eux, aux cheveux blonds détachés de surfeur, est mathématicien et rédige sa thèse sur les angles d'ascension sur glace ; une fois installé, il consacre sa soirée à des positions de yoga difficiles. Le deuxième a quitté l'armée depuis quatre jours – l'ennui et les restrictions budgétaires l'ont incité à démissionner – et passe un long moment, sans qu'on le lui ait demandé, à nous exposer la taille relative des tourelles de différents modèles de chars et les types de terrains que chacun peut traverser. Le dernier, qui est le plus calme et apparemment le plus sérieux des trois, parle de la fois où il a découvert un corps gelé, disparu depuis cinq ans, sur le flanc d'une montagne près de Glencoe. La conversation aborde la mort.

C'est une autre possibilité, quand on dort dans un *bothy*. Tout le monde semble connaître quelqu'un qui connaît quelqu'un qui est mort, d'une chute, de froid, de bêtise ou de tout cela à la fois. Cela incite Dougie à raconter son histoire, que j'ai déjà entendue – et que je suis toujours heureux de réentendre –, sur l'homme qu'il a croisé, qui a trébuché et glissé, impuissant, sous les yeux de ses amis horrifiés, le long d'une congère et s'est retrouvé projeté dans le vide avant de faire une chute à l'issue indubitablement fatale sur les pentes en contrebas. Alors qu'il disparaissait par-dessus le bord, il a crié « Geronimo ! ». Il s'est brisé des dizaines d'os, mais, chose incroyable, il a survécu. S'il n'a plus jamais fait de montagne, sa presque ultime parole l'a rendu célèbre dans sa ville.

Je ne partage pas mon histoire parce qu'il n'y a pas de place pour elle, mais l'hiver dernier, j'ai failli connaître mon moment Geronimo, moi aussi. Alors que je descendais le sommet du Scafell Pike dans un épais brouillard avec un camarade aventurier, le sol s'est dérobé sous mes pieds et je me suis mis à glisser sur de la neige dure. Au début, c'était presque amusant, jusqu'à ce que je réalise que je ne pouvais pas m'arrêter, que je prenais de la vitesse et que la pente en dessous de moi finissait dans le vide. La seule ressource en ma possession était un bâton de noisetier, que j'ai réussi à planter dans la neige, avant de le lâcher. Mais cela a ralenti mon élan juste assez pour me stopper. J'ai levé les yeux vers le visage choqué de mon ami. « Fais très attention ! » lui ai-je lancé. Il a opiné d'un air grave et fait un pas, pour se retrouver exactement dans la même position que moi. Alors qu'il fonçait dans ma direction, j'ai eu un instant pour réfléchir au scénario le moins mauvais : le laisser déraper et espérer qu'il parvienne à s'arrêter comme je l'avais fait, ou l'attraper par la jambe. J'ai choisi la dernière option. Ce qui m'a entraîné avec lui, et nous avons glissé ensemble de plus en plus vite vers le bord, nous accrochant l'un à l'autre dans un silence à la fois sinistre et étonné. Juste avant de tomber, il a réussi à bloquer sa chaussure contre un rocher. Nous nous sommes arrêtés.

Aucun de nous deux n'aurait crié quoi que ce soit si nous avions basculé dans le vide.

Si j'avais eu un piolet au lieu d'un bâton, ce qui a failli arriver ne se serait pas produit. Raison pour laquelle j'en ai un maintenant, neuf, attaché sur le côté de mon sac à dos, sa tête affûtée et dentelée enveloppée dans une pochette en toile. Je n'ai pas de crampons, mais j'ai des pointes qui s'enfilent par-dessus mes chaussures pour adhérer à la neige et à la glace. Contrairement à ce que le bruit de la pluie à l'extérieur suggère, j'espère qu'ils me serviront.

Je suis heureux que Dougie m'accompagne dans ce premier périple. Des gens meurent dans les Cairngorms tous les ans, surtout à cette époque de l'année, et cette horrible descente du Scafell Pike m'a rendu humble. J'en tressaille encore quand j'y pense, telle une réplique qui se prolonge, un rappel de la façon dont les choses peuvent soudain mal tourner. La massivité des Cairngorms m'effraie à juste titre : non seulement les montagnes elles-mêmes, dont je ne ressens pas le besoin de « conquérir » les sommets, mais le vaste plateau exposé lui aussi – à mille mètres au-dessus du niveau de la mer et s'étendant sur des centaines de kilomètres carrés –, le plateau le plus élevé et le plus froid des îles Britanniques. Un autre instinct se cache derrière ma quête de compagnie. Il est lié au fait que cet endroit, malgré tout son caractère gaélique – et, comme j'espère le découvrir, son improbable caractère arctique –, fait partie de l'île sur laquelle je vis. Ce n'est pas si loin de chez moi. Et, pour des raisons que je ne cerne pas vraiment, cela me rend plus nerveux.

C'est comme si mes faits et gestes étaient mieux suivis ici, d'une certaine manière.

En tant que vétéran de marches solitaires d'un mois dans les Highlands, Dougie comprend l'évidence, ce bonheur de pérégriner seul, sans alter ego pour l'amplifier. C'est dans cet esprit qu'il a planifié un itinéraire qui nous donne un peu d'espace à tous les deux. Nos chemins commenceront ensemble, se sépareront, se poursuivront de façon distincte, et se rejoindront aux points cruciaux, comme des fils entrelacés. Nous serons toujours assez proches, mais suffisamment éloignés.

Nous sommes bien assez proches ce soir, pour le coup, à cinq dans le refuge. Les grimpeurs mal assortis ronflent, étalés sur le sol comme les chiens de l'Old Bridge Inn. La pluie claque sur le toit ondulé. Le casque du chevalier s'assombrit et se refroidit. Nous nous réveillons tôt, sous une bande de ciel jaune citron pâle.

Je sors. Au nord et au sud, les montagnes sautent hors de l'eau comme des baleines.

Contrairement à un *glen*, abrupt et profond, un *strath* est une large vallée fluviale : mon premier enseignement gaélique de la journée. Nous marchons vers Strath Nethy. La terre autour de nous est saturée, pourpre et brune, comme des grains de raisin gonflés avec des écorchures d'éboulis nus là où la peau des montagnes s'est détachée. Et de la neige. Oui, il y a de la neige. Mais très peu. Elle s'étire sur le Creag nan Gall, le sommet le plus proche au sud, pâle et malsaine, comme s'il fallait l'essuyer. La pluie tombe en averses amères.

Que m'attendais-je à voir ?

Une blancheur immaculée et gelée.

Pour ce qui est du climat, de la flore et de la faune, les Cairngorms ne font pas vraiment partie de la Grande-Bretagne. Avec ses vallées glaciaires et ses pics émoussés et érodés, ce plateau est défini, et c'est le seul sur notre île, comme une « toundra arctico-alpine », ce qui signifie qu'il est plus proche de la Scandinavie, du Groenland, du nord du Canada ou de la Sibérie que de tout autre endroit avec lequel il partage une masse continentale. Le climat y étant plus sec, il est moins marécageux et moins infesté de moucherons que les Highlands occidentaux voisins, et sujet à des froids plus extrêmes : la température la plus basse jamais enregistrée dans les îles Britanniques – moins 27,2 degrés Celsius – a été mesurée aux alentours de Braemar, en 1982. La toundra abrite des lagopèdes, des bruants lapons et des bruants des neiges, des pluviers guignards et d'autres oiseaux vivant dans l'Arctique (à de rares occasions, on a même pu y apercevoir des harfangs des neiges en visite), et des plantes telles que l'astragale des Alpes, la potentille de Crantz et le pied-de-chat dioïque. La ronce des tourbières et la busserole ont un parfum de Scandinavie. Des centaines d'espèces de mousses et de lichens tapissent les rochers et les arbres.

C'est un biome détonnant, situé à un peu plus de mille cent kilomètres de son aire de répartition originelle. Une exclave de l'Arctique échouée au nord-est de l'Écosse.

Le terme « arctique » provient d'une civilisation qui ne s'en est probablement jamais approchée ; il vient du mot grec *arktikos*, qui signifie « près de l'ours ». Ce mot fait référence à *Ursa Minor*, la Petite Ourse, la constellation dont le point le plus lumineux est l'étoile du Nord, ou étoile Polaire. Mais il est tentant d'imaginer qu'il s'agissait d'une allusion à de vrais ours, un avertissement du cartographe, du type : « là résident des monstres ». En termes de localisation physique, il décrit normalement la zone située au nord du cercle polaire arctique, qui – en tant que ligne arbitraire sur la carte, dont la position dépend de l'inclinaison de l'axe terrestre perpétuellement mouvant – se déplace apparemment vers le nord à raison de quinze mètres par an. Et s'éloigne donc de plus en plus de l'Écosse. Ce recul latitudinal, entièrement théorique, est comme un écho cartographique à celui des glaciers.

L'Arctique se définit également par sa température moyenne, qui ne doit pas dépasser dix degrés en été. Il peut aussi juste désigner ce qui se trouve au nord – ou au-dessus – de la limite des arbres. Là où la forêt se termine, la toundra commence ; considérée comme une terre ferme froide et stérile, la toundra couvre un cinquième de la surface terrestre du globe, principalement dans une jupe autour du pôle Nord, mais encore dans les Alpes, les Andes, l'Himalaya et d'autres chaînes de montagnes. (Tel le mot « alpin », sans majuscule, qui peut désigner des environnements montagnards qui n'ont rien à voir avec les Alpes, « arctique » s'est lui aussi détaché de la géographie. Pour beaucoup de gens, il s'agit juste d'un terme signifiant « extrêmement froid ».)

Avec le zèle taxonomique de la fin du XIXe siècle, les

paramètres de la toundra – de l'Arctique et arctique – ont été fixés par la classification climatique de Köppen, un système encore largement utilisé aujourd'hui. Le botaniste et géographe d'origine russe Wladimir Köppen – qui, sur les photos, évoque un jumeau de Léon Trotski en plus sévère – a rangé les climats du monde en cinq catégories de base : tropical (A), aride (B), tempéré (C), continental (D) et polaire (E). Chacun de ces groupes est ensuite divisé en plus petits, eux aussi accompagnés d'une lettre correspondante : le tropical en savane humide (w), savane sèche (s), forêt tropicale (f) et mousson (m) ; l'aride en désert (W) et steppe (S) ; le tempéré et le continental en été sec (s), hiver sec (w) et « sans saison sèche » (f) ; le polaire en toundra (T) et calotte glaciaire (F), également appelé « hiver éternel ». Enfin, ces derniers sont subdivisés en plus petits groupes encore : chaud (h), froid (k), été chaud (a), été tempéré (b), été froid (c) et hiver très froid (d).

Selon ce code abstrait, le plateau des Cairngorms est « ET » (toundra polaire), avec des parcelles de Dfc (subarctique continental).

C'est clairement une façon terrible de décrire un paysage vivant.

Mais, sur une carte de Köppen-Geiger – développée par Rudolf Geiger, le climatologue allemand qui a poursuivi les travaux de Köppen –, cette codification du monde devient étrangement évocatrice. Imaginez un thermogramme planétaire avec des couleurs traversant les continents en bandes criardes, oscillant selon la température : rouge en Afrique du Nord, en Australie et au Moyen-Orient (BWh : aride, désert, chaud) ; bleu profond en Amazonie (Af : tropical, forêt tropicale) ; jaune sur une bande en Europe du Sud (Csa : tempéré, savane sèche, été chaud). La majeure partie de la Grande-Bretagne est vert tendre (Cfb : tempéré, sans saison sèche, été froid), à l'exception de l'aberration des Cairngorms, nichés dans le Nord-Est, d'un vert plus sombre et d'un gris pierreux qui correspond à la Scandinavie ; une tête de pont plongeant vers le nord plus vaste et plus froid.

Le terme *toundra* nous a été transmis par le russe et au russe par le same de Kildin, la langue indigène de la péninsule de Kola, qui borde la mer Blanche. La description est prosaïque – « étendue plate et sans arbres » –, mais le mot est passionnant. Depuis l'enfance ces syllabes, tel le double coup de tambour d'un chaman, suggèrent à mon esprit un espace illimité, de vastes silences et distances, des accès de solitude. Elles évoquent des champs de neige courant jusqu'à l'horizon, des troupeaux lointains migrant à travers des terres de néant. La toundra s'accompagne souvent, ou est souvent recouverte, de permafrost – du sol et des sédiments qui restent gelés pendant plus de deux années consécutives, et généralement pendant des millénaires –, ce qui, dans mon imagination, était synonyme de « permanence » : un environnement à l'abri du changement, un bastion glacé qui avait toujours existé et qui existerait à jamais. La présence continue de la glace et de la neige était une preuve d'éternité, peut-être aussi proche pour moi de la croyance en une vie après la mort.

Un de mes parents a un jour effleuré une telle éternité ; non pas les neiges éternelles du Nord, mais celles de la plus haute montagne du monde. Mon grand-oncle John Hunt – un nom que le trio d'alpinistes d'hier soir aurait certainement connu – a dirigé la première expédition réussie sur l'Everest, en 1953, au cours de laquelle l'alpiniste sherpa Tenzing Norgay et l'apiculteur néo-zélandais Edmund Hillary ont planté l'Union Jack sur le point le plus élevé de la planète. Je me souviens surtout de sa taille – il semblait lui-même à mi-chemin d'être une montagne – et de la longueur de ses enjambées lorsqu'il randonnait à l'âge de quatre-vingts ans. Je savais que ces jambes-là l'avaient porté vers un monde secret au-dessus des nuages, un royaume semi-mythique, onirique, tout de cascades de glace et de neige fondante, un endroit qu'aucun humain n'avait aperçu auparavant et que peu reverraient sans doute ; comme lui, ceux qui s'y aventuraient devaient arborer des chaussures à clous et des bouteilles d'oxygène dont le poids exigeait une force quasi surhumaine, et des piolets à côté desquels le mien aurait paru un couvert de table. Lui-même avait peut-être été transformé par son ascension du domaine des dieux, mais la montagne n'avait pas été – ne pouvait pas être – changée par sa visite ; une fois ses traces dissimulées sous la neige ou balayées par le vent glacial, l'endroit avait recouvré son inviolabilité, comme si mon oncle n'y avait jamais mis les pieds.

En grandissant, j'ai vu les photos d'alpinistes faisant la queue par centaines pour être guidés dans cette même ascension, une file de navetteurs vêtus de couleurs vives à huit mille huit cents mètres d'altitude. J'ai entendu parler des dépôts de cadmium et d'arsenic dans la neige, héritage du smog asiatique, des bouteilles d'oxygène abandonnées, des ordures et des dizaines de cadavres gelés jonchant les pentes. Mon grand-oncle n'aurait jamais pu imaginer où ses pas dans la montagne mèneraient, ni combien de personnes les suivraient dans le monde globalisé du voyage de masse – de l'aventure de masse – à venir ; sans parler de l'invisible hausse des températures. Le légendaire glacier du Khumbu, criblé de crevasses, qui constitue le premier volet de l'ascension, fond dangereusement, de nos jours ; l'avalanche de glace de 2014 a tué seize sherpas. Le mont que les Tibétains appellent Chomolungma, « Sainte Mère », et les Népalais Sagarmāthā, « Déesse du ciel », est désormais qualifié de « plus haute décharge de la planète ». Découvrir la dégradation de ce lieu autrefois inaccessible était comme perdre une partie de mon enfance. La fin de l'éternité.

Alors que Dougie et moi repartons de Ryvoan, la douceur de l'hiver que nous traversons – le brun des cimes des montagnes – me procure un sentiment de perturbation similaire. Dougie le vit, lui aussi. Comme tout le monde, nous avons lu les rapports. Nous nous sommes détournés des informations quand c'était trop, nous avons observé de nos yeux et ressenti le changement dans nos corps, comme l'étudiant en techniques hivernales avec son discours sur les jonquilles. À l'heure de la crise climatique, toutes les définitions s'effondrent. Le recul de l'Arctique n'est pas seulement une question de latitude ; si « arctique » signifie des températures estivales inférieures à dix degrés, que se passe-t-il lorsqu'elles dépassent ce seuil ? Les régions les plus septentrionales du monde se réchauffent deux fois plus vite que le reste de la planète. L'Arctique ne sera bientôt plus arctique, comme les Alpes ne seront plus alpines. En Sibérie, le permafrost millénaire fond soixante-dix ans plus tôt que les prévisions les plus pessimistes. Plus de permafrost. Plus de gel. La fin de la permanence.

Les bandes de couleur ondulent. ET et Dfc deviennent des Csa.

Mais pour l'instant, nous continuons de marcher. Que faire d'autre ? Devant nous coule le Nethy, le ruisseau rapide et peu profond où nous allons nous séparer. Un couple de tétras-lyres surgit au-dessus de la bruyère. Dougie me montre des genévriers, des myrtilliers, la repousse récente de pins sylvestres là où la forêt s'étend progressivement depuis ses bastions dans les vallons : un signe encourageant de régénération, contre l'esprit de déclin. Au sud se trouve Cairn Gorm, la montagne qui donne son nom à la chaîne – bien qu'elle ne soit pas son plus haut sommet ; elle flotte comme une île magique, lointaine et inaccessible. Ses crêtes suintent de lumière. La pluie a cessé et le ciel se pare d'or hivernal.

Puis, juste avant que nous nous séparions, deux étranges fantômes argentés émergent de l'autre côté du Nethy.

Au début, je crois reconnaître des chiens. Puis des cerfs. Mais ce ne sont pas vraiment des cerfs. Ils sont trapus, mais élégants, des formes qui ne me sont pas familières.

« Des rennes », souffle Dougie.

Et simultanément, le portail de l'extraordinaire s'ouvre. La toundra devient réelle.

Ils s'approchent sur leurs sabots souples et évasés et traversent le petit pont, manifestant un intérêt très modéré pour notre présence. Un troisième, puis un quatrième les rejoignent. Une harde. Nous nous tenons tranquillement debout et les regardons pointer leur museau vers l'herbe des montagnes, puis mâcher en rythme. Des collerettes blanches comme la neige pendent à leur cou. La couleur argentée de leur robe est celle du métal refroidi. Nous comptons leurs bois, couverts d'une petite mousse de fourrure : deux d'entre eux en ont deux, le troisième un seul, et le dernier aucun. Leur pelage détrempé est aussi emmêlé que l'herbe qu'ils mangent.

Depuis toutes ces années qu'il randonne dans ces montagnes, Dougie n'en a jamais vu. Nous devons avoir de la chance.

L'histoire de leur présence ici semble, à première vue

improbable. Ces bêtes solennelles au visage de velours descendent du troupeau amené là dans les années 1950, après qu'un éleveur de rennes suédois sami et une anthropologue américano-suédoise, Mikel Utsi et Ethel Lindgren, avaient visité l'Écosse au cours de leur lune de miel. Depuis le pont de chemin de fer d'Aviemore, Utsi avait tourné le regard vers les Cairngorms et aperçu des pâturages à rennes. Le plateau tacheté lui avait rappelé la toundra du nord de la Suède tapissée de lichens à pousse lente – le lichen ramifié des rennes en particulier, également surnommé mousse des rennes –, que les autres ruminants méprisent, mais qui constituent une part essentielle de l'alimentation hivernale des cervidés. Cinq ans plus tard, le couple, avec le soutien du Conseil britannique du renne créé depuis peu, persuada le ministère de l'Agriculture de lui accorder plusieurs centaines d'hectares de terrain dans la forêt de Rothiemurchus.

Huit pionniers arrivèrent de Suède sur le *SS Sarek*, un navire baptisé d'après le patronyme de l'un d'entre eux. La traversée de la mer du Nord avait été rude ; Utsi s'étant accidentellement encorné un œil avec un bois de cervidé en chemin, il débarqua avec un cache-œil de pirate. Un jeune renne mourut pendant sa quarantaine de six semaines et demie à Édimbourg, mais ses congénères survécurent et furent transportés par camion vers le nord jusqu'à leur nouvel enclos. Les animaux étant malades et faibles, la première année en Écosse fut difficile. Mais, une fois la colonie établie, un deuxième arrivage en provenance de Scandinavie la consolida, suivi d'un troisième, puis d'un quatrième. En 1954, la Commission des forêts loua un millier d'hectares supplémentaires sur le versant septentrional des Cairngorms et, la même année, les rennes furent autorisés à sortir de leur enclos, échappant ainsi aux moucherons, moustiques et taons qui les tourmentaient à basse altitude. Aujourd'hui, cent cinquante individus sont répartis sur le plateau.

Les noms des premières femelles ont un parfum de Noël : Inge, Pelle, Assa, Ina, Maja, Tilla, Nuolja, Vilda… En 1955, deux autres mâles arrivèrent, portant ceux, puissants, de Fritzen et Ruski. Techniquement, ils ne sont pas sauvages, car ils ont des propriétaires – après la mort d'Utsi et de Lindgren, le troupeau a été racheté par Tilly et Alan Smith, qui le gèrent encore aujourd'hui –, mais c'est sans doute un détail de peu d'importance pour les rennes eux-mêmes. L'expérience a été un tel succès que, lors du Congrès mondial des éleveurs de rennes qui s'est tenu dans le nord-est de la Chine en 2013 – aux côtés de Samis, de Soïotes, d'Evenks, de Tchouktches, de Komis, de Nenets, d'Iñupiaqs et autres éleveurs indigènes en provenance de tout l'hémisphère Nord –, les hommes de l'art ont accepté la reconnaissance de l'Écosse à titre de trentième membre.

On pourrait appeler cela la diplomatie du renne, un lien avec un territoire nordique plus vaste. Cette parcelle de toundra arctico-alpine à l'abandon entre Inverness et Perth s'est retrouvée entraînée dans un héritage boréal d'élevage de rennes qui relie l'Écosse à la Laponie finlandaise, à la Sibérie, à la Mongolie, au Kamtchatka, au Groenland et à l'Alaska.

Ou disons plutôt qu'elle s'est retrouvée tirée *en arrière.* Car il ne s'agissait pas d'une introduction, mais d'une réintroduction très attendue.

La saga du renne dans les Cairngorms date d'avant les années 1950. Dans *Gathering*, son livre sur les noms de lieux, l'artiste Alec Finlay écrit à propos du temps lointain lié à cette espèce : « Aussi loin que nous puissions remonter, une bande de nomades campait sur la Geldie, près de Caochanan Ruadha, et à la cascade de la Dee. Bravant les vastes champs de neige et les résidus des glaciers, elle suivait un troupeau de rennes migrant vers le nord, vers 8100 avant notre ère environ. La domestication des rennes a constitué une forme précoce de pastoralisme. »

Le renne est le seul cervidé à avoir été domestiqué, bien que « semi-domestiqué » serait plus exact. Dans tout le Nord circumpolaire (y compris en Amérique du Nord, où ils sont appelés caribous d'après un terme de la langue micmac signifiant « pelleteur de neige »), ils évoluent en hardes de plusieurs milliers de têtes. Les humains ont moins appris à les contrôler qu'à se laisser entraîner dans leur sillage; comme les bisons des plaines américaines, ils ne sont pas tant élevés que suivis. Bien qu'ils puissent tirer des traîneaux à la manière de chiens – ou même, pour les races les plus robustes, être montés tels des poneys affublés de bois –, ils sont principalement utilisés par les peuples nomades pour leur viande et leur lait, tandis que leurs peaux et leurs merveilleuses fourrures sont transformées en vêtements et en abris.

Comme toute créature donnant la vie dans les cultures animistes, ils jouent également un rôle puissant au sein des croyances spirituelles. Les rennes sont sacrifiés et leurs peaux et bois sont portés lors de cérémonies ou pour aider à guider les défunts dans l'au-delà. Leur urine, infusée d'amanite tue-mouches, est bue pour ses vertus hallucinogènes et visionnaires (les histoires de rennes volants sont probablement à l'origine du traîneau du père Noël). Au rythme des tambours en peau de renne, les chamans sibériens et scandinaves abandonnent leur corps physique pour voyager entre les mondes, accompagnant les troupeaux et revenant avec des connaissances et de la sagesse. Les rennes sont vénérés en tant que puissants êtres liminaux, qui non seulement rapprochent des territoires séparés par des milliers de kilomètres, et l'hiver de l'été, mais aussi assurent un lien spirituel entre les bêtes et les hommes.

La Grande-Bretagne, qui s'est retrouvée littéralement coupée du Nord lorsque la glace a fondu et que le niveau de la mer a monté, ne pouvait pas fournir l'espace nécessaire pour que des hardes de plusieurs milliers d'individus puissent se déplacer. Les rennes insulaires, comme les peuples insulaires, ne pouvaient pas suivre des schémas de migration saisonnière à l'échelle de ceux de leurs cousins arctiques et eurasiens. Si les cerfs – la trinité des cervidés formée par le cerf, le chevreuil et le renne – étaient certainement vénérés en Écosse, les preuves d'une tradition d'élevage de rennes à l'image de celle pratiquée dans le Grand Nord chamanique sont bien plus rares. Il en existe cependant des indices, déformés par des siècles de mythes.

« J'ai été élevé au lait de cerf / J'ai été nourri au lait de cerf », dit la berceuse des Highlands *Bainne nam Fiadh*, « Le lait de cerf ». La Cailleach, la sorcière divine – qui apporte l'hiver, ronge les montagnes et dont le bâton gèle le sol –, apparaît dans les contes folkloriques trayant son troupeau de cerfs ; timides vis-à-vis des humains, ineffablement sages, les cerfs étaient traditionnellement considérés comme du bétail féerique. Une théorie suggère que la connaissance de l'élevage des cerfs n'était pas indigène à l'Écosse, mais importée de Scandinavie ; les histoires sur une mystérieuse culture d'élevage de cerfs pourraient avoir traversé la mer du Nord à bord des drakkars des colonisateurs vikings, qui auraient eu des contacts avec des tribus samies et se seraient enracinés sur les terres écossaises. Si cela est vrai, Utsi n'a fait que supprimer l'intermédiaire nordique en rétablissant un lien ancien entre les Écossais et les Samis.

Les rennes ont probablement disparu d'Allemagne, du Danemark et du sud de la Suède au début du néolithique, repoussés vers le nord par le réchauffement climatique et par les prédations humaines. On ne sait pas exactement quand ils ont désinvesti l'Écosse. « Au XIIIe siècle, ils étaient peu nombreux, et au XIVe siècle, ils avaient disparu, chassés des derniers vallons et vallées, leur magnifique fourrure ornant les sols des châteaux et leurs bois couverts de fourrure, semblables à du corail, les murs en pierre de ces mêmes demeures », écrit Finlay. Mais cette date tardive est contestée, car les traces archéologiques indiquent une extinction beaucoup plus ancienne. La seule « preuve » de leur existence à l'époque féodale se trouve dans *La Saga des Orcadiens*, écrite par les comtes vikings des Orcades, à propos d'une chasse au renne dans le comté de Caithness au XIIIe siècle. De nombreux spécialistes pensent que cette phrase se réfère en réalité au cerf rouge et que le renne a disparu de Grande-Bretagne entre huit et onze mille ans plus tôt. L'ambiguïté temporelle ne fait qu'ajouter à leur mystère.

Comment sommes-nous arrivés ici ?
En suivant les rennes qui
marchent à reculons vers le printemps

Ce fragment de mythe émerge à nouveau. Il s'agit d'un poème tiré du livre de Finlay, dont Dougie s'est soudain souvenu la nuit dernière tandis que nous nous dirigions vers Ryvoan ; rien à voir avec le dernier Picte : il parle ici d'une migration humaine bien antérieure en Écosse. La légende raconte qu'un homme-fée – peut-être un souvenir folklorique d'une population indigène disparue, ou même d'un Sami loin de chez lui – chevauchait un cerf avec le visage tourné vers la queue de l'animal, pour avertir les Highlanders de l'approche de chutes de neige. Il semble toutefois significatif que les Pictes aient rôdé dans l'esprit de Dougie ; cette culture ancienne énigmatique est une autre absence ici. Les premiers habitants du nord-est de la Grande-Bretagne, avant d'être déplacés ou absorbés par les Écossais de langue gaélique – qui, de manière déroutante, auraient pu venir d'Irlande – n'ont laissé derrière eux que de belles pierres gravées avec des motifs de saumons, de loups et de cerfs, des noms de lieux éparpillés çà et là, et une langue depuis longtemps oubliée, écrite en caractères oghamiques. On ne sait pas grand-chose d'eux. La dernière trace de la culture picte unifiée a disparu vers le IXe siècle.

Et, contrairement aux rennes, ses représentants ne sont pas revenus.

Maintenant, Dougie et moi prenons des chemins différents, et les rennes aussi. À mesure qu'ils s'éloignent, ils émettent un cliquetis rythmique : les tendons de leurs pattes claquent sur leurs os, ainsi conçus pour qu'ils puissent se suivre dans le blizzard.

Cela se révèle être une prévision météorologique, ou un avertissement de l'homme-fée, car quelques minutes après leur départ, il commence à neiger.

La pluie se transforme d'abord en neige fondue. Quand l'une devient-elle l'autre ? Existe-t-il un système « köppenesque » pour les différencier, selon les proportions d'eau, de neige et de glace ? Quoi qu'il en soit, il fait froid. Je serre ma chapka autour de mon visage et en noue les rabats tout en suivant le petit chemin qui monte le long de la colline de Bynack Moŕe. À mesure que je grimpe, le grésil se fait plus épais, plus humide. Il arrive de l'ouest en rafales pâles entrecoupées d'éclats de ciel bleu étonnamment lumineux, comme si le climat subissait un processus de réalignement. En regardant en arrière depuis la hauteur que j'ai gagnée, j'aperçois une brume blanche malveillante qui dérive à travers le *strath*, battant des ailes comme une raie manta fantomatique. La terre perd ses plis, ses fossettes se comblent. J'avise une dernière fois Dougie, très loin en contrebas, petite silhouette qui s'enfonce dans un paysage évoquant l'aube des temps le long des méandres d'une rivière de métal liquide.

L'ultime Picte disparaît avec les rennes…

Le grésil est maintenant une neige féroce, qui ne tombe pas doucement comme sur une carte de Noël, mais tourbillonne chaotiquement dans toutes les directions en même temps et s'engouffre dans ma capuche. Elle me pique le dessous du visage, voltige dans mes yeux. L'air a un goût de métal humide. Le sang dans mes doigts palpite douloureusement malgré mes gants. La neige a tout modifié avec une rapidité étonnante : le panorama disparaît petit à petit et ce que je distingue encore est réduit à l'immobilité, vertigineux dans son absence de motifs. Au-dessus, le pic doré de Bynack Moŕe s'éteint. J'ai l'impression de perdre de vue un cap depuis un bateau en mer.

Le côté droit de mon corps n'est plus qu'une bande de neige poilue. L'intensité de l'assaut devient vite alarmante. J'ai la puissante sensation d'être détaché du monde normal que j'habitais quelques minutes auparavant. Je dois me rassurer en me disant que j'ai une carte et une boussole, la béquille psychologique de mon piolet, que mon ami est là-dehors quelque part et qu'il sait que je le suis aussi. Mais je ne distingue pas la distance que j'ai parcourue ni où je dois aller vu que la forme du terrain est cachée. Déjà, le chemin devant moi s'efface et ses contours s'altèrent, simple sillon au milieu de la bruyère.

La présence de rennes ne paraît plus du tout bizarre, car la terre a pris leur couleur. Tout est argenté, gris, avec des nuances de brun, de noir et de blanc, qui donnent l'impression de marcher sur leurs peaux. Durant les centaines d'années d'absence des hardes, la toundra a-t-elle ressenti leur perte ? Ont-elles manqué au lichen ? Lorsque les animaux sont éradiqués des lieux où ils évoluaient, ces lieux prennent leur mémoire en charge, comme un rappel de ce qu'ils ont perdu. La glace est une résonance morphéique de leur fourrure argentée, la mousse, du velours ramifié de leurs bois. Maintenant que les hardes sont de retour, toutes deux se retrouvent réunies pour que les rennes soient des prolongements ambulants de la terre, des parties qui auraient acquis une conscience et se seraient détachées afin de vagabonder.

Avec la neige qui s'incruste sur moi, je me réinvente moi aussi. Je suis un autre prolongement ambulant, mais beaucoup moins bien adapté.

La neige s'intensifie encore, et j'ai peur à nouveau, jusque dans mon ventre. Les épais flocons qui s'abattent sur mes yeux m'empêchent d'y voir. C'est un vrai blizzard maintenant. Les rennes l'ont-ils senti venir ? Leurs truffes curieuses et sensibles ont sûrement flairé l'avertissement dans l'air, leurs bois, telles des antennes, ont dû capter un signal. Ont-ils cherché l'abri du *strath* pour cette raison ? Il n'y a pas de tendon cliquetant devant moi, nulle harde pour me montrer le chemin. La solitude tactique que Dougie a si soigneusement élaborée pour moi glisse, avec une rapidité plutôt gênante, vers quelque chose qui ressemble plus à de l'angoisse.

Au moment où je me demande si je dois ou non tenter de revenir sur mes pas, suivre l'exemple des rennes et me mettre en quête d'un terrain protégé plus bas, la crête bosselée de Bynack Moŕe réapparaît sur ma droite. Ma vision porte à nouveau plus loin. C'est une sorte d'accalmie. Je suis sous le vent du sommet et la neige a perdu de sa violence, comme si elle avait établi sa domination et pouvait se permettre de se détendre un peu. Les flocons tombent grassement en matelas sur la terre. Je retrouve les lignes nettes des contours devant moi et, chose rassurante, mon itinéraire ne mène pas vers le haut, mais vers le bas. Une lumière pâle transperce les nuages. Je continue.

À l'est, la toundra s'ouvre, alimentée par des ruisseaux noirs et vasculaires. Il est difficile de déterminer une taille ou une distance quelconques, avec la couverture neigeuse. Le sentier se dirige vers le sud, s'inclinant doucement vers l'ouest le long de la courbe de la montagne, plusieurs centaines de mètres en dessous des Granges de Bynack. Il s'agit d'affleurements saillants de blocs de granit déformés qui se sont élevés au fur et à mesure que le flanc plus tendre de la montagne reculait ; des monolithes élémentaires, effondrés, tassés et pliés. Je me demande si un lien existe entre les mots *barns* et *bairns*[1], si ces « granges » sont en réalité les « enfants » de la montagne, blottis contre son épaule. Une tempête localisée fait rage là-haut, des tourbillons glacés

1. « Enfants » en gaélique.

bouillonnent autour des blocs de granit et leurs flancs sont gris de froid, comme épuisés.

Je compatis. Il n'est que midi, mais je suis déjà fatigué, perclus de vives douleurs musculaires dues à ma lutte contre le froid. Comme la vision des rennes m'a ouvert un portail vers la toundra, ce contact avec la peur a eu pour effet de me donner des yeux arctiques. Le paysage qui m'entoure n'est plus simplement écossais, mais plus grand et plus mortel. Il exige un respect d'une autre ampleur. Il ne semble pas délimité de la même manière, mais étendu et sans fin.

Sautant par-dessus un ruisseau nommé Uisge Dubh Poll a'Choirn – un nom bien noble, et bien long, pour un ru franchi en deux pas –, je continue ma descente dans la vallée. Des cours d'eau brillants se tortillent en bas. Le soleil est une boule d'or. La terre est constellée de rochers erratiques et improbables, déplacés et déposés là par les glaciers : des colonies éparses d'« enfants » peuplant ce terrain.

Au bout d'une heure, j'atteins le refuge des Gués d'A'an, un simple abri en bois au toit pentu à l'intérieur duquel je me glisse pour échapper au martèlement glacial du vent. Les murs sont couverts de graffitis d'autres personnes qui ont fait de même. Quelqu'un a écrit « Envie de passer un moment cool et sexy? » à côté d'un numéro de portable. À regarder les étendues désertiques à l'extérieur, je ne peux qu'admirer cet optimisme.

Dougie avait raison : les gués à travers l'A'an, gonflé par la pluie et la neige, sont impraticables. Ayant quitté l'abri de la cabane, je perds un quart d'heure à essayer de trouver un chemin sous un bruit blanc et tonnant, mais les pierres de gué, verglacées, sont périlleuses et glissantes. Plutôt que de continuer vers le sud, je dois suivre la rivière vers l'ouest jusqu'au loch du même nom. En anglais, on l'appelle l'Avon.

« Avon » résonne familièrement à mes oreilles – j'ai grandi dans le sud-ouest de l'Angleterre –, mais, en tant que rivières, elles ne pourraient pas être plus différentes. Mon Avon à moi, boueuse, large et lente, était une artère de l'Empire, de l'esclavage et de l'industrialisation, une autoroute vers le monde moderne ; cet A'an-ci, qui gronde à travers la neige, semble le même depuis la fonte des glaciers. Mais ce nom est omniprésent dans toute la Grande-Bretagne : il y en a trois en Écosse, au moins sept en Angleterre (dont un minuscule Aune dans le Devon) et un Afan au pays de Galles. Il y en a également deux au Canada, deux en Nouvelle-Zélande et cinq en Australie, comme s'il avait été charrié par la marée du colonialisme.

Le mot *afon*, qui signifie « rivière » en gallois moderne, fournit un indice étymologique : tous ces toponymes dérivent du brittonique *abona*, la source d'où ces homonymes découlent. Il fut un temps en Grande-Bretagne où toutes les rivières s'appelaient Avon…

La neige a rempli les flaques, les bassins et les lochs d'une glace trouble, comme du frai de grenouille. Je suis cette « Rivière » tautologique vers l'ouest. Le reste de la journée, mon corps se heurte à un vent de face mordant, qui descend de Cairn Gorm, captant au passage la fraîcheur intense du loch. Au fond de cette vallée glaciaire, le froid est comme le souvenir de l'immense langue de glace qui se trouvait ici voici onze mille cinq cents ans. Le Temps lui-même est glacial. Avancer est laborieux, sur ce sol inégal, un amoncellement de tourbières et de souches d'arbres disparus depuis des millénaires. La neige est remplacée par un flot de grêle aussi piquante que du gravier. En remontant la rivière, la colline et le chemin, je finis par atteindre le loch, et le découvre beaucoup plus grand que je ne le pensais : sa rive la plus éloignée est invisible derrière une brume de glace bouillonnante ; des vagues chapeautées de blanc déferlent dans une mer piégée et en colère. Au bout de ce qui me semble être un très long moment, je ne distingue toujours pas son extrémité, seulement un brouillard indifférent. La distance dévore mon énergie. Mes jambes se font gauches.

Finalement, le loch s'épuise sous les parois d'une moraine jonchée de rochers. Quelque part dans cet empilement de blocs erratiques, dont certains ont la taille de cottages, doit se trouver la Shelter Stone : un gigantesque caillou sous lequel un refuge a été creusé et amélioré par un mur de pierres sèches, un camp d'été pour les alpinistes. Mais l'obscurité menace et ma curiosité est épuisée. Je regarde ma carte déchirée et trempée. Mon estomac se serre un peu. L'Hutchison Memorial Hut, où je vais passer la nuit avec Dougie, se situe à une distance au moins aussi grande que celle que j'ai parcourue depuis notre départ de Loch A'an, mais de l'autre côté d'une de ces parois abruptes. Il y a un chemin sinueux que je ne suis pas sûr de pouvoir distinguer dans la neige, et encore moins dans la lumière déclinante ; je ne saurais dire où il est censé commencer, dans ce tas de rochers brisés. Mais soudain, un immense soulagement me ranime : la forme d'un humain se trouve là-haut. Ce doit être Dougie. J'appelle, je fais signe. La silhouette s'arrête, semble me regarder, puis passe son chemin. Alors que je me dépêche de la suivre, elle disparaît à nouveau. En trébuchant, je me retrouve sur l'ébauche d'un sentier et je grimpe aussi vite que possible pour ne pas perdre la piste. Quand je revois la silhouette, elle est en quelque sorte en dessous de moi. Dans le crépuscule, elle s'est écartée et a pénétré dans le champ de rochers où, jetant des regards dans l'obscurité, elle semble chercher quelque chose. Ça ne peut pas être Dougie ! Sans prendre le temps de me demander pourquoi quelqu'un se promènerait là-dessous – et même un peu horrifié à cette idée –, je poursuis mon ascension, la panique commençant à m'envahir. La peur rend mes pas imprécis. Le chemin continue de s'évanouir. Lorsque je me perds, mon instinct me pousse, de façon illogique, à marcher aussi vite que possible et à ne pas m'arrêter pour réfléchir. Je sais que je retombe dans ce schéma, mais je suis emporté par une inertie écervelée. Au moment où je me retourne vers les rochers, la silhouette a disparu.

Des histoires parlent d'un Grand Homme Gris dans ces montagnes.

En gaélique, on l'appelle Am Fear Liath Mòr. Son nom complet est le Grand Homme Gris du Ben Macdhui, la montagne qu'il hante – le point le plus élevé des Cairngorms et le deuxième plus haut du pays –, qui se trouve non loin d'ici, alimentant les eaux d'amont du Loch A'an. S'il est un fantôme ou un humanoïde ressemblant à un yéti, personne ne le sait vraiment. La manière dont il apparaît dépend de l'observateur.

L'un des premiers récits date de 1791. Le berger et écrivain James Hogg décrit, dans la langue de son époque, « un nègre géant, d'au moins trente pieds de haut et de mêmes proportions, tout près de moi. J'ai été frappé de stupeur et de terreur, littéralement impuissant ». Cent ans plus tard, le professeur J. Norman Collie, membre respecté de la Royal Society – ainsi qu'un alpiniste de renom, qui a donné son nom à des sommets au Canada et sur l'île de Skye –, eut une peur bleue en descendant du sommet du Ben Macdhui, bien qu'il n'ait pas rendu cette histoire publique avant 1925. Lors d'une réunion du Cairngorm Club, il raconta :

Je revenais dans la brume de la cime du cairn quand j'ai commencé à me dire que j'entendais autre chose que le bruit de mes propres pas. À chaque fois que j'avançais, un craquement s'élevait, puis un autre, comme si quelqu'un marchait à ma suite, mais en faisant des pas trois ou quatre fois plus longs que les miens.... Alors que je poursuivais mon chemin et que l'étrange bruit résonnait derrière moi, j'ai été saisi de terreur et j'ai pris mes jambes à mon cou, trébuchant à l'aveuglette parmi les rochers pendant quatre ou cinq milles, pratiquement jusqu'à la forêt de Rothiemurchus.

Ce craquement sinistre est présent dans de nombreux récits, tout comme le sentiment de peur aveugle qui pousse des alpinistes d'habitude sensés à mettre leur sécurité en danger – et ce plus que toute autre apparition. Pendant la Seconde Guerre mondiale, le chef de l'équipe de sauvetage de la RAF des Cairngorms faillit se précipiter d'une falaise après avoir été « submergé par la panique » en entendant quelque chose s'approcher dans la brume : « J'ai essayé de m'arrêter et eu beaucoup de mal à le faire. C'était comme si quelqu'un me poussait. J'ai réussi à dévier ma course, mais avec beaucoup de difficulté. » Toujours pendant la guerre, le naturaliste Alexander Tewnion, qui arpentait la montagne avec une arme de poing au cas où il rencontrerait du « petit gibier », ouvrit en fait le feu sur le sommet du Ben Macdhui :

L'atmosphère est devenue sombre et oppressante, un vent féroce et amer soufflait entre les rochers, et un bruit curieux résonnait dans la brume – un pas sonore, semblait-il. Puis un autre, et un autre encore. Une forme étrange a surgi, s'est éloignée, puis a foncé sur moi ! Sans hésiter, j'ai sorti mon revolver et tiré trois fois sur la silhouette. Comme elle continuait à avancer, je me suis retourné et j'ai descendu le chemin en trombe, avant d'atteindre Glen Derry en un temps que je n'ai jamais égalé.

Derrière moi s'élève le bruit de pas qui craquent. Quelque chose me rattrape. Un visage surgit de l'obscurité, il n'est pas gris, mais violet de froid.

« J'ai voulu aller voir la Shelter Stone, dit Dougie, mais je ne l'ai pas trouvée. »

Quel soulagement et quel sentiment de gratitude ! J'ai la sensation d'avoir rejoint ma harde. Alors que nous marchons ensemble, cette troisième silhouette, l'Homme Gris des rochers, disparaît comme un fantôme dans mon imagination.

Épuisés, nous grimpons à présent sur la dernière montagne. La neige tombe à nouveau en abondance, plus épaisse qu'auparavant. Ce n'est pas le meilleur moment, et nous ne sommes pas dans l'état d'esprit idéal pour rencontrer la première glace véritable ou les premières vraies congères de la journée, mais certaines choses savent attendre leur heure : la glace, un péril pour les chevilles, cachée sous la neige poussiéreuse, et les congères assez profondes pour engloutir les jambes jusqu'au mollet. La silhouette de Dougie devant moi va et vient dans un brouillard granuleux.

Au bas d'une longue colline pentue, nous voyons enfin la cahute. Je l'aurais prise pour un bloc erratique si j'avais ignoré qu'elle se trouvait là. Alors que nous traversons le dernier ruisseau, une pierre roule comme une roue et plante ma chaussure dans l'eau glacée, qui se déverse instantanément au travers. Nous boitons jusqu'à la cabane, tels des ongulés dans la neige.

Une inquiétante multitude de piolets et de bâtons de

marche sont alignés devant la porte. Nous parvenons tout juste à l'ouvrir étant donné le nombre de corps entassés à l'intérieur. Motivés par le froid, nous rejoignons dix personnes dans la minuscule pièce – qui fait à peine un quart de la taille de celle de Ryvoan : neuf hommes et une femme, des réservistes de la Royal Air Force en exercice d'entraînement. Ils ne disent pas à quoi ils s'exercent, probablement à un atterrissage en catastrophe à Krasnoïarsk ou au Nunavut. Tant bien que mal, ils font de la place alors que nous retirons nos vêtements trempés et essayons d'en enfiler des secs, renversant le contenu de nos sacs à dos et marchant sur des mains. Ils sont accueillants, au moins; mais ce n'est pas comme s'il y avait le choix. Le poêle dégage de la chaleur et l'air est lourd d'odeurs de nourriture, de linge humide et d'exhalaisons corporelles, une puanteur humaine réconfortante. Il semble absurde, compte tenu de la vaste étendue déserte qui se trouve à quelques mètres, qu'une douzaine de personnes s'entassent si étroitement qu'elles peuvent à peine respirer. Mais l'espace vide est pire. Cette nuit nous tuerait tous.

Fidèles au stéréotype militaire, ils s'expriment largement en acronymes, un code qui nous est incompréhensible. Notre discours sur les cultes du renne serait peut-être tout aussi abscons pour eux. Ils discutent d'ETA et d'objectifs à atteindre : un départ à zéro sept cents heures pour l'ascension du Ben Macdhui, la distance étant mesurée en clics. L'un d'entre eux est surnommé « le Ver », ce qui me désole pour lui, jusqu'à ce qu'il se mette à parler de son ambition de devenir pilote de drones Reaper. Plus de randonnées en montagne pour lui : il sera dans une salle de contrôle quelque part, une manette entre les mains, et fera pleuvoir la mort sur des gens qu'il ne pourra ni voir, ni entendre, ni sentir. Peut-être sur des êtres qui randonnent en montagne et courent s'abriter sur un terrain à découvert. Nous sommes à la fois très proches et très éloignés, dans cette cabane.

L'eau du ruisseau est si glacée que j'arrive à peine à rincer nos casseroles. La neige tombe encore dru sur la montagne. Il fait moins neuf degrés, et moins encore avec le vent ; le genre de froid qui brûle la peau. À l'intérieur de ma bouteille, une mer arctique écrase des icebergs contre mes dents.

Je dors sur un banc en bois pendant que Dougie cherche le sommeil en dessous, en boule sur le sol – le plus primitif des lits superposés. Nous sommes douze à respirer le même air, peu importe nos rêves.

Le matin, les membres de la RAF se lèvent et partent avec tout l'ordre que l'on peut attendre de neuf hommes et une femme préparant leur petit-déjeuner, emballant, déballant et remballant leurs énormes sacs à dos dans un espace réduit. Ils nous laissent une ration, un mélange glauque de saucisses et de haricots, qui se révèle étonnamment savoureux.

Le ruisseau à l'extérieur commence à se refermer, comme s'il mettait une carapace défensive ; d'épais couvercles de glace vitreuse ont poussé comme des champignons. Le jour est calme, mais d'un froid mortel, rose bonbon et bleu électrique.

Nous nous habillons pour un environnement hostile dans lequel nos corps ne se suffisent pas à eux-mêmes. Gants sur les mains, écharpes sur le visage et pointes métalliques sur les chaussures, piolets prêts comme des armes contre la température. En pensant encore une fois aux rennes – cette peau argentée à la fois chaude et fraîche, ces poils tubulaires creux qui les isolent parfaitement –, je comprends la fonction fondamentale de la chasse : prendre la peau d'un autre, meilleure que la nôtre, et prétendre qu'elle nous appartient. Pas étonnant que nous ayons fait d'eux des dieux.

Nos pas crissant dans un blanc ininterrompu, nous continuons à descendre la vallée, heureux de ne pas marcher chacun de notre côté. Quand les tétras-lyres surgissent soudain d'une cachette enneigée, Dougie dit : « Regarde, ils gonflent leurs plumes et résistent. » « Résister » étant à prendre au sens littéral du terme en écossais. À travers la neige poudreuse, c'est moins une promenade qu'une traversée, pour laquelle nos bâtons en aluminium nous servent de stabilisateurs. Il y a du verglas sur les rochers, ce glaçage glissant de la pluie gelée, et du névé, des flocons granuleux qui éclatent et croustillent agréablement. Chaque pas est un acte de confiance : un instant, il est ferme, et celui d'après, la surface plonge dans des pièges inattendus qui menacent de nous blesser. On ne peut jamais savoir ce qu'il y a en dessous ni jusqu'où l'on va s'enfoncer.

Il n'y a pas de chemin visible, mais la route est assez claire : elle consiste à descendre dans le Glen Derry, où une douce lumière diffuse se reflète comme dans un bol doré, brunissant nos visages. En contrebas se trouvent de rares silhouettes d'arbres, des pins sylvestres pionniers parsemés de haut en bas du vallon, convergeant sur ses pentes telles des créatures préhistoriques. Des troupeaux de choses sombres, rabougries par le vent, errant dans la plaine. Festonnés de neige, ils ressemblent à des coraux ou à un type particulier de moisissures. Il est agréable de voir du feuillage après la morne montagne.

À un endroit, des empreintes de renard apparaissent à

côté des traces d'un lièvre des montagnes, l'éraflure distinctive de ses longues pattes arrière. « Ces traces auraient certainement des choses à nous raconter », déclare Dougie.

Dans la forêt de Gleann Laoigh Bheag, nous apercevons un écureuil roux, une étincelle qui court le long de la mèche ployée d'une branche résineuse, puis nous laissons les arbres derrière nous et remontons dans l'espace vierge. Le chemin est simple, en descente ou sur le plat, et la destination de ce soir ne semble pas très distante. Ou pas assez lointaine : je veux « résister » davantage. Dougie et moi nous séparons de nouveau. Je prends la route principale, le trajet le plus long, qui mène au Carn a'Mhaim. Un champ de neige s'élevant de façon abrupte dans un ciel parfaitement dégagé.

Mon premier acte, une fois seul, consiste à trébucher et me frapper l'arrière du crâne avec mon piolet, me « trotskisant » presque. Un petit caillot de sang se fige dans mes cheveux. Au moins, mon piolet aura servi.

Avec une douleur bourdonnante, je grimpe sans jeter un coup d'œil en arrière, puis je me retourne et regarde. Ces quatre cents mètres de hauteur supplémentaires changent tout. Du sommet du Carn a'Mhaim, je suis assez haut pour voir l'illusion dans laquelle j'ai cheminé une bonne partie de l'après-midi. La route que nous avons empruntée aujourd'hui nous a menés au bas de ma carte et, sans y réfléchir, j'ai supposé jusqu'ici que nous étions au bord du plateau, que nous longions son extrémité sud; comme si ce qui ne figurait pas sur le papier n'existait pas. « La carte n'est pas le territoire », dit une phrase célèbre d'Alfred Korzybski. De là où je me trouve, je la comprends. Le territoire, c'est ceci. En un coup de vent, mon centre se déplace : autour, des rangées de montagnes enneigées s'étendent dans toutes les directions visibles, pic après pic, bien plus que ce qui semble possible. L'échelle est difficile à cerner. Je ne suis au bord de rien, mais au centre même. De tout. Et cette réalité me déséquilibre. Comme si on avait brusquement retiré un tapis sous mes pieds, comme si on m'avait joué un tour. Pendant un moment, c'est excitant. Et puis – nouveau coup de poing dans le ventre – la peur revient.

Cela paraîtra stupide, avec le recul, comme toujours dans ces cas-là. Je ne suis pas loin du chemin. Je sais où je vais. Mais, pendant quelques instants, je suis tout à fait perdu, déconnecté de l'espace et du temps, comme si je m'étais réveillé dans un rêve stupéfiant. Il n'y a rien d'humain dans la circonférence de ce que mes yeux appréhendent, aucun signe que des hommes aient jamais existé. Il n'y a rien à quoi se raccrocher, aucun contexte ni aucune histoire. J'éprouve le choc psychédélique de la chute dans l'inconnu, une terreur silencieuse de ne trouver aucune route pour me ramener. Dépouillé et dépersonnifié, j'essaie de débusquer de petites prises pour me rattacher au monde : il y a les empreintes de mes chaussures dans la neige, que je peux retracer si je le souhaite ; le vallon boisé de pins que nous avons quitté il y a une heure, avec son ruisseau gelé, ses branches qui ploient sous la neige et ses empreintes d'animaux entrelacées. Et à l'ouest, la Pointe du Diable – je le sais, c'est écrit sur ma carte –, un morne contrefort de pierre grise de mille mètres de haut, et la cuiller de glace parfaitement symétrique du Glen Geusachan. Ces astuces fonctionnent. Je ne regarde pas l'immensité tout autour de moi, mais les choses devant moi, les minuscules points que je peux nommer, définir et mettre à leur place. Le centre de l'horreur migre, et je me retrouve de nouveau au bord. Il reste deux heures de lumière. Je sais où je suis.

Je descends du Carn a'Mhaim par la voie rapide, conscient que je ne le devrais probablement pas : une chute raide d'éboulis instables avec des poches cachées de neige profonde est un terrain où l'on peut se casser une cheville. Mais la menace d'une blessure me semble plus douce que l'infini. Au fond de la vallée, je m'assieds un moment, le temps d'avaler quelques gâteaux d'avoine et du fromage à moitié gelé, et me fais mal aux dents avec une gorgée d'eau froide. Je rejoins les pas de Dougie, précisément découpés dans les flocons.

Qu'est-il arrivé là-haut? Je n'en suis pas sûr. La sensation a déjà pratiquement disparu, comme c'est toujours le cas une fois un risque passé et la route du retour dégagée. Le souvenir est troublant et largement inexplicable. J'ai eu un aperçu du portail, de l'endroit insolite que je suis venu chercher – cette blancheur ininterrompue et gelée qui s'étend à l'infini – mais sa vue m'a seulement effrayé. Je me sentais un peu dans la peau de ce Geronimo filant vers le vide; un sentiment de choc et d'incrédulité, et rien pour stopper ma chute.

J'avance, je m'arrête, j'avance encore. Mes mouvements sont légèrement ivres. Les pierres sont glissantes de verglas, ondulées, noires, dures comme du fer. Chaque pas est un poinçon, sous mes pointes. Je laisse une traînée de petites piqûres, des traces évoquant celles d'une créature aux sabots affûtés. Le soleil a progressé lentement le long de l'horizon au fil des heures diurnes, parvenant à peine à se maintenir au-dessus de la ligne des montagnes. Lorsqu'il perd finalement le combat, s'enfonçant avec fatalisme, le froid jaillit du sol comme s'il avait été relâché. La terre, les rochers et les pierres le diffusent activement; les couleurs elles-mêmes semblent le générer. Le *bothy* Corrour se dresse devant moi, plus proche que je ne l'avais imaginé.

Mais je n'ai pas encore fini pour aujourd'hui. J'ai trop envie de montagne. J'adresse un petit salut à Dougie, qui est confortablement installé, dépose mon sac à dos et prends le chemin qui mène au Coire Odhar. J'ai un sentiment d'irrésolu. Mon corps ne peut s'arrêter de marcher. La Pointe du Diable sur ma gauche est parsemée de cascades de glace verticales, longs filets de morve gelée le long de la roche grise à pic. Une lune pleine s'est levée, jaune, apparemment bidimensionnelle. Depuis le *coire* – le mot gaélique pour « cirque », un creux glaciaire dans un flanc de montagne –, une crête abrupte grimpe plus haut vers le Diable. Mon corps est si fatigué que ma respiration semble la voix de quelqu'un d'autre, avec des aboiements et des grognements que je ne peux contrôler. La neige prend une couleur bleu nuit, mais quelque chose me pousse à continuer.

Au sommet, il n'y a que de l'air froid entre moi et la lune. Tout autour, la toundra enneigée glisse dans l'obscurité. La cime du Ben Macdhui est perdue dans son propre blizzard – le Grand Homme Gris se déchaîne, là-haut –, mais le reste est étrangement calme. Il n'y a pas un souffle de vent. Les derniers instants du jour dévoilent un bleu électrique, comme si le spectre était lentement inondé d'argon. Je n'ai pas l'impression d'être au sommet de quelque chose, mais d'être suspendu en son milieu, de flotter dans une lanière de couleur irisée et changeante. Une phrase vagabonde me vient à l'esprit : « L'air fait partie de la montagne, qui ne prend pas fin avec sa roche et son sol. » Elle est de Nan Shepherd.

Cette romancière, poétesse et enseignante du XXe siècle, originaire d'Aberdeen, dont le visage orne aujourd'hui l'un des billets de cinq livres écossais – les cheveux noués en tresses lâches, un bandeau et un petit bijou sur le front, comme un chef indien – a passé sa vie à marcher dans les Cairngorms et est l'auteur de *La montagne vivante,* qui est devenu un genre de texte sacré à propos de ces collines. Il s'agit moins de la description d'un paysage que de l'acte de faire corps avec lui, étant donné que Shepherd était un chaman inné et sans prétention. Je pense à ce moment sur le Carn a'Mhaim – ma peur de l'inconnu blanc – et à la façon dont il aurait pu être différent pour elle, puisqu'elle connaissait intimement ces montagnes, qui lui étaient comme des compagnons. Elle ne faisait pas un voyage linéaire de « découverte », mais revenait cycliquement, comme Dougie, année après année. « Pourtant, écrit-elle, la montagne se donne le plus totalement lorsque je n'ai pas de destination, quand je n'arrive nulle part en particulier, mais que je suis simplement sortie pour être avec la montagne, de la même façon que l'on rend visite à un ami sans autre intention que d'être avec lui. »

Cela explique peut-être en partie la profonde désorientation que j'ai éprouvée là-haut : ces montagnes ne sont pas mes camarades, car je leur suis étranger. Je ne les vois pas à partir d'un lieu déjà connu. Elles ne m'appartiennent pas, ou, pour mieux dire, c'est moi qui ne leur appartiens pas. Mon expérience est une dislocation plutôt qu'une connexion.

L'expression de Shepherd parlant de marcher *dans* une montagne, au lieu de la gravir, comme une façon de la connaître, est fameuse. La formulation est politique. En une seule ligne – « Viser le point le plus élevé n'est pas la seule façon d'escalader une montagne » –, elle détruit le machisme de la culture de l'ascension et son discours colonialiste fait de conquête des munros ou des cimes, et d'assauts sur des sommets vierges. Je pense au drapeau rouge, blanc et bleu sur la plus haute montagne du monde, et à la voie que sa plantation a ouverte. Shepherd n'a jamais planté de drapeaux. Cela aurait été comme les enfoncer dans son propre corps.

Dans *Victoire sur l'Everest*, achevé six mois après son retour, mon grand-oncle a écrit qu'il avait « le regret persistant que ce grand sommet ne demeure plus inviolé pour relever son défi ». Mais le livre se termine par une consolation : « Il existe bien d'autres possibilités d'aventure, qu'elles soient à chercher dans les montagnes, dans les airs, sur les mers, dans les entrailles de la Terre ou au fond des océans ; et il y a toujours la Lune à atteindre. »

Il y avait toujours une frontière à dépasser. C'était un monde différent.

Nous vivons dans des temps réduits, à présent. Nous avons atteint nos sommets de conquête et nous redescendons de la montagne. Dans les dernières lueurs du jour, comprenant que je risque de pousser ma chance trop loin, je dévale de la Pointe du Diable en courant, sautant de rocher en rocher. Le parcours semble enchanté : les pierres ralentissent mes pas, comme si la lune me suspendait imperceptiblement dans sa gravité (« mes yeux étaient dans mes pieds », écrit Shepherd). Je glisse sur la glace et m'étale de tout mon long dans la neige, mais je me sens soulevé, retenu. La neige est lumineuse dans l'éclat du soleil reflété par la lune, si bien que la route pour redescendre l'est aussi. J'ai la sensation que je pourrais courir pour toujours vers le bas sans m'arrêter. J'arrive enfin à Corrour, où Dougie commence juste à demander s'il doit ou non s'inquiéter.

Cette fois nous ne trouvons pas dix réservistes parlant en

acronymes dans le refuge. Il n'y a que George, une espèce de gnome d'un âge indéterminable à la barbichette hérissée comme un balai, qui mange des biscuits avec frénésie. Il marmonne à toute allure en glasgovien, au point que ses mots roulent les uns par-dessus les autres. Même Dougie, qui est né à Glasgow, ne comprend pas la moitié de ce qu'il dit. C'est le genre de personne que je ne peux imaginer exister ailleurs que dans un refuge ; un « rat de refuge », comme Dougie l'appellera plus tard avec affection. Il roule des cigarettes dont il trouve le matériel dans une boîte de conserve cabossée et expire la fumée dans le poêle, comme s'il faisait des offrandes propitiatoires à la cabane qui l'abrite. Pendant que Dougie et moi réchauffons notre ragoût, George nous raconte, avec sa bouche à la denture béante, ce qui a suscité sa carrière de marcheur : il a été électrocuté. En haut d'une échelle, en retapant une maison, il a touché un câble sous tension et a reçu une décharge continue de quinze minutes. « J'étais collé au fil. Les cinq premières minutes, je ne pouvais pas parler, comme si j'étais à bout de souffle. Puis j'ai commencé à crier. Mes copains ont pensé que je me payais leur tête. "Je ne rigole pas, je me fais électrocuter !" Ils ont balancé le fil sur le côté et je suis tombé. Je me suis retrouvé paralysé pendant un mois. »

Une fois l'usage de ses jambes retrouvé, il a décidé de parcourir le Cape Wrath Trail. Ensuite, il a fait le tour de l'île d'Arran avec ses affaires dans un caddie, en écoutant une radio à manivelle. Puis il a continué à marcher.

On fait tourner les grogs bien chauds et les biscuits au chocolat.

Avant de dormir, nous sortons assister à un étrange spectacle. La lune, beaucoup plus haute et petite, à présent, se trouve au centre d'un vaste halo noir annelé de lumière argentée qui remplit tout le ciel au sud. Je n'ai jamais vu un tel phénomène. C'est un *broch* lunaire, un effet provoqué par les rayons lunaires, qui se reflètent sur les nuages de la troposphère, mais cela n'explique rien. C'est un magnifique présage malheureux, une apparition censée annoncer du mauvais temps. Sous cette couronne sombre, la toundra patiente dans une lumière argentée. Les cirques gelés et les éboulis attendent leur heure, sans être inquiétés.

De retour dans la cabane, George se frictionne les jambes avec du Deep Heat, reprise ses chaussettes avec une aiguille et du fil et tripote la molette de sa radio à manivelle, qui ne capte rien.

Le matin, mon pantalon, suspendu pour sécher, est aussi raide que du poisson congelé. Je dois le frapper contre le mur pour l'assouplir.

La lumière du soleil n'a pas encore atteint le sol du Lairig Ghru.

Le Lairig Ghru est l'espace inverse laissé par la glace, l'impact des énormes dégâts provoqués par les températures. C'est la plus grande vallée glaciaire de Grande-Bretagne, qui s'étend du nord au sud sur près de cinquante kilomètres. Et – avec sa vallée sœur, la Lairig an Laoigh, à l'est – c'est l'un des deux cols principaux qui divisent les Cairngorms en trois parties, au niveau de leurs plateaux en altitude, exposés, favorables à la toundra. Scinder. Fendre. Ces mots me viennent à l'esprit : on dirait l'entaille d'une terrible hache, dont les bords tranchants ont été adoucis par le temps. Il serait tentant d'estimer qu'il a été formé par un seul cataclysme, mais il s'est dessiné sur des millions d'années, alors qu'un estuaire de glace irrépressible se frayait un chemin à travers le paysage. Quel âge a-t-il ? Il est vénérable au-delà de l'imaginable, et il continue de vieillir. On a longtemps pensé qu'il s'était constitué, comme la plupart des brèches glaciaires de Grande-Bretagne, au cours du dernier maximum glaciaire qui a débuté il y a 2,6 millions d'années. Mais le Service de recherches géologiques britannique et celui de Patrimoine naturel écossais ont récemment déclaré qu'elle pourrait en réalité remonter à 390 ou 400 millions d'années, soit la formation du granit lui-même. Le nom « Ghru » pourrait – c'est une suggestion d'Adam Watson, le grand spécialiste des Cairngorms – dériver de *drúdhadh*, qui signifie « suinter ». Cela ferait référence aux innombrables rivières et ruisseaux qui s'y écoulent. Mais, en gardant à l'esprit cette date plus ancienne, il évoque l'image d'un flot de roche semi-liquide, refroidissant telle une bouillie géante, déchirée par des lignes de fracture. Ce n'est pas uniquement la glace qui a coulé, mais la terre elle-même.

Pour des non-géologues comme moi – et peut-être pour les géologues eux-mêmes –, ces chiffres ne sont pas très différents les uns des autres d'un point de vue émotionnel. Pour des êtres dont l'espérance de vie moyenne s'élève à quatre-vingts ans, 2,6 millions et 400 millions sont tout aussi incompréhensibles. Il est plus facile de recourir à ce raccourci mythique : « Il était une fois… »

Il était une fois le monde fait de glace. Le géant des glaces Ymir, premier mortel de la création, fut massacré par les dieux Odin, Vili et Vé, qui utilisèrent les parties découpées de son corps pour peupler le cosmos. Sa chair devint la terre, son sang les mers, ses os les montagnes, ses cheveux les plantes et les arbres, le dôme de son crâne les cieux et sa cervelle les nuages. Ses sourcils créèrent Midgard, le royaume intermédiaire de l'humanité. Selon la mythologie viking – climatologiquement et géologiquement couplée à ce terrain –, nous sommes tous les enfants du gel, de la glace, les orphelins des glaciers.

Il s'agit certainement d'une mémoire culturelle d'une époque glaciaire.

(Sur une note plus profane, la Pointe du Diable que j'ai escaladée hier soir est un victorianisme prude, comme Dougie se plaît à le dire ; son nom gaélique – changé diplomatiquement pour éviter l'embarras lors d'une visite royale – était Bod an Deamhain, le Pénis du Diable. Peut-être cet impressionnant renflement de granit, poussant vers le haut et veiné de glace, est-il un monument dédié à une autre partie de l'anatomie d'Ymir ?)

Dougie et moi avons deux options aujourd'hui, dernier jour de notre randonnée. Soit nous suivons le col, en l'absence du glacier, soit nous montons au Coire Odhar et longeons la crête en une boucle vers l'ouest autour des sommets de cinq montagnes : Cairn Toul, Sgor an Lochain Uaine (le pic de l'Ange), Carn na Criche, Einich Cairn et Braeriach, le troisième point le plus haut du pays. Les deux chemins nous mèneront à la maison, d'une manière ou d'une autre. La décision dépend toujours de la météo ; même le col, relativement abrité, peut s'avérer ardu dans de mauvaises conditions, et en cas de blizzard le bord du plateau serait dangereux. Mais le présage d'hier soir ne s'est pas réalisé. C'est le jour le plus clair.

Les montagnes sont roses, jaunes, bleues, orange, de toutes les couleurs sauf blanches, incarnat sous l'apparence trompeuse de la chaleur. Les éruptions de nuages suspendus sont brouillées dans leurs plis. D'après les signes de ponctuation laissés par des empreintes de sabots dans la neige, il semble que notre refuge ait été entouré par de nombreux ongulés la nuit dernière – des cerfs rouges et non des rennes, pense Dougie – et par quelque chose d'autre, trop gros pour être un renard. « Un blaireau, ou ce genre de bestiole. » Le petit-déjeuner se compose d'un porridge au gingembre haché, préparé sur un réchaud de camping. Tandis que George file vers le sud en direction de Braemar, véritable moteur recrachant de la fumée de tabac, Dougie et moi partons à la verticale, vers les hauteurs.

Nous peinons à grimper. Nos corps sont réticents. Sans sac à dos et avec des yeux lunaires, j'ai presque couru jusqu'ici la nuit dernière. Mais ce matin, chaque pas est un douloureux combat. Plonger dans la neige jusqu'aux genoux donne la sensation d'être partiellement consumé. C'est peut-être ce que Nan Shepherd cherchait à dire par « marcher *dans* la montagne ». Dans une congère particulièrement profonde, je me retrouve serré jusqu'à la taille dans une étreinte qui ne veut pas me lâcher. Lorsque nous gagnons une zone ensoleillée, nous transpirons dans le froid.

Il n'y a pas de roche visible ici, seulement des champs de neige aveuglants. À l'ouest, la toundra arctico-alpine s'étend dans la blancheur.

Aucun de nous n'a besoin d'atteindre le sommet de quoi que ce soit. En demeurant au-dessus de mille mètres, nous contournerons la plupart des pics, en utilisant leurs silhouettes pour rester en altitude, comme si nous glissions sur des courants thermiques gelés. La première impression qui me submerge, cependant, n'est pas d'être en hauteur, mais d'être plongé au fond d'une mer étrange. La neige n'est pas uniforme, ce n'est pas une feuille étalée à plat, mais un rinceau baroque de congères immaculées sculptées par le vent, qui se complexifie à mesure que je l'observe. À chaque pas, nous détruisons un microcosme de croissances cristallines, des écailles de glace cannelées, un récif corallien miniature. Chaque structure fractale prend la forme d'un panache de plumes et de poils se répétant à l'identique, de la taille de mon plus petit ongle à la longueur de ma main, des milliards d'entre eux surgissant silencieusement de la neige. Formées par le vent, ces sculptures parfaites ont grandi toutes seules, sans intention d'être avisées par des yeux humains. Nous sommes des intrus dans leur monde. Il se passe ici des choses qui n'ont rien à voir avec l'être humain.

La ligne de crête luisante s'étend vers le nord jusqu'à la bosse du Cairn Toul. Maladroits dans nos nombreuses couches de vêtements, nous commençons à résister.

Au moins, s'orienter est facile. Nous devons simplement garder le plateau à notre gauche et le Lairig Ghru à notre droite, un gouffre d'espace plongeant vers le fil noir de la rivière. La Dee : un nom trop doux pour ce qui gît dans cette cuvette grise balafrée (le nom gaélique, Uisge Dhè, est un peu plus profond). Rien ne bouge dans l'immensité du paysage. Pour profiter de la vue, il serait tentant de s'avancer jusqu'au bord, où une crête de neige matelassée offre une plateforme parfaite. Mais Dougie me met en garde, car, comme on peut le constater en regardant plus loin, il s'agit d'un surplomb seulement soutenu par de l'air, une étagère au-dessus du vide ; une vraie corniche Geronimo. Dougie m'observe nerveusement tandis que je balance mon bras et enfonce mon piolet profondément, juste une fois, pour dire que je l'ai fait. Il n'a pas eu besoin du sien, lui non plus. Mais ce sont des talismans autant que des outils ; leur véritable utilité durant cette marche aura été psychologique.

Nous contournons le sommet du Cairn Toul au moment

même où le pic de l'Ange disparaît dans des nuages bouillonnants. Quelques instants plus tard, l'air autour de nous change de consistance et tout devient opaque, comme une couverture que l'on remonte. La confiance talismanique d'un bâton de métal terminé par une pointe se dissipe rapidement tandis que nous avançons à l'aveugle, sans plus pouvoir distinguer le vide qui plonge juste à côté. La profondeur et la distance s'évanouissent, toutes les caractéristiques s'effacent. Suivre les indications de la boussole relève de la superstition. Au moment où nous commençons à nous inquiéter – jusqu'à quel point allons-nous devenir aveugles ? –, le pic de l'Ange réapparaît, s'éclaircit, impose de nouveau sa présence. D'un coup, le nuage disparaît et la voie est libre.

Enfin, pas tout à fait. Une brume lumineuse s'est répandue sur le plateau, floutant le monde. Tous les deux en même temps nous voyons quelque chose. Son étrangeté nous pousse à nous arrêter : au bord du gouffre se trouve la silhouette d'un homme. Il n'est pas couché telle une ombre, mais debout, avec des bras et des jambes allongés, les mains ouvertes comme pour saisir quelque chose. Sa tête est au centre d'une auréole, des rayons glorieux aux couleurs de l'arc-en-ciel qui jaillissent dans toutes les directions, mais il n'a aucune substance. Nous voyons à travers.

La nuit dernière nous avons aperçu un *broch* lunaire et maintenant nous tombons sur un spectre de Brocken. Ombres éthérées entourées de lumière, étrangement similaires. La manifestation de ce matin, cependant, bouge son bras quand je déplace le mien, fait un pas quand j'en fais un, car il est ma propre ombre projetée dans l'air. Dougie contemple un fantôme différent, projection de lui-même.

Le phénomène, qui tire son nom d'une montagne du

nord de l'Allemagne, est provoqué, dans des conditions brumeuses, par le soleil bas qui diffuse ses rayons à travers des gouttelettes d'eau en suspension. Il est fréquemment suggéré que ces apparitions étranges sont à l'origine de l'Am Fear Liath Mòr qui, presque sans exception, est aperçu les jours de brume, quand l'angle d'un soleil bas peut projeter une ombre verticale. Il est certain que cette illusion a nourri le « diable » que le berger James Hogg a rencontré, alors que sa terreur initiale faisait place à un jeu d'enfant : « J'ai retiré mon bonnet et je me suis gratté la tête amèrement à deux mains ; lorsque, à mon étonnement et à ma joie, le diab' a enlevé le sien et s'est gratté la tête avec les deux mains… je me suis moqué de lui à en tomber sur la pelouse ; le diab' est lui aussi tombé et s'est moqué de moi. » Mais certains des récits les plus terribles – un géant avec « l'air d'avoir une force insolente », un être aux oreilles pointues et pourvu de griffes, ou une créature au crâne massif et aux cheveux bruns courts – ne peuvent pas découler d'illusions atmosphériques. Pas plus que ces bruits de pas. Certes, les montagnes sont pleines de sons étranges – éboulements, échos déformés et bruit du vent, facilement transformés par l'épuisement, l'adrénaline et l'imagination en quelque chose de plus sinistre. Mais la majorité de ces comptes rendus provient d'alpinistes chevronnés qui, pourrait-on penser, sont habitués à l'acoustique des lieux isolés. Réduire chaque rencontre rapportée à un tour joué par la lumière ou par un bruit aléatoire est loin de fournir une explication satisfaisante.

Les observations du Grand Homme Gris ne se limitent pas aux pentes du Ben Macdhui, elles sont courantes à travers l'Écosse et le monde celtique. La figure du Bodach, le « Vieil Homme », apparaît souvent comme le pendant masculin de la Cailleach trayeuse de cerfs – deux figures ancestrales de filouterie autant à craindre qu'à respecter – tandis que le Bodach Glas, l'Homme Gris Foncé, est un présage de mort imminente. Il est loin d'être le seul : des trolls de Scandinavie à ce que les Irlandais appellent *sídhe,* les fées de l'autre monde qui habitent les tumulus néolithiques, des humanoïdes ombrageux peuplent l'esprit collectif de toutes les cultures. Nains, ogres, lutins, géants, gobelins, farfadets, elfes : nous investissons toutes les mythologies de versions monstrueuses de nous-mêmes, reconnaissables dans leur humanité, mais pas pleinement. Comme le suggère l'association des fées avec les tumulus préhistoriques – ou cet homme-fée tourné vers l'arrière qui annonce la neige sur son territoire –, il pourrait s'agir de souvenirs enfouis de populations qui nous précédés, de cultures et d'ethnies déplacées par des vagues d'invasions et de colonisation ultérieures. Peut-être les Pictes ou les anciens Samis habitent-ils ces contes, ou peut-être des peuples plus lointains encore, ceux qui sont arrivés sur ces terres avec la fonte des glaces?

Il existe une autre possibilité, plus atavique. Les néandertaliens, nos cousins au plus gros cerveau mais très décriés, avec lesquels les humains anatomiquement modernes ont partagé l'Europe et certaines parties de l'Asie pendant plusieurs milliers d'années, ont disparu en tant qu'espèce voici seulement quarante mille ans – soit un claquement de doigts, en termes d'évolution. Plus loin dans le temps, le monde a produit des dizaines d'espèces d'humanoïdes très similaires qui nous ressemblaient presque en tout point, avec seulement une mâchoire plus longue ici et un crâne plus plat là. *Homo erectus, Homo ergaster, Homo floresiensis* (le « peuple hobbit » qui a survécu sur l'île de Flores au paléolithique), *Homo denisova, Homo naledi,* mis au jour au cours de la dernière décennie seulement : il semble que de nouvelles variantes de nous-mêmes soient exhumées chaque année, jetant un coup d'œil à leurs cousins actuels depuis les archives fossiles. Ils sont comme nous et pas vraiment, proches, mais incroyablement éloignés. Nos aperçus d'eux représentent-ils désormais un souvenir ?

Quand j'étais enfant, John Hunt m'a raconté avoir vu les empreintes du yéti dans la neige autour de sa tente lors de l'ascension de l'Everest : d'abominables talons et orteils parcourant la montagne. Il avait aussi – ou ai-je enjolivé ce récit ? – entendu d'étranges hurlements la nuit, portés par le vent. J'ai pris et conservé cette histoire avec la même incrédulité circonspecte que celles du père Noël, du Saint-Esprit et autres fabulations, mi-réelles, mi-absurdes. Je n'ai jamais su s'il plaisantait, et je l'ignore toujours.

Alexander Tewnion, ce naturaliste armé au sommet du Ben Macdhui, écrit qu'il est retourné sur le site de l'incident terrifiant de nombreuses fois par la suite, seul, l'esprit tranquille. Son récit recèle un aperçu poétique de son absence ultérieure de peur : « Car ce jour-là, je suis convaincu d'avoir tiré sur l'unique Fear Liath Mhor que mon imagination verra jamais. »

Peut-être chacun d'entre nous ne voit-il qu'une seule apparition, et quand elle disparaît, c'est pour toujours.

Pour l'instant, nous sommes à l'abri de ces illusions, quoi qu'elles puissent signifier pour nous. La brume s'est dissipée et les seuls crissements de pas sont les nôtres. Après avoir fini de jouer avec nos spectres respectifs – à moins que ce ne soit eux qui jouent avec nous –, nous arpentons une étendue d'un blanc éblouissant, tels des astronautes traversant péniblement l'élément « froid extrême » en expirant une fumée glacée. Il n'est pas encore midi.

Mes yeux sont sans cesse attirés par le plateau sur ma gauche, cette énormité chiffonnée, et sa toundra cachée sous la neige, du blanc sur du blanc couvert de blanc. Mais en regardant en contrebas à ma droite, j'aperçois le creux du Garbh Choire Mòr. Cette cuvette dentelée et concave – dont le nom évoque un grand cirque irrégulier – est un point de repère important pour moi.

Là se dissimule un autre vestige du passé froid et lointain.

Le Sphinx est une longue plaque de neige qui s'accroche au flanc nord du cirque bien au-delà de l'hiver. Aujourd'hui, ce n'est que de la neige, fondant dans une pâleur anonyme, se cachant à la vue de tous. Mais, tandis que le reste de la pente se liquéfie, ce morceau unique et têtu – qu'un Grand Homme Gris pourrait traverser en trois pas – demeure en place, refusant de se dissoudre, luttant contre vents et marées. En été, il adopte la forme d'une éraflure d'un blanc sale, un peu plus souillée de semaine en semaine par la terre éparpillée, la pollution atmosphérique et les empreintes de bottes de randonneurs curieux venus le fouler en pèlerinage. Moins blanc alors que gris.

En hiver, s'il résiste jusque-là, il se renouvelle.

Il n'a disparu que huit fois depuis que quelqu'un a pris la peine de le consigner, voici trois cents ans. Lors de sa première disparition, en 1933, le Club d'alpinisme écossais a déclaré que l'événement était si inhabituel qu'il était « peu probable qu'il se reproduise ». Mais il a eu lieu en 1953, 1959, 1996, 2003, 2006, 2017 et 2018. Au cours des douze dernières années, ces disparitions ont été enregistrées par des bénévoles qui ont mené une enquête annuelle sur les plaques de neige à travers l'Écosse, en mesurant la longueur, la largeur et la profondeur et donnant des prévisions sur leur longévité ; le plus éminent de ces « plaqueurs de neige » est Iain Cameron, un expert qui remet tous les ans un rapport à la Société royale de météorologie sur ces anomalies glacées, indicateurs de la santé hivernale. Selon lui, il n'y a que deux cas dans l'histoire où le Sphinx a été dépassé : en 1953 par Pinnacles, une plaque voisine du Garbh Choire Mòr (le Sphinx et Pinnacles tirent tous deux leur nom de voies d'ascension proches), et en 2018 par une tache sans nom sur l'Aonach Beag dans les Western Highlands. Mais parmi les douzaines de plaques de neige qui tiennent depuis longtemps dans les montagnes écossaises, le Sphinx, aux griffes bien plantées, est le plus tenace.

Dougie a écrit sur la visite qu'il a rendue, en compagnie de sa plus jeune fille, à une autre plaque célèbre, également dans les Cairngorms. Au cours de l'été 2018, ils ont grimpé jusqu'à la Nappe du Laird dans l'Ear-choire Sneachdach (le cirque de l'Est neigeux) sur le flanc du Beinn a'Bhuird, non loin de l'endroit où nous nous trouvons aujourd'hui. « Le champ de neige s'élevait devant nous, aussi vaste qu'un terrain de football à cinq. Lorsque nous avons atteint son bord, quatre pierres, pointant en son centre, se sont levées et sont parties en trottinant : des lièvres des montagnes, qui s'étaient tenus immobiles dans des cuvettes qu'ils avaient grattées dans la neige. » Comme le Sphinx, la Nappe du Laird restait gelée toute l'année, un point de repère fiable depuis les basses terres. Mais elle a commencé à disparaître au XXe siècle. Les « propriétaires » qui lui donnent son nom sont ceux du domaine d'Invercauld – cent huit mille acres, de l'extrême sud des Cairngorms jusqu'à Balmoral –, les chefs du clan Farquharson. La légende dit que la famille perdra son droit de propriété sur ces terres, qu'elle détient depuis 1632, si la neige de la nappe fond un jour. Comme l'écrit Dougie :

> Jusqu'à présent, au cours de ce siècle chaud, elle a disparu avant la fin de chaque été, mais les Farquharson possèdent toujours Invercauld. Lorsqu'on l'interroge sur l'absence de neige, le propriétaire actuel admet seulement que « la nappe est peut-être sale et a besoin d'un lavage pour faire ressortir sa blancheur ! ». C'est une bonne réponse, lancée avec un clin d'œil ; mais avec l'accélération du changement climatique, il pourrait bientôt y avoir des années sans aucune neige à Earchoire Sneachdach, même en hiver.

Les plaques de neige comme celles-ci ne sont pas uniquement des fragments d'hiver, mais des bribes d'histoire, de temps lointain. Symboles évidents d'endurance, d'obstination têtue, elles sont aussi des thermomètres qui s'autodétruisent à mesure que la planète se réchauffe. Lorsque leurs dernières taches auront coulé, le dégel national sera complet. Les îles Britanniques seront entièrement débarrassées de la neige en été.

Les Farquharson ne seront pas les seuls. Dans le changement qui s'annonce, nous perdrons tous nos domaines.

On dit parfois du Sphinx qu'il est ce qui s'approche le plus d'un glacier en Grande-Bretagne. Il y a quelque chose de pathétique là-dedans ; une pointe de désespoir. N'étant pas assez massif pour se déplacer sous son propre poids – la caractéristique principale d'un glacier –, le Sphinx est une bizarrerie échouée qui ne ressemble en rien à ces anciens corps de glace qui, au fil des époques, se fraient un chemin dans le paysage en biosphérisant la terre en dessous, refaisant le monde à leur image. Il n'y a pas eu de glaciers en Grande-Bretagne depuis au moins onze mille ans.

Ou alors si ? En 2014, un géomorphologue de l'université de Dundee a fait la une des journaux en affirmant que les Cairngorms pourraient en avoir encore abrité au XVIIIe siècle. Au Coire an Lochain, un autre cirque situé à plusieurs kilomètres au nord de l'antre du Sphinx, Martin Kirkbride a déclaré avoir identifié une moraine – le débris de roches distinctif déposé par le retrait de la glace –, suggérant qu'un représentant solitaire aurait pu perdurer jusque dans les années 1700 : la période connue sous le nom de « petit âge glaciaire », lorsque les rivières gelaient chaque hiver, même dans le sud de l'Angleterre, et que les températures moyennes étaient un degré et demi plus basses qu'aujourd'hui. Si cela s'avérait, cela bouleverserait l'orthodoxie scientifique et ferait reculer de onze mille ans l'âge glaciaire de la Grande-Bretagne. Son article était étayé par une étude parallèle menée par des chercheurs des universités d'Exeter et d'Aberystwyth ayant élaboré un modèle des conditions climatiques historiques : « Nos conclusions montrent que le massif des Cairngorms a probablement abrité un certain nombre de petits glaciers au cours des derniers siècles, soit environ onze mille ans plus tard que ce que les preuves précédentes laissaient supposer. »

Ces affirmations ont immédiatement suscité un débat acharné, bien qu'obscur. Une réfutation sévère fut apportée par Adam Watson, écologiste, alpiniste et écrivain à qui l'étude assidue de la chaîne a valu le surnom de « Monsieur Cairngorms ». Avec un tel nom, difficile de le contredire. Selon lui, la prétendue moraine n'est rien qu'un « protalus rempart » créé par les chutes de pierres et les débris d'avalanches qui se sont accumulés au fil des ans. « Les deux articles ne font pas preuve d'esprit critique en rejetant la possibilité de protalus remparts sur la base de l'opinion des auteurs quant à l'improbabilité que des blocs et autres débris se déplacent aussi loin dans les avalanches. Cela signifie qu'ils n'ont jamais été témoins d'avalanches dans ces cirques ni de leurs répercussions. » En soulignant que les profils géologiques des sols concernés ne correspondaient pas du tout, il raillait de manière cinglante des géomorphologues « qui ne creusent jamais la moindre fosse pédologique et ignorent les principes fondamentaux de la pédologie ».

Kirkbride a défendu son article, y compris la partie sur les coupes géologiques. Il a fait valoir que la crête de blocs rocheux en question pourrait indiquer à la fois une moraine et l'effet d'avalanches – selon lui, les avalanches détruisaient en fait les preuves glaciaires. Mais peu importait à Watson. Non seulement c'était faux scientifiquement, mais le manque de corroboration historique était accablant. *Cool Britannia*, son étude exhaustive des observations climatiques du petit âge glaciaire – coécrite avec Iain Cameron, le principal « plaqueur » de neige du pays –, compile des centaines de notes sur la localisation de la glace et de la neige laissées par des voyageurs contemporains. « Il faut comprendre, écrit l'un d'eux en 1618, que le plus vieil homme vivant a toujours vu de la neige au sommet de plusieurs de ces collines, en été comme en hiver. » Un autre rapporte en 1771 que les habitants de Glen Awain (encore une orthographe d'Avon) lui ont assuré que « ni eux ni leurs pères ne se souviennent d'avoir jamais vu Ben Awin ni les monts à l'ouest de celui-ci exempts de neige ». D'autres alpinistes intrépides décrivent des sommets « jamais totalement fondus » et des pentes où « la neige repose perpétuellement ». « L'immense masse de neige non fondue » du Garbh Choire Mòr, où le Sphinx se dissimule aujourd'hui, est citée à de nombreuses reprises, tout comme la « maison de neige » de Ciste Mhearad, près de la cime du Cairn Gorm, qui « ne cède jamais son contenu glacial à la puissance du soleil ». Mais nulle part dans ces récits de voyageurs, du XVIIe au XIXe siècle, il n'est fait mention d'un glacier au Coire an Lochain.

La plupart des glaciologues se sont rangés du côté de Watson, et l'affaire a été classée. Ce fossé vieux de onze millénaires a été rétabli et la période glaciaire de la Grande-Bretagne s'est retrouvée reléguée en toute sécurité là où elle devait l'être, dans un passé plus lointain que quiconque ne saurait imaginer.

La différence entre un protalus rempart et une moraine authentique, pour un novice, est obscure, comme celle entre un géologue et un géomorphologue. Mais quand je pense à ce glacier du XVIIIe siècle, aussi controversé soit-il, je comprends que quelque chose disparaît. La gravité devient plus forte.

La simple expérience intellectuelle d'un glacier existant ici, survivant à l'époque moderne, seulement une dizaine de générations en arrière, produit une sensation de vertige, comme si mon estomac tombait au fond de mes talons. J'ai marché sur la corniche fragile au bord du Garbh Choire Mòr et je l'ai sentie s'effondrer sous moi et me précipiter dans le vide.

Geronimo !

Comme le champ de rochers en dessous, le temps lointain se rapproche à toute vitesse. Ce qui semblait incroyablement loin est soudain beaucoup plus près.

À l'image du désert de Dungeness – dont le statut discuté ne m'a pas empêché de me transporter dans un désert de l'esprit –, le non-glacier de Kirkbride est un portail vers un âge gelé. La possibilité qu'il ait été là, même s'il ne l'était pas, rapproche le passé ancien : cette terre meurtrie d'absences avec ses cirques et ses brèches glaciaires se remplit brutalement, ses espaces négatifs sont renversés. Le monde est familier, mais transformé. Les moraines sont en lévitation ; des blocs erratiques de la taille d'une maison, enveloppés dans une glace de trois à cinq kilomètres d'épaisseur, sont suspendus dans le ciel telle une pluie de météorites cristallisées. De là où je me tiens, la glace s'étend sur des centaines de kilomètres dans toutes les directions. L'Écosse redevient une extension de la Scandinavie, où le corps, les os et le sang d'Ymir donnèrent une substance au monde.

Est-il possible de ressentir de la solastalgie – cette douleur existentielle causée par les changements environnementaux – pour une ère glaciaire que personne n'a jamais connue et située à une distance temporelle inimaginable ? Le romancier Gregory Norminton a inventé un autre mot : l'archaïostalgie, « une nostalgie douloureuse du passé », ou encore l'antéanthropostalgie, « une nostalgie de l'époque précédant l'existence de l'homme ». Le climatologue Mark Goldthorpe suggère la télestalgie, « nostalgie de ce qui est éloigné dans le temps et dans l'espace », ainsi que la terrancholie ou « mélancolie terrestre ». Le *Dictionary of Obscure Sorrows*, un recueil en ligne de « termes nouvellement créés pour désigner des émotions étrangement fortes », contient *anemoia*, la « nostalgie d'un temps que vous n'avez jamais connu ». Quant au mot allemand *Fernweh*, il signifie un désir douloureux pour le lointain, tandis que *Sehnsucht* remplit les interstices entre l'envie et la nostalgie. Le poète romantique Schiller a intitulé ainsi un poème qui décrit l'envie insupportable d'être transporté vers des collines distantes dont il est séparé par une rivière en furie.

Remplacez les collines par des glaciers et la rivière est le temps, non figé…

Mais le langage est inadapté. Il n'est que la carte, jamais le territoire.

Ma propre rencontre avec un glacier – bien que mourant – s'est produite voici une dizaine d'années, non pas dans l'Arctique, mais dans l'Himalaya. Je me trouvais dans le Cachemire occupé par l'Inde, à proximité de la frontière avec le Pakistan, si près de la ligne de contrôle, avec son militantisme et son terrorisme, qu'il était interdit aux scientifiques depuis des décennies. M'y étant rendu en tant que journaliste, j'avais réussi à me faire inviter à une expédition dirigée par un éminent glaciologue indien. Au cours des deux jours de marche dans la vallée, après avoir passé les checkpoints habituels de l'armée indienne, nos guides cachemiris nous ont montré des endroits où s'étendait le glacier, lorsqu'ils étaient plus jeunes ; son rétrécissement avait laissé une marque sale sur les parois de la vallée, comme de la crasse sur les parois d'une baignoire vidée.

Son nom était – est toujours ? – Kolahoi. Lorsque nous sommes arrivés à sa base, je n'ai pas trouvé l'immensité blanche que j'avais imaginée, mais une chose brune, qui s'effondrait et ressemblait à un morceau de viande pourrie. D'ailleurs, les glaciologues utilisaient des termes qui évoquaient un animal : il avait un « museau », une « langue » et un « orteil » (et quand la glace se brise, le processus s'appelle « vêlage »). Il était acculé : il ne restait qu'un moignon duquel s'écoulaient des rivières. Avec hésitation, nous avons posé le pied sur le flanc ramolli – les scientifiques voulaient marcher dessus –, mais nous avons renoncé. C'était trop instable. La surface était souple comme de la neige fondue. Ils ont effectué leurs mesures et leurs observations depuis le bord, tels de sombres médecins s'attaquant à la chair d'un patient en phase terminale.

Ils ont dit qu'il lui restait environ quinze ans à vivre. Vingt, avec un peu de chance.

À en juger par les températures de ces dix dernières années, la chance n'a pas été au rendez-vous.

Peu de temps après, j'ai participé à un pèlerinage de trois jours à la grotte d'Amarnath, pour lequel un demi-million d'hindous traversent chaque année l'Himalaya – en saris, tongs et bonnets à pompon – pour se recueillir au sanctuaire de Shiva-lingam. Il s'agit d'un phallus de glace d'un mètre quatre-vingts qui croît et fond chaque année dans une grotte située à trois mille huit cent quatre-vingt-huit mètres d'altitude, où Shiva révéla le secret de l'éternité à sa compagne Parvati. Les années précédentes, le lingam avait disparu plus tôt que prévu en raison de températures plus élevées, et cette année-là il ne s'était même pas du tout formé. La grotte était vide, mais les pèlerins s'y rendaient quand même, certains veillant toute la nuit. Quelles conclusions tiraient-ils de la non-apparition de leur dieu ? « C'est un dieu, dit quelqu'un. Il reviendra quand il le voudra. »

Dans la descente, les pentes étaient couvertes de sacs en plastique, d'emballages d'aluminium et de paquets de *paan* scintillants, et aussi dépouillées que celles de l'Everest. Il y avait des eaux usées dans les ruisseaux, qui se déversaient jusqu'aux villages des musulmans cachemiris dans la vallée. « Dieu ne se soucie pas de ça, m'a-t-on dit. Vous pensez que ce genre de choses compte pour lui ? »

La disparition de Shiva est peut-être locale, mais la fonte des glaces est planétaire. La santé d'un glacier se mesure à son bilan net d'accumulations (provenant de chutes de neige fraîche) et d'ablations (du fait de la fonte ou de la sublimation, lorsque la glace s'évapore avant de devenir liquide). Dans l'Himalaya, le toit du monde, cet équilibre s'est brutalement rompu : huit milliards de tonnes de glace se volatilisent chaque année, trop vite pour être remplacées par de la neige. Dans certaines régions, les glaciers reculent de cinq mètres par an. En Europe, on prévoit que les Alpes perdront quatre-vingt-dix pour cent d'entre eux d'ici à la fin du siècle, et que cinquante pour cent disparaîtront au cours des trente prochaines années, quelles que soient les futures réductions des émissions ; le processus est en marche, le carbone étant déjà présent dans l'atmosphère du fait de l'industrie historique. Le Service mondial de surveillance des glaciers, qui effectue des observations depuis plus de cent ans sur neuf chaînes de montagnes, signale que le taux moyen de détérioration a plus que doublé depuis l'an 2000 : « Les derniers chiffres font partie de ce qui semble être une tendance à l'accélération sans fin apparente. »

Au Groenland, pendant ce temps, les glaciers disparaissent sept fois plus vite que dans les années 1990. La glace la plus ancienne et la plus épaisse de l'Arctique a diminué de quatre-vingt-quinze pour cent. La vaste calotte glaciaire de l'Antarctique – de loin le plus vaste corps gelé de la planète – vêle et glisse dans la mer à un rythme encore plus rapide, se débarrassant, selon des études récentes, d'un volume inconcevable de deux cents milliards de tonnes de glace par an. Ce phénomène crée une boucle de rétroaction connue sous le nom d'effet d'albédo : à mesure que la couverture de glace, qui réfléchit la lumière, diminue, la surface de la planète s'assombrit, entraînant l'absorption d'une plus grande quantité de chaleur et la fonte d'une plus grande quantité de glace.

Au cours du dernier demi-siècle, la perte s'est élevée à

neuf mille six cent vingt-cinq gigatonnes. Une gigatonne correspond à un milliard de tonnes.

Mais ces statistiques sont encore moins un territoire que les mots.

De retour sur le bord du Lairig Ghru, avec le plateau de neige précaire en dessous de moi, un certain vertige me prend, irradie jusque dans mes entrailles : dans cinquante ou cent ans, les gens regarderont les parties du monde actuellement gelées et verront ce que je contemple à présent. Une absence, un trou vide. Le paysage postglaciaire ci-dessous, dans toute sa majesté abîmée, n'est pas une vision du passé lointain, mais de l'avenir.

Quelque chose émerge ici, comme un spectre de Brocken dans la brume. Am Fear Liath Mòr, le Bodach Glas : l'Homme Gris Foncé qui annonce la mort. Alors que la glace s'égoutte, lui entre dans la lumière.

Mais pour l'instant, dans cette traversée de l'Arctique, j'ai trouvé ma permanence – les neiges éternelles, la toundra de mon enfance. Je ne peux croire qu'elle disparaisse un jour. Le champ immaculé s'étend à perte de vue, si éblouissant que je dois plisser les yeux. Ce blanc éclatant produit des choses étranges, déformant ma vision et la verdissant. Le temps se mesure dans le crissement de nos pas. Mes cils et ma barbe sont gelés – l'accoutrement cliché de la virilité arctique – et les muscles de mon visage sont lents, ce qui ralentit également mon élocution. Les mots sortent partiellement dégelés, mais toujours glacés au fond. Quand je bouge mes lèvres, j'entends de la glace tinter.

Dougie est loin devant moi, flocon distant contre le ciel, l'Homme Gris des neiges. Je suis la longue ligne de ses pas. Ils semblent s'étirer à l'infini, se réduisant à peine entre ici et l'horizon, se renouvelant constamment. Les distances pourraient être des mètres comme des milliers de kilomètres. Au milieu de l'après-midi, un dernier miracle se produit : du bord de la corniche s'élèvent une douzaine de panaches fumants, des fils lumineux de poudrerie glacée qui s'élancent en spirale sur des courants ascendants depuis les pentes en contrebas. Ils dansent, chutent et dansent à nouveau sur leur propre chant sifflant, et chaque effondrement entraîne une vague de poussière de glace fouettée et piquante. Je les regarde un long moment, jusqu'à ce que Dougie soit hors de vue. Le froid a rendu les esprits de la montagne visibles. Ils continueront à voltiger après notre départ.

Nous descendons enfin. Le doux monde brun nous attend. Déambulant maladroitement dans une colline inégale, nous envisageons de faire une pause – pour des gâteaux d'avoine brisés, du fromage glacé –, mais le vent pénétrant nous en dissuade. La neige n'est plus que des plaques çà et là, drapée à travers de sombres feuillages. Au milieu de la butte, un jeune arbre solitaire se débat, un pin sylvestre pionnier à des centaines de mètres au-dessus de son aire de répartition. Dougie s'agenouille et s'incline devant lui.

Puis nous regagnons le Lairig Ghru, en suivant l'Allt Druidh vers le nord, laissant la toundra arctico-alpine à son hiver. Nous avons marché tout l'après-midi, la soirée et la nuit. Nous nous trouvons à mi-chemin de la lisière de la forêt de Rothiemurchus, d'où étaient sortis les rennes. Les broussailles et les nids de fourmis des bois sont recouverts d'une couche de neige qui retient les dernières lueurs du ciel. La lune rayonne comme un projecteur. Les arbres sont de vieux pins sylvestres à l'écorce rouge et déformée, et leur couleur chaude rutile après tant de blancheur. Le nom gaélique des Cairngorms est Am Monadh Ruadh, « les collines écarlates », à cause de leur roche rougeâtre. Avec ses reflets roux, Dougie a quelque chose du *ruadh*, lui aussi.

La neige, les pins, le sol sablonneux, la lune opaline prise dans les branches : nous avons l'impression d'un voyage qui pourrait durer plusieurs jours de nuit hivernale, fatigués comme nous le sommes mais le pas bondissant, accompagnés par le jappement des gardiens de troupeaux et le tintement des cloches des rennes. Mais maintenant, nous avons atteint la route. Le goudron sous les pieds procure une sensation étrange. Nous ne sommes partis que soixante-douze heures, mais cela paraît bien plus.

Mes orteils sont engourdis. Mon corps, endolori. Ma peau semble plus épaisse.

La voiture est là, au bord de la route, et le mot toujours affiché sur le pare-brise : *Mardi 15 janvier, départ pour Ryvoan, puis Hutchison, puis Corrour. Retour vendredi 18.*

Il faut balayer la neige avec les mains pour le lire.

LA JUNGLE POLONAISE

À ma gauche et à ma droite, devant et derrière moi, il n'y a que des arbres, et encore des arbres. Les troncs sont uniformément droits, s'élevant presque sans branches jusqu'à une canopée sans feuilles dans laquelle quelques bourgeons précoces sont éparpillés comme des étoiles vertes. Bien que grands, ces arbres n'ont pas l'air vieux – par « primaires », j'avais imaginé des membres noueux et une écorce tordue. Mais peut-être ne sont-ils pas censés l'être ? Une forêt d'âge vénérable n'implique pas que les arbres eux-mêmes soient vieux, tout comme une civilisation ancienne ne signifie pas que les gens le sont.

Je marche depuis une heure et il me reste encore des heures à parcourir. Un chemin étroit file vers l'est, aussi loin que je puisse voir. Les arbres glissent doucement devant moi. Leur répétition est hypnotique, une scène constamment renouvelée et cependant toujours identique. À part quelques troncs à moitié tombés, étayés en diagonale, qui interrompent la monotonie de la verticale et de l'horizontale, les mêmes cent mètres pourraient défiler en boucle. Je reconnais des épicéas, des chênes et des tilleuls, mais avant que je ne sois allé loin, les distinctions se confondent. Mes yeux ne sont pas encore en harmonie avec les relations complexes, les permutations des bosquets dans leurs différents quartiers. La forêt me cache les arbres. Je suis aveuglé par l'ombre, incapable de faire le point.

Quelques kilomètres plus loin, dans une clairière au sud du chemin, se dresse une minuscule chapelle en bois avec un toit bleu et des clochers en bulbes. Sa croix à trois barres indique qu'elle n'est pas catholique, mais orthodoxe, fondée, selon un panneau d'information, par des moines kieviens du XIIIe siècle fuyant une invasion tatare. Dans une structure plus petite à l'arrière, sous des icônes de saints à la barbe carrée et aux yeux bridés, pointe un puits couvert et un seau suspendu à une corde. L'eau serait miraculeuse, apparemment dotée de propriétés curatives. Je remplis une tasse en porcelaine ébréchée et avale une gorgée. Elle a un goût de bois.

Quelques kilomètres encore plus loin, je tombe sur une parcelle de terre ravagée. Une touffe de laine brune emmêlée est accrochée à une brindille à proximité. Alors que je me penche pour regarder de plus près, l'odeur de cette laine me prend aux tripes. Je ne sais pas ce que c'est, mais cette senteur est sauvage.

Des forêts d'éoliennes couvrent la plaine nord-européenne. Des chemins de fer ramifiés traversent la Belgique et les Pays-Bas, le Rhin gris à Cologne et pénètrent dans le nord de l'Allemagne. À Berlin, j'ai dormi chez des amis et suis parti peu après l'aube, en passant devant la Tour de la télévision de l'Alexanderplatz et son futurisme soviétique, tout en mâchant un bretzel au goût salé inimitable. L'air était froid, moite, lourd d'une humidité de marais enfoui. À cinquante kilomètres de Varsovie, le train s'est échappé du couvercle de nuages qui avait assombri le paysage depuis les Pays-Bas et a gagné la lumière dorée d'un jour de printemps. Des cerfs se tenaient en alerte dans un champ. Il y avait des tours d'affût partout. Deux grands oiseaux blancs, des cigognes ou des grues, étaient posés sur le toit d'une grange. Varsovie, qui était bien ancrée dans mon esprit comme une ville faite de plans verticaux et éclairée par des néons sordides – une image entièrement dérivée de « Warszawa », le morceau au synthé de David Bowie sur l'album *Low* –, m'a semblé animée et claire. J'y ai changé de train une fois de plus. À l'est de la Vistule, nous avons pénétré dans la Pologne B.

La Pologne A et la Pologne B correspondent à l'ouest et à l'est du pays, l'une faisant face à l'Allemagne, l'autre à la Russie. Les deux parties ont eu des histoires divergentes d'annexion et d'occupation : l'Ouest a connu l'industrialisation sous la domination prussienne et autrichienne, ses intellectuels s'inspirant des idées des Lumières, tandis que l'Est était un marécage féodal et un terrain de chasse tsariste. À l'occasion, j'ai repéré des allusions orientales – des clochers en bulbes silhouettés et un panneau indiquant un cimetière tatar – mais pour le reste A et B se ressemblaient à travers la vitre du compartiment. À Siedlce, mon dernier train, qui n'avait que deux wagons, s'est rempli de familles bavardes, et j'ai fermé les yeux pour essayer d'absorber un peu de leur langue. Elle était pâteuse, douce, comme si elle vous couvait, maternelle, ce qui ne correspond pas du tout à ce qu'elle donne à l'écrit avec les barbes enchevêtrées des *ł* et des *ę*, les fourrés impénétrables des *szczy* et des consonnes aussi denses qu'un bosquet à l'état sauvage.

Sur le papier, la langue polonaise ressemble à une forêt.

Vingt et une heures après avoir quitté Londres, je me suis

retrouvé dans une chambre à Hajnówka, une ville forestière située à vingt-cinq kilomètres de la frontière biélorusse. L'homme qui m'avait conduit de la gare à Hajnówka avait jugé très drôle ma tentative de monter du mauvais côté de la voiture, gloussant « *Angielski!* », « Anglais! », comme si j'avais fait sa journée. La chambre était d'un lilas bilieux, avec un papier peint à motifs de cubes en 3D en tesselles et une horloge en plastique arrêtée au mur. Mon cerveau n'avait pas encore dit à mon corps qu'il ne se trouvait plus dans un train.

Il existe une certaine ligne en Europe, correspondant plus ou moins à la frontière de l'ancien bloc de l'Est, au-delà de laquelle les chiens aboient toute la nuit dans les villes et les villages. Pas individuellement, chaque animal aboyant pour lui-même, mais comme un chœur d'aboiements – un sort pour se prémunir contre les loups, ou pour les accueillir? Cela ne ressemble à rien de ce que l'on peut entendre en Belgique, en France ou en Allemagne. Parti faire un tour avant d'aller me coucher, j'ai perçu à l'oreille que je l'avais franchie.

Le lendemain matin, je me suis réveillé avec un sentiment d'effroi paralysant. Je ne savais pas d'où il venait, mais j'étais incapable de quitter le lit; l'idée d'aller dehors me semblait impossible. Je suis resté allongé pendant une heure, puis une autre, à fixer les cubes lilas, à surfer sur Internet, à éviter de regarder la carte de ce qui m'attendait. Par moments, une sorte de timidité du voyageur m'envahit. Je ne veux pas qu'on me voie ou qu'on m'entende, que mon étrangeté devienne évidente. Je souhaite disparaître, me fondre dans mon environnement sans me faire remarquer. Ce n'était pas possible ici, où j'avais même du mal à articuler le nom de la forêt que j'étais venu chercher : Białowieża. Le *ł* se prononce comme le « w » de watt et le *w* comme un « v », tandis que le *ż* est un son frondeur inconnu de mes tables phonétiques. Je me suis concentré sur l'apprentissage du nom, une syllabe à la fois, jusqu'à ce que je puisse me le répéter. Si j'en crois nombre de romans de fantasy, le fait de nommer une chose permettrait de prendre le pouvoir sur elle.

Finalement, j'ai appelé ma compagne, Caroline, chez moi en Angleterre. Son conseil a été simple et direct : sors du lit, fais ton sac et passe la porte. Cela m'a aidé. J'ai procédé dans l'ordre qu'elle m'avait suggéré. Je marchais maintenant dans une rue de banlieue par une étincelante journée de printemps, le long d'immeubles d'habitation rose et jaune délavés datant de l'ère communiste. La forêt n'était pas loin, juste à un kilomètre. Les panneaux sur les clôtures en grillage avertissaient « *Uwaga !* », ce qui signifie « Attention ! ». Les blocs se sont terminés et sur ma gauche s'est dressée une église moderne avec un monument à l'extérieur, couvert de fleurs et de drapeaux polonais. Dans mon état d'esprit étrangement craintif, deux soldats en béret et tenue de camouflage rôdant avec des armes automatiques, baïonnettes au canon, n'étaient pas vraiment ce que j'espérais trouver. Mon sourire nerveux a été accueilli par des visages vides et des regards de pierre. Le monument portait l'inscription « Katyn », le nom du massacre d'officiers et d'intellectuels polonais par l'Union soviétique en 1940 ; vingt-deux mille d'entre eux sont ensevelis dans une forêt russe.

Le macadam s'effaçait et le couvert forestier s'étendait un peu plus loin. C'était le no man's land entre la ville et les arbres, un terrain de rencontre malaisé, recherché par les joggeurs de passage. Une piste de terre sablonneuse menait vers l'est, le long de cottages aux allures de cabanes avec leurs bardeaux fraîchement peints, derrière lesquels pointaient les carcasses pourries d'habitations plus anciennes et de granges désaffectées, comme des parents gênants. Des téléviseurs, des pneus et des réfrigérateurs abandonnés jonchaient la lisière de la forêt.

Lorsque j'ai atteint l'ombre des bouleaux et des pins, j'ai eu l'impression de plonger sous l'eau.

L'obscurité pommelée a glissé sur moi. Ma respiration s'est faite plus lente et plus profonde, les picotements de la panique moins présents. La lumière éblouissante de l'exposition s'était tamisée. Ici, personne ne pouvait me voir.

En quarante-huit heures, sur un millier de kilomètres, j'avais en fait traversé une clairière, l'empreinte fantomatique d'une forêt disparue.

Son histoire commence il y a au moins dix mille ans, dans le vide laissé par la fonte de la glace.

Avec la fin du dernier maximum glaciaire, la toundra arctique broutée par les mammouths qui couvrait la plaine nord-européenne – s'étendant de ce qui est aujourd'hui les Pays-Bas et le nord de l'Allemagne jusqu'à la Russie – a subi un processus de recolonisation rapide. Les espèces qui avaient fui ce froid extrême des milliers d'années auparavant sont revenues, se faufilant à travers le permafrost en cours de dégel dans un climat en réchauffement. Les premières à s'aventurer furent les minuscules graines de bouleau, qui, portées par le vent, peuvent parcourir de grandes distances pour peupler un terrain dégagé ; leurs troncs pâles étaient comme les plans de la future forêt. À leur suite sont venus les aulnes, les peupliers, les saules et les pins sylvestres. Le chêne est apparu plus tard, se déployant en une lente explosion depuis le sud, où il avait attendu la période glaciaire à l'abri du mur protecteur des Alpes et des Carpates ; puis, par vagues successives, au fur et à mesure que le climat se réchauffait, se refroidissait et se réchauffait de nouveau, sont arrivés le noisetier, l'orme, le frêne, le hêtre, l'érable, le tilleul, le houx et le charme. Au début du néolithique, la forêt était installée partout en Europe du Nord, de l'océan Atlantique à la mer Baltique.

C'était comme si un immense toit avait été tissé sur le continent, bloquant la lumière du ciel. L'Europe n'était plus seulement habitée par des arbres, mais aussi par des ombres.

Qu'en est-il des gens qui ont vécu sous ce grand ombrage ? Pendant des milliers d'années, ils avaient chassé ici, suivant les longs troupeaux à travers la plaine ouverte. Et voilà qu'en l'espace de quelques générations, leurs horizons s'étaient remplis. Les jeunes arbres poussaient partout, trop vite pour être broutés ; dans un paysage modifié où les prédateurs pouvaient se cacher derrière chaque branche tombée, les groupes de ruminants ne pouvaient pas s'attarder et s'éloignaient rapidement. Certains humains ont sûrement continué à les suivre, vers des terres situées au-delà de la portée des arbres ; d'autres, du moins aimerais-je le croire, ont migré avec les rennes jusqu'en Écosse et au glacier en recul qui avait jadis sculpté le Lairig Ghru. Mais d'autres encore sont restés et se sont faits à la vie sous les feuilles.

Peut-être que ces hommes adaptés à la forêt, lointains et inconnus de nous, ne la voyaient pas sous la forme d'une seule entité, mais de plusieurs, des nations continues de communautés d'arbres à des jours ou des semaines d'intervalle, des territoires de pins sombres ou des royaumes plus clairs de chênes et de tilleuls. À l'exception de parcelles éparses défrichées par la culture sur brûlis, comme c'est le cas à présent en Amazonie, ils ont dû y vivre sans quitter le couvert arboré.

L'histoire de la disparition de la forêt est celle de la culture de la terre, ce grand changement mondial qu'est le passage de la cueillette à la culture de la terre. Initiée dans le Croissant fertile vers 8000 avant notre ère, cette pratique a atteint le sud de l'Europe cinq mille ans plus tard. Elle s'est lentement répandue vers le nord comme la forêt auparavant, colonisant le même terrain.

Lorsque les ombres ont quitté le sol, la lumière est revenue.

Les arbres ont été abattus à la hache et par le feu pour faire place à des terres cultivées et à des pâturages, afin de fournir des matériaux et du combustible pour la fonte du fer. Au fur et à mesure que la nouvelle culture s'étendait, ces défrichements se rejoignaient. Que les chasseurs-cueilleurs aient adopté un mode de vie agricole ou qu'ils aient été victimes d'une conquête, c'est l'un des grands débats de l'histoire – il s'agissait probablement un peu des deux. Mais certains peuples de la forêt et leur style de vie se sont accrochés dans les bosquets les plus profonds. Il n'était pas tant question d'une disparition que d'une fragmentation. Je pense de nouveau à l'Amazonie : les images satellite montrent le dépérissement de la forêt année après année, un tapis vert filiforme grignoté de toutes parts par les mites, une répétition en accéléré de ce qui s'est passé en Europe.

L'analyse d'échantillons de pollen laisse voir que la couverture forestière a diminué progressivement jusqu'à il y a deux mille ans, puis a plongé rapidement lorsqu'un point de basculement a été atteint. La civilisation a suivi la hache.

À l'époque romaine, le sud et l'ouest de l'Europe étaient largement déboisés et seules les forêts non conquises de la Germanie résistaient, au-delà du Danube et du Rhin. Ce royaume mystérieux, densément boisé, que les Romains appelaient *Hercynia* – refuge de tribus teutonnes guerrières adorant Odin et dont on disait qu'elles suspendaient les corps des victimes sacrifiées dans les chênes – était la frontière entre l'ombre et la lumière, le civilisé et le barbare.

La Białowieża est la plus grande souche survivante de cette forêt originelle qui s'étirait jadis d'un océan à l'autre sur le continent. D'abord sauvegardée par les monarques polono-lituaniens, puis par les tsars russes pour servir de réserve de chasse, cette exclave de forêt vierge est aujourd'hui un parc national, un site du patrimoine mondial de l'Unesco et une zone de protection spéciale Natura 2000. À cheval sur la frontière entre la Pologne et la Biélorussie actuelles (les deux tiers se trouvant dans le dernier État communiste d'Europe), elle couvre plus de mille kilomètres carrés de chênes, de tilleuls et de charmes, ainsi que des étendues d'aulnes et d'épicéas, divisés en zones de plus ou moins forte protection. Alors que ses abords ont été exploités et euphémiquement « gérés », que ce soit par des forestiers médiévaux ou des gouvernements modernes, son cœur protégé et enchevêtré est resté inviolé depuis au moins huit siècles.

La forêt amazonienne est l'image à laquelle je reviens sans cesse, simplement parce que je ne peux pas imaginer une plus vaste étendue d'arbres. S'étalant sur plus de deux millions de kilomètres carrés – malgré l'abattage, l'exploitation minière, le brûlage, la construction de routes et de barrages et les autres incursions écocides qui réduisent chaque jour sa superficie et son intégrité de l'équivalent d'un terrain de football –, c'est la plus grande forêt de la planète, celle qui ressemble le plus à la forêt vierge d'Europe. Bien sûr, les arbres ne sont pas les mêmes, étant tropicaux plutôt que tempérés. Mais la densité, l'altérité, l'inconcevable sens de l'échelle, tout cela, je pense, est proche de l'évocation d'une forêt de la taille d'un continent.

De même que le mot « arctique » en est venu à signifier autre chose que le simple nord polaire, « Amazonie » est une sorte de raccourci pour désigner une nature sauvage authentique (comme « forêt vierge », avec tout ce que ce terme révèle sur le type de personnes – le genre d'hommes – qui lui témoignaient leur vif intérêt en la conquérant). Si l'Amazonie est la plus vaste forêt du monde, l'immense ceinture semi-continue de conifères qui entoure l'hémisphère Nord – connue en Russie sous le nom de taïga et en Amérique du Nord sous celui de forêt boréale – est le plus grand biome forestier de la planète. Köppen le classe dans la catégorie Dfc, « continental, pas de saison sèche, été froid ». Au nord se trouve la toundra et au sud la zone tempérée, où se situe la Białowieża, ce qui en Europe se rapproche le plus d'une véritable jungle.

« Jungle » vient du sanskrit et signifiait à l'origine « terrain vague » ou « désert », un endroit considéré comme inaccessible à l'habitation humaine. Au fil du temps, son sens a changé ; il a été envahi par les arbres. « Forêt » vient du latin *foris*, qui veut simplement dire « dehors ». En Grande-Bretagne, les étendues de terres nues qui ont été « boisées » par les Normands – y compris les champs ouverts de l'Essex et les hautes terres mornes du Dartmoor – sont techniquement dans ce sens des forêts.

Bizarrement, le terme lui-même n'a rien à voir avec les arbres.

Le mot polonais pour forêt est *las*, mais la Białowieża

est plus communément désignée par un autre, *puszcza*, qui n'est pas tout à fait traduisible : quelque chose entre « forêt ancienne », « contrée sauvage » et « forêt sauvage ».

Je pénètre à présent dans cette *puszcza*. Je quitte la lumière du jour et retourne dans l'ombre de l'Europe.

Les panneaux plantés à intervalles réguliers avertissent : « Pénétrer ici en voiture est illégal ». Les heures passent et les arbres défilent à l'identique. De temps en temps, des pancartes déconseillent de s'écarter du chemin, indiquant les juridictions des différentes agences forestières. À un moment donné, j'aperçois un avis pour la réserve Dębowy Grąd – une zone de forêt protégée de chênes, de tilleuls et de charmes qui suit le cours de la Dubitka – sur lequel un détracteur a griffonné, à la craie : REZERWAT IDIOTY. Inutile de connaître le polonais pour deviner la signification de cette inscription. Visiblement, le statut protégé de la forêt ne ravit pas tout le monde.

Ma destination du jour est un village appelé Teremiski, où, grâce à Internet, mon arrivée est attendue. La piste monotone rencontre enfin l'angle droit d'une route. Cette dernière traverse une large clairière où la forêt a été repoussée pour faire place à des prairies, maintenant bordées de bouleaux pionniers. De loin, la ligne des arbres est un mur sombre et menaçant. Des maisons délabrées sont disséminées un peu partout, certaines avec des joints en queue d'aronde et un toit de bardeaux, d'autres plus récentes en béton, mais pas moins miteuses, chacune avec sa pile de bois de chauffage et son puits couvert. Des rangées de ruches peintes se dressent dans de petits jardins clôturés. Une vieille femme en bottes lourdes, solidement plantée dans la rue, tourne comme un héliotrope pour me surveiller quand je passe, et plus loin, une voiture fait marche arrière pour examiner un homme couché sur le dos, les jambes en travers de la route. Après un coup de pied du conducteur, il grogne, se relève et se secoue comme un ours. La puanteur de l'alcool s'échappe de lui par vagues.

Un chien aux yeux doux m'attend à l'extérieur du bâtiment que je cherche : une grande maison en bois aux murs jaunes et à l'enseigne « Information » délavée. L'animal m'accompagne consciencieusement du portail à la porte d'entrée. Ne voyant pas de sonnette, je me fraie un chemin dans une antichambre sombre remplie de vestes et de bottes de camouflage, de jumelles, de posters de sangliers et de cerfs, d'une odeur de fumée de cheminée, de sueur et de pluie. Une autre porte donne sur une pièce que la lumière de l'après-midi inonde. Une énorme table à manger en occupe un côté ; ailleurs, il y a des étagères et des cartes, un poêle à bois qui gronde, des produits marinés dans des bocaux troubles, un hamac suspendu entre deux poteaux. « *Dobry dzień !* » lance une voix. Je viens de rencontrer Augustyn.

Il a une bonne vingtaine d'années, peut-être, et parle un anglais presque parfait. La barbe blonde touffue et les yeux d'un bleu intense, entièrement vêtu de vert, il marche d'un pas énergique comme s'il traversait un vaste terrain ; le genre de personne qui a plus de sens à l'extérieur qu'à l'intérieur. Il me fait faire une visite éclair de la maison, une initiation maintes fois répétée – pas d'alcool ni de drogue, pas de viande, des dons pour les repas communs, et je suis le bienvenu dans n'importe quel lit vide des dortoirs de l'étage –, puis il retire la bouilloire du feu et me verse une tasse de café. Je viens à peine de m'asseoir quand il me dit : « Nous allons en forêt. Tu veux te joindre à nous ? »

Le « nous » vaut pour lui et Marianka, une jeune femme aux lunettes à monture épaisse et à la frange anarchique basse. Ils traversent la route et je les suis à travers la prairie pâle. Près de quelques bottes de foin affaissées, ils font une halte pour me montrer quelque chose : une caméra de chasse attachée à un arbre, face à une plaque d'herbe aplatie et un morceau de plastique mâché. « Des loups, dit Augustyn. Notre voisin n'arrête pas de les voir ici. Ils aiment jouer avec ce truc en plastique. »

Marianka semble contrariée. « Comment peut-il aimer les regarder s'amuser avec ce machin merdique ? »

Des loups ! Une sorte de pulsation électrique lente parcourt mon corps. Nous sommes à la sortie du village ; je suis étonné qu'ils viennent si près.

« Jusqu'à la porte du jardin, dit Augustyn quand je lui en fais part. Ils discutent avec les chiens. »

Nous traversons des peuplements de bouleaux argentés, tels des arbres vus aux rayons X, des négatifs photographiques, et nous entrons dans l'ombre gris-vert qui s'étend au-delà. Une fois à l'abri, le couple dévie au hasard entre les troncs, prenant vaguement vers le sud. Ils n'ont pas dit ce qu'ils faisaient ici et je suis heureux de ne pas le leur demander. Il devient vite évident qu'ils ne *font* rien. Leur but est simplement d'être avec la forêt, sans objectif ni direction, pour la même raison que Nan Shepherd est allée à la montagne « comme on rend visite à un ami sans autre intention que d'être avec lui ».

Les arbres que j'ai vus depuis la piste cet après-midi étaient des étrangers anonymes. Désormais, la Białowieża et moi avons été présentés.

Cela ne se fait pas avec des mots, car une fois dans la forêt, personne ne parle. Cela se joue par de petites illuminations lorsque le projecteur de leur attention passe d'un point à l'autre, en relevant les détails qui les ravissent ou qui attirent leur curiosité. Tout ce que j'ai à faire est de suivre ce faisceau errant. À un moment, ils examinent une tache de lichen ou une barbe de mousse, et l'instant d'après, ils regardent un tronc penché qui semble suspendu dans l'air, pris dans une toile de brindilles si fines qu'on dirait qu'il lévite. Ici, un charme et un épicéa se sont enroulés l'un autour de l'autre, fusionnant dans un baiser greffé, et là, le corps d'un champignon à deux pieds ondule comme de la cire de bougie, poudrant la terre en dessous d'une chute neigeuse de spores blanches. Bien que les feuilles ne soient pas encore sorties dans la canopée, le sol de la forêt est vert. La mousse spongieuse brille si intensément qu'elle semble brûler. À un endroit, Augustyn s'arrête et suit la trace de quelque chose par terre : des anémones des bois ont poussé là où n'est plus visible un tronc d'arbre tombé qui a complètement pourri ; se développant à partir de ses nutriments, elles soulignent sa forme disparue telles les lignes de craie de la police dessinant un cadavre. Où que je tourne les yeux, quelque chose de vivant surgit sur quelque chose de mort.

Auparavant, la forêt apparaissait comme une masse qui se répétait, un thème miroitant un million de fois. Maintenant, par paliers, mes yeux commencent à zoomer.

Après avoir marché – sans cesser de regarder – pendant une heure environ, ils s'enfoncent brusquement dans le sol dans une bande de lumière dorée de soleil. Un nombre incalculable d'anémones des bois sont parsemées telles des étoiles sur le plafond d'une église, chacune d'entre elles rayonnant d'un feu blanc à six lames. Nous restons assis là jusqu'à ce que l'éclat du jour diminue, comme une porte qui se ferme. Lorsque nous finissons par nous lever, nous clignons des yeux comme si nous nous réveillions. « La nuit va tomber », dit Marianka.

De retour à la lisière de la forêt, nous passons devant une parcelle de terre noire barattée, comme celle que j'ai vue plus tôt en marchant depuis Hajnówka. « Sanglier », dis-je avec confiance.

« Bison », corrige Augustyn.

Je regarde de plus près : de larges et profondes empreintes de sabots se sont imprimées dans la boue.

Une autre impulsion électrique lente. Mais les bisons viendront plus tard.

Le lendemain matin, à l'aube, Augustyn et moi partons à la recherche de loups.

Il est quatre heures quarante-cinq et l'air est étonnamment froid, une vague sèche, brûlante et glaciale qui grésille sur la peau. Une demi-lune blanche parfaite est suspendue dans un ciel clair et dilué, comme s'il avait été trop étiré. Les branches les plus hautes de la forêt sont en fusion avec le soleil.

Nous marchons en silence sur la route, en longeant la prairie pâle. À l'orée du village, entre deux arbres, deux croix en bois côtoient un poteau en béton surmonté d'une plate-forme circulaire construite pour supporter un lourd nid, les symboles de trois cultes locaux : catholique, orthodoxe et cigogne. Des bougies brûlent derrière des verres rouges. Je me demande qui les a allumées.

Non loin des croix, une bannière est suspendue entre deux poteaux :

PSEUDOEKOLODZY

BRUDNE RĘCE PRECZ OD PUSZCZY

MIESZKAŃCY

Augustyn traduit avec un sourire : « Pseudo-écologistes, mains sales de notre forêt. Les habitants. »

Mais il est bien trop tôt pour faire de la politique.

Nous allons vers le sud par la prairie, marchant sur un sol durci par le gel, puis le long de la lisière de la forêt, nous arrêtant souvent pour regarder et écouter. Malgré les gants, il fait trop froid pour tenir les jumelles longtemps ; je balaie l'horizon d'un lent coup d'œil, suivant l'exemple d'Augustyn, sans trop comprendre ce que je suis censé chercher. La pensée des loups me semble abstraite et éloignée de ce que je connais. Je ne sais même pas si je crois en eux.

Le temps de franchir les limites, le soleil se lève au-dessus des arbres. « Nous sommes partis trop tard, dit Augustyn. Demain, on partira plus tôt. »

De retour à la maison, nous avalons du pain, puis je m'assoupis dans un fauteuil, jusqu'à ce qu'un chat noir ronronnant me réveille en faisant des dribbles sur mon torse. Ne pas voir de loups ce matin était peut-être un rêve.

C'est le début d'une semaine chez les « pseudo-écologistes aux mains sales ». J'ai un dortoir entier pour moi tout seul, et je participe aux repas végétaliens : soupe de pommes de terre, pâtes, lentilles, salades, noix et graines grillées, cornichons, compotes de fruits et confitures. Parfois, un visiteur fait entrer clandestinement du fromage, qui est mangé furtivement. Un matin, le chat vole une saucisse sèche dans mon sac à dos et court dans toute la maison, tandis que je le poursuis discrètement en essayant de le guider vers ma chambre. Quelle que soit l'heure du dîner, il est impossible de savoir s'il y aura cinq ou quinze personnes réunies autour de la table rutilante, partageant dons et offrandes. La population de l'endroit fluctue régulièrement, passant d'une demi-douzaine de résidents permanents à une composition changeante d'activistes, d'écologistes, de biologistes, de chercheurs et de journalistes qui peuvent rester quelques jours ou plusieurs semaines, faisant des lieux leur base pour des excursions dans la *puszcza*. Car il s'agit d'une maison de « défenseurs de la forêt » et beaucoup de gens ici – dont Augustyn et Marianka – sont des vétérans de la rébellion de 2017 dans la Białowieża.

J'entendrai l'histoire plusieurs fois au cours de mon séjour. Tout a commencé par une infestation de scolytes de l'épicéa.

Hier, dans les bois, Augustyn a pelé une bande d'écorce pour me montrer l'œuvre des envahisseurs : un labyrinthe de trous de forage criblait l'écorce interne, et des étagères de sève collante se superposaient aux endroits où l'arbre avait tenté de les chasser. De telles épidémies affaiblissent et tuent les épicéas, laissant derrière elles des squelettes exsangues ; elles ont toujours fait partie du cycle de vie et de mort de la forêt. Mais, en 2016, en réponse à une infestation plus importante qu'à l'accoutumée, le gouvernement polonais a annoncé le début d'une campagne d'abattage qui allait bien au-delà de ce qui avait été fait jusque-là. Un abattage limité était déjà autorisé dans de nombreuses zones de la Białowieża s'il était justifié par la sécurité publique – si des arbres menaçaient de tomber sur une route, par exemple. Mais ce projet impliquait le retrait de cent quatre-vingt mille mètres cubes de bois, soit des dizaines de milliers d'arbres. Les écologistes ont prévenu que le « remède » risquait de causer des dommages irréparables à l'écosystème et pourrait même propager l'infestation. Le gouvernement a ignoré ces avertissements. Il fallait tuer les arbres, disait-il, pour empêcher les coléoptères de le faire, un argument qui en rappelle un autre, entendu à l'époque de la guerre du Vietnam : « Nous avons dû détruire le village pour le sauver. »

L'exploitation forestière a commencé l'année suivante, sous un tollé international.

La promesse initiale était qu'aucune forêt ancienne ne serait coupée, mais, presque aussitôt, des arbres ont été abattus dans des zones censément protégées. Le travail a été effectué par des moissonneuses, des tracteurs blindés de douze tonnes équipés de griffes hydrauliques qui saisissent fermement le tronc à sa base. Une fois que la tronçonneuse a sectionné le tronc, des rouleaux d'alimentation le font passer dans une série de couteaux d'ébranchage qui retirent proprement les branches; l'opération dure deux minutes. Il ne s'agissait pas simplement d'enlever des épicéas malades, d'extraire chirurgicalement un arbre à la fois, mais de couper à blanc des pans entiers de forêt et de transporter le bois par camions.

Au départ, les défenseurs de la forêt étaient une coalition de groupements de citoyens qui tentaient de limiter la destruction. Avant d'obtenir l'usage de cette maison – offerte par le journaliste environnemental qui vit à côté, l'homme qui filme les loups jouant avec du plastique –, ils vivaient dans des tentes et des arbres. Ils ont organisé des « marches de la désobéissance », brisant les cordons de sécurité et pénétrant dans des zones qui avaient été scellées, se sont attachés à des équipements d'exploitation forestière et ont bloqué des routes avec leurs corps. Une résidente sympathique du nom d'Asia – qui ressemble plus à une institutrice qu'à une militante endurcie – me montre des photos de personnes enchaînées aux bras des moissonneuses; des hommes, des femmes et des enfants étendus au sol, comme s'ils avaient été eux-mêmes abattus, sur des piles de troncs coupés, pour empêcher qu'on les enlève. Des colonnes de gardes forestiers vêtus de gilets pare-balles à motif camouflage escortent un convoi de troncs géants tels des soldats encadrant un missile dans une parade militaire. « Ils ont été recrutés dans toute la Pologne, dit-elle, et l'État les avait effectivement mandatés pour recourir à la violence. C'était une force paramilitaire. » D'autres photos montrent des militants traînés ou plaqués par terre, menottés, le visage enfoncé dans le sol limoneux. Il y eut de nombreuses plaintes pour agression. Je me souviens de ma paranoïa à la vue de ces soldats à Hajnówka ; le rappel, peut-être, de la violence tapie dans ces arbres.

En fin de compte, l'exploitation forestière a moins été stoppée par l'action directe que par la documentation. Des patrouilles d'observateurs bénévoles ont recueilli des données, qu'ils ont envoyées à la Commission européenne ; en se basant largement sur ces preuves, la Cour européenne de justice a ordonné la suspension du programme jusqu'à ce que l'affaire puisse être réexaminée. Le gouvernement polonais l'a maintenu, en invoquant la « sécurité publique ». Ce n'est qu'après la menace d'amendes de plusieurs centaines de milliers d'euros par jour qu'il a fait marche arrière et que les moissonneurs se sont retirés. En avril 2018 – par hasard, il y a un an cette semaine –, le verdict final a été rendu : les actions du gouvernement étaient illégales et l'exploitation forestière était interrompue.

Les images satellite ont confirmé l'ampleur de l'action menée : des quadrants de bois brisé poinçonnés au milieu du vert. Je pense de nouveau à l'Amazonie ; les visuels sont identiques. En une seule année, la Białowieża a perdu entre dix mille et cent quatre-vingt mille arbres, dont beaucoup étaient centenaires, un objectif impressionnant pour n'importe quel scolyte de l'épicéa.

Pour l'instant, un cessez-le-feu est en vigueur, mais les défenseurs de la forêt continuent de patrouiller. « Ces gens ne sont pas partis, dit Asia. Nous ne leur faisons pas confiance. »

D'après la bannière déployée à l'extérieur, certains n'ont clairement pas foi dans les défenseurs de la forêt non plus. Alors que de nombreux Polonais étaient consternés par l'abattage, d'autres pensaient que le programme était nécessaire. Il alimentait les scieries d'Hajnówka, une ville forestière qui avait perdu sa raison d'être, et redonnait un sens à l'industrie dans ce coin de la Pologne B, économiquement déprimé et négligé. Les écologistes et les écrivains peuvent voir de la beauté dans la pourriture enchevêtrée de la *puszcza*, mais, de l'avis de bien des habitants, les bois ont besoin d'être gérés. Laisser de précieux hectares se faire dévorer par les vers et les limaces était considéré comme un gaspillage de ressources naturelles, sans parler des risques d'incendie. Une histoire a même circulé selon laquelle la forêt serait artificielle. Jan Szyszko, le ministre de l'Environnement tant vilipendé à l'époque de l'exploitation forestière – et lui-même ancien forestier –, affirmait que, loin d'être primaires, de larges pans de cette nature avaient été mis en place par la « main entreprenante de l'homme » sur des terres qui étaient jadis cultivées. Asia exhibe une autre photo : une manifestation en faveur de l'exploitation forestière organisée par le gouvernement, au cours de laquelle un vieil homme brandit une pancarte soigneusement imprimée sur laquelle on peut lire : « Cette forêt a été créée par ma grand-mère ». Cela fait référence à une théorie de conspiration arboricole locale particulière : dans le cimetière d'Hajnówka se trouve la pierre tombale d'une femme qui prétendait avoir planté la Białowieża à elle seule.

Cette croyance est apparemment assez répandue. Asia me narre sa confrontation avec un garde forestier au visage rouge : « Pourquoi faites-vous cela ? Vous ne savez pas que cette forêt n'est pas naturelle ?

— Elle est vieille de douze mille ans.

— Qu'est-ce que vous dites ? Que des forêts comme celle-ci poussent toutes seules ? »

Dans ce pays fortement religieux, gouverné par des catholiques conservateurs et connaissant actuellement une recrudescence du traditionalisme nationaliste, il est facile de comprendre pourquoi une telle conception a du succès. Une forêt âgée de douze mille ans est plus ancienne que les temps bibliques ; elle menace directement la théologie chrétienne. Une nature sauvage improductive laissée à elle-même est un affront au rôle de l'homme, divinement désigné en tant qu'intendant de la terre, doté du pouvoir de dominer tous les êtres vivants. Je pense à ces griffes d'acier : la main entreprenante de l'humain – or ce que la main de l'homme (ou de la femme) donne, elle peut le reprendre.

Les images de science-fiction de machines brutales attaquant la nature, et de troupes paramilitaires tirant les gens hors des arbres, sont des représentations exactes de ce qui s'est passé dans ces bois. Mais le conflit est moins noir et blanc et plus gris pommelé. Ce qui me frappe depuis que je suis ici, c'est le fait que tous ceux qui se battent – défenseurs de la forêt et gardes forestiers, écologistes et équipes d'exploitation forestière, anarchistes et catholiques conservateurs – prétendent ne pas détruire la forêt, mais au contraire, agir pour son bien-être en tant que gardiens des arbres, et même de l'identité de la Pologne. Chaque camp crie à l'autre : « Ôtez vos sales pattes de notre forêt ! »

Augustyn me fait découvrir les conséquences du conflit. Il a l'évangélisme inquiet de quelqu'un qui comprend que les choses peuvent être impermanentes, que le temps – ou la beauté, ou la vie elle-même – est limité, que rien n'est garanti. Nous nous dirigeons vers le nord du village, dans une zone qui a été partiellement exploitée en 2017, pas coupée à blanc, mais décimée, et où seuls les épicéas ont été retirés. À mi-chemin, sur une piste pleine d'ornières, où la verdure repousse sur la terre crevassée par les pneus, il s'arrête et indique la gauche et la droite. « Tu peux voir la différence ici. Cette zone a été travaillée, et celle-là, non. C'est comme ceci maintenant, et c'est comme ça que c'était avant. »

La forêt à gauche est spacieuse et simplifiée, avec des trous dans la canopée par laquelle la lumière du soleil filtre. Une fois les épicéas abattus, de nombreux chênes anciens, privés des brise-vent fournis par leurs voisins protecteurs, sont tombés lors de tempêtes ; les pierres tombales boueuses de leurs racines se dressent çà et là. Les rares chouettes pygmées et pics à dos rayé qui nichaient ici se sont retranchés dans les bois plus profonds. La forêt à droite est plus sombre. Ce sont deux mondes : ceux de la lumière et de l'ombre.

Plus tard encore – après une lente acclimatation à l'anéantissement –, nous passons de ce bosquet partiellement en ruine à une coupe à blanc voisine. Adam, un autre résident de la maison et doctorant, étudie la manière dont les plantes recolonisent l'espace, en mettant l'accent sur les espèces invasives ; sa théorie est que les espèces étrangères ont maintenant une ouverture et qu'elles prospèrent dans des environnements brisés, tels des capitalistes du désastre. Adam est un homme costaud, impénétrable et pensif, au visage peu souriant, aux pommettes hautes et aux yeux étroits. Il est à la fois timide et dur. « Je vais faire des recherches sur la coupe à blanc, dit-il en guise d'introduction. Il vaut mieux y aller accompagné. Certaines personnes ne nous aiment pas, ici. Ma voiture a été défoncée plusieurs fois. » Alors que nous traversons un village en chemin, nous dépassons une famille avec un petit garçon en tenue de camouflage qui brandit un faux fusil réaliste – ou peut-être un vrai – qu'il pointe sur la vitre arrière du véhicule, dessinant un cercle au moment où nous passons. Sa bouche prononce l'équivalent polonais de « Bang ».

Adam ne semble pas le remarquer. Il parle des scolytes de l'épicéa et de ce qui sous-tend l'infestation, soit la même réalité inéluctable qui sous-tend tout. La Białowieża se trouve à l'intersection de deux grandes zones climatiques d'Europe – le biome boréal de conifères du Nord et la zone steppique plus aride du Sud –, ce qui la rend particulièrement vulnérable aux changements. Le réchauffement climatique signifie en fait une expansion de cette zone méridionale : à mesure que des conditions plus chaudes et plus sèches s'installent au nord, les épicéas, qui préfèrent le froid et l'humidité, deviennent moins résistants, leur système de défense s'affaiblissant. Les scolytes de l'épicéa exploitent cette fragilité. Ils ne sont pas la cause, mais l'effet d'une dégradation plus importante.

Selon la récente liste rouge publiée par l'Union internationale pour la conservation de la nature, plus de la moitié des arbres endémiques d'Europe sont menacés d'extinction, y compris des espèces aussi communes que le sorbier ou le marronnier d'Inde. Les raisons les plus immédiatement visibles sont le changement climatique et la destruction de l'habitat, mais les infestations – par des coléoptères et des papillons de nuit invasifs et par des maladies fongiques telles que l'*Hymenoscyphus fraxineus*, la chalarose du frêne, qui ravage actuellement la Grande-Bretagne – sont plus insidieuses. Dans le contexte du réchauffement planétaire, ces déclins localisés ne sont pas des événements isolés, mais sont liés à un schéma plus vaste dans lequel l'intervention humaine peut être considérée comme faisant partie d'une boucle de rétroaction : le changement climatique affaiblit les arbres, ce qui implique davantage d'infestations, qui entraînent plus d'abattage, ce qui accentue le changement climatique.

Peut-être, à un certain niveau métaphysique, les humains ne combattent-ils pas les coléoptères, mais travaillent-ils en quelque sorte avec eux.

Après une demi-heure de trajet, nous atteignons les conséquences de cette alliance énigmatique entre l'homme et le scarabée : un carré de dévastation bien net percé dans la nature sauvage. Entre la route et la limite de la forêt non coupée, il reste un seul arbre debout : un épicéa de vingt mètres de haut, unique survivant dans un champ de bois mort écrasé. Pourquoi les bûcherons l'ont-ils laissé ? Il y a là quelque chose de sinistre, comme la carte de visite d'un tueur, comme s'il avait été abandonné là en guise d'avertissement aux autres arbres. Ses branches supérieures se balancent d'avant en arrière tel du caoutchouc dans le vent, tandis que je suis Adam et Augustyn à travers un amas de rameaux éclatés, brisant des morceaux de branches à chaque pas. Cela me rappelle l'expédition avec de sombres scientifiques indiens sur le glacier de Kolahoi il y a quelques années ; mon appréhension du sol instable était la même.

Leur destination est une zone marquée par de petites torsades de laine – infusées, je l'apprends, de phéromones de loup pour décourager les cerfs de venir brouter – où Adam fait une étude sur le taux de repousse. Tandis qu'ils s'accroupissent, un livre à la main, absorbés par l'identification minutieuse des plantes, je me retire à la lisière de la clairière sous le couvert des arbres. Comme hier, c'est un soulagement instantané : retour dans l'ombre cachée, hors de l'exposition impitoyable. Cependant, avant que je ne sois allé loin, je suis frappé par une puanteur. Un cadavre. Un grand cadavre. Le gémissement perçant de mouches. Quelques pas de plus, et la forêt révèle un morceau de viande violet foncé de la taille d'un parpaing en béton, bouillonnant d'asticots. Une épaule ? Un bout de patte ? Plus loin gît un tas d'os d'une taille grotesque : des vertèbres grosses comme le poing, un os de patte semblable à une massue de l'âge de pierre. Appuyé contre une souche de chêne se trouve un large plastron recouvert d'une fourrure brune et bouclée. Le crâne et les cornes ne sont visibles nulle part.

Jouant mentalement les paléontologues, j'arrive à reconstituer le reste, car des images, bien incarnées, sont exposées partout. Il s'agit de la bête emblématique de la Białowieża, l'animal national de la Pologne et de la Biélorussie : le *żubr*, ou bison européen.

Ce cousin forestier du bison américain, auquel il ressemble beaucoup, est le mammifère terrestre le plus grand et le plus lourd d'Europe. Jadis, à l'image des mammouths, les bisons parcouraient l'étendue de la plaine nord-européenne, mais peu de gens les considéreraient aujourd'hui comme des animaux européens; on les imagine plus facilement en train de tonner dans les prairies du Midwest, poursuivis par des Apaches sur des chevaux pie ou abattus par des hommes blancs depuis des trains. Les bisons sont pourtant les survivants d'une autre frontière, plus vénérable. Descendant des aurochs, les ancêtres du bétail domestique moderne, ils ont été chassés du Far West européen lorsque la forêt a été repoussée et que les coupes à blanc, comme celle qui se trouve derrière moi, ont ouvert la voie à la colonisation. « Au Ier siècle déjà, écrit l'historien Simon Schama dans *Le paysage et la mémoire*, Pline avait noté que le bison s'était retiré, face à la colonisation, dans les profondeurs de la grande forêt hercynienne qui marquait la frontière orientale entre l'ancienne *Germania* et la Scythie, désert barbare inconnu et non conquis. » Au Moyen Âge, les bisons ne survivaient qu'ici et dans quelques endroits isolés comme les Carpates, reliques d'une époque révolue. Comme la forêt vierge elle-même, ils se sont maintenus au-delà des limites de la civilisation agricole.

Les récits sur le bison et sur la Białowieża sont inextricablement liés. Ils sont mutuellement dépendants, presque symbiotiques, comme les algues et les champignons qui composent du lichen. Sans la protection de la forêt, le bison n'aurait jamais perduré, et pourtant, sans lui – et son statut d'animal de chasse prisé –, il est probable que la forêt aurait été depuis longtemps abattue. La *puszcza* a été protégée pour la première fois au début du XVe siècle par Ladislas II Jagellon (Władysław II Jagiełło), qui commença son règne en tant que dernier grand-duc païen de Lituanie et qui, après s'être converti au catholicisme en 1386, jeta les bases de l'union polono-lituanienne, qui deviendrait l'État le plus grand et le plus puissant d'Europe. Étymologiquement, Białowieża vient de « Tour blanche », du nom d'un pavillon de chasse royal ; pendant des siècles, la forêt a été la chasse gardée de la noblesse, et les prouesses à la chasse au bison étaient, comme l'écrit Schama, « aussi importantes pour le culte lituano-polonais de la chevalerie que le taureau l'était pour la caste guerrière espagnole à l'autre bout des frontières de la chrétienté ». Alors que la Pologne perdait ses moyens et que ses frontières s'effondraient – prise en sandwich entre les Allemands d'un côté et les Russes de l'autre –, « le bison est devenu un talisman de survie. Tant que la bête et son habitat forestier subsisteraient, la vigueur martiale de la nation serait préservée ».

Lorsque l'est du pays fut pris par la Russie, au XVIIIe siècle, le statut spécial de la Białowieża resta inchangé. Les tsars poursuivirent avec enthousiasme le sport des rois polonais, affichant leur maîtrise de la forêt dans une abondance de cornes et de têtes naturalisées. Des trains entiers d'officiers moustachus coiffés de fourrures venaient de Saint-Pétersbourg et de Moscou pour avoir la chance d'attraper un symbole vivant de la Pologne. Cette affirmation atavique de la domination fut encore plus flagrante pendant l'occupation nazie, lorsque Hermann Göring – que Schama appelle « l'hippopotame monstrueux et incrusté de bijoux du IIIe Reich » – prit personnellement le contrôle de la gestion des forêts. Primaire et non corrompue, la *puszcza* représentait pour lui une vision du passé mythique de l'Allemagne, le bison étant un parfait « symbole de la virilité teutonne velue ». Obsédé par la chasse, il élabora des plans pour étendre la Białowieża – une fois purgée des inférieurs, les Slaves et les Juifs – et en faire la plus grande réserve de gibier de la future Grande Allemagne. Il s'inventa même le titre de *Reichsjägermeister*, maître chasseur du Reich.

Comme les rennes des Cairngorms, les bisons de la Białowieża ont également été traqués jusqu'à l'extinction, bien que leur absence n'ait duré que quelques années et non des siècles. Au cours de l'hiver 1918, les troupes allemandes d'occupation, affamées et au bord de la défaite, en massacrèrent des centaines pour leur viande, réduisant les troupeaux de façon si radicale qu'à la fin de la décennie, il ne restait plus que quatre individus. Le dernier est mort, de causes naturelles, au début des années 1920. La population actuelle – celle que Göring idolâtrait – est issue d'un élevage en captivité réintroduit en 1929 par Jan Stolczman, un biologiste polonais. Les animaux provenaient de zoos d'Allemagne et de Scandinavie, et leurs noms étaient solides : Kobold, Borusse, Stolce, Faworyta, Gatczyna, Biserta, Hagen. Ils se sont fondus dans la forêt comme s'ils n'en étaient jamais partis. Actuellement, ils sont environ neuf cents, répartis entre la Pologne et la Biélorussie, en partie dans des réserves fermées, mais pour la majorité en liberté.

Dans les jours et les semaines à venir, je verrai des preuves de leur présence partout. J'apprendrai à reconnaître les zones de terre noire barattée, les empreintes profondes de leurs sabots, les mèches de poils hérissés et piquants et les bouses déposées autour des trous d'eau. Je crois souvent distinguer les formes de leurs têtes saillantes, pour m'apercevoir que je regarde un rocher ou un rondin. Je vais rêver d'eux. Mais, comme un résident de la maison l'explique, je suis arrivé à un mauvais moment. Pendant les mois maigres, ils broutent souvent dans les prairies près des villages, mais au printemps, il y a tellement de verdure (de « salade à bisons ») sur le sol de la forêt qu'ils se contentent de rester dans les sous-bois, où ils sont beaucoup plus difficiles à voir. En outre, une épidémie de peste porcine africaine a décimé de nombreux sangliers, ce qui a entraîné une surabondance de glands, dont les bisons raffolent. Ils se gavent au fond des bois. Apparemment, les troupeaux sont devenus extrêmement gras cette année.

Pour l'instant, le mieux que je puisse trouver, c'est ce morceau de chair véreuse et ces os qui ressemblent à des fossiles. Je ramasse une côte incurvée presque aussi longue que mon bras en me demandant ce qui a bien pu tuer cet individu. Des loups ? La vieillesse ? Un enfant armé d'un fusil ? Le fantôme malveillant d'un tsar russe ? Impossible de le savoir.

Au loin, Augustyn m'appelle depuis la clairière. Ils ont terminé. Il est temps de partir. La voiture d'Adam n'a pas été défoncée. Je laisse les insectes continuer à transformer la chair en terreau.

Le lendemain matin, nous nous levons pour repartir en quête de loups. Il est plus tôt : quatre heures quinze. Le ciel est encore partiellement obscur. Le chant de l'aube, qui vient de la forêt et fait le tour de la maison, est intense, presque violent, moins un réveil qu'une éruption. Une grue donne le rythme avec ses coups de klaxon. Nous terminons notre tour du village, en marchant dans l'autre sens cette fois, laissant les jumelles faire le travail. Comme hier, la lumière est d'une clarté onirique, l'air glacial. Nous ne voyons toujours pas de loups.

« Je vais juste dans la forêt » est l'une des phrases que j'entends très régulièrement dans la maison de Teremiski. Les gens s'y rendent à tout bout de champ, parfois pour des raisons spécifiques – chercher des bisons, ou des loups, vérifier les images des caméras de chasse, faire visiter les lieux, patrouiller –, mais le plus souvent pour le plaisir. Tout le monde ici, comme Augustyn, est biophile, aime la nature sauvage et se sent chez lui sous les arbres. On a souvent l'impression que la forêt est la réalité, et que la maison, malgré ses repas conviviaux et sa camaraderie facile, n'est guère plus qu'une salle d'attente pour les bois à l'extérieur.

Je m'égare durant des heures interminables et monotones, à marcher sur les longues pistes droites. Cela semble un peu incongru : la *puszcza* est répartie en un système de quadrants réguliers allant d'est en ouest, du nord au sud, les axes respectant un plan aussi strict que celui des rues de Manhattan. Chaque division est jalonnée par une plinthe en béton numérotée qui correspond au plan, de sorte que, tout en respectant l'ordre du jour, il est presque impossible de s'égarer. Il est interdit de se promener dans les bois. Je comprends les raisons de cette interdiction, mais elle est insatisfaisante. Me perdre est précisément ce que je veux. Il m'arrive d'enfreindre les règles et de suivre des chemins interdits dans des zones plus protégées, marquées par des panneaux montrant des silhouettes humaines barrées de traits rouges croisés. Là, les chênes et les charmes sont aussitôt plus hauts. On a l'impression de s'intensifier, de s'immerger dans un niveau différent; malgré les cris alarmés des oiseaux, une plus grande tranquillité règne. Instantanément sur mes gardes, je suis conscient du bruit que je fais et de mon manque de délicatesse. Mon cerveau est en alerte à cause des gardes forestiers – ces images d'hommes en armure me viennent souvent à l'esprit –, mais aussi « alerte » en général, dans un sens plus large. Les terrains interdits produisent cet effet. Je ne fais pas seulement fi de la loi polonaise : je m'aventure dans un autre monde, un monde qui ne m'appartient pas. C'est la même prise de conscience que celle que j'ai eue en contemplant les récifs de glace miniatures au sommet du plateau des Cairngorms : il se passe ici des choses qui n'ont rien à voir avec les êtres humains.

À mi-chemin d'une de ces pistes, je trouve des excréments de loup frais sur un rocher. On m'a dit ce qu'il fallait chercher : la merde est encombrée de poils foncés. Son odeur – musquée, nauséabonde et vive, étrangement intime – me fait reculer physiquement, une réaction si viscérale qu'elle doit être instinctive. Alors que je me redresse, un fracas retentit dans le sous-bois et je vois trois, quatre, puis cinq cerfs rouges s'éloigner en bonds gracieux et effrayés, surpris par un prédateur lui-même surpris par un prédateur. Une expression me vient à l'esprit : « le paysage de la peur ». La présence de chasseurs ultimes comme les loups incite les troupeaux des pâturages à se déplacer sans cesse, les empêchant de s'approprier une zone donnée. Les broussailles plus épaisses offrent à leur tour plus de couverture aux prédateurs, ce qui leur permet de chasser plus efficacement et de réduire la population de ruminants à des niveaux que la forêt peut supporter. Pour elle, la peur est synonyme de santé.

Elle me pousse à continuer de me déplacer, moi aussi.

Dès que je sors de ces sentiers tirés au cordeau, je suis perdu. J'arrive vaguement à m'orienter grâce à la position du soleil à travers les arbres, s'il est visible, mais à deux reprises, alors que je pense avoir marché tout droit en visant soigneusement le nord ou le sud, je m'aperçois que les bois m'ont fait faire un demi-tour complet, à cent quatre-vingts degrés, et m'ont ramené à mon point de départ. Cette astuce m'arrache un rire incrédule ; elle semble presque délibérée. Les méandres des sentiers, les accrocs de la tourbe et les obstacles des troncs d'arbres tombés se combinent pour rendre les lignes droites impossibles. Une autre fois, j'essaie de me diriger en suivant le grondement de la route qui part d'Hajnówka vers l'est, pour me rendre compte que ce bruit est celui du vent qui s'écrase dans les arbres ; pas celui des vagues qui se brisent contre une côte, mais celui de la haute mer. J'ai l'impression que la forêt n'a pas de limites.

Petit à petit, me rappelant la leçon d'Augustyn et l'attention de Marianka, j'apprends à distinguer les quartiers arboricoles, aussi différents les uns des autres que les arrondissements d'une ville. Dans les aires dominées par les épicéas, où les cônes recouvrent la terre, la lumière du soleil tombe en rayons perçants presque assez solides pour être attrapés. Sous les pins, l'astre du jour ne pénètre pas ; des mousses humides et lugubres tapissent le sol de la forêt et enveloppent les troncs inférieurs, luisants de champignons. Des aulnaies marécageuses ressemblent à des marécages tropicaux, qui paraissent à des continents des vastes peuplements de chênes et de tilleuls, ou des grappes de bouleaux argentés brillant comme du métal poli.

Une grande partie de la Białowieża est caractérisée par une forêt de chênes, de tilleuls et de charmes. C'est la première fois que je rencontre vraiment des charmes. Ces arbres ne me sont pas familiers, peut-être parce que leur bois lourd n'est pas considéré comme économiquement utile, et qu'on les trouve donc rarement dans les forêts exploitées. Mais ici, ils sont partout, poussant parmi les chênes et les tilleuls, leurs troncs ondulés et lisses luisant délicatement. Ils sont denses, durs, irréguliers, d'une qualité semblable à celle de la cire de bougie qui a fondu et s'est reformée. Quand on les frappe, ils produisent un son de céramique qui évoque de l'os, ou de la corne, contrairement à la profondeur du chêne ou à la douceur du pin. Je traverse la forêt en tapant sur les arbres comme si je demandais la permission d'y pénétrer.

À une demi-heure de marche de Teremiski se trouve un bosquet fréquenté par les touristes, appelé Stara (« Vieille ») Białowieża. Pour le prix d'un billet d'entrée – que je ne paie pas, découvrant le lieu de manière inattendue depuis la forêt plutôt que par la route –, on peut suivre un sentier de promenade menant autour de « chênes centenaires » vénérés comme des icônes de la Białowieża. Ils ne le sont pas seulement pour leur âge – beaucoup ont un demi-millénaire –, mais pour l'histoire qu'ils incarnent : chacun porte le nom d'un membre de la famille royale polono-lituanienne. Le chêne Jagiełło porte celui du premier protecteur de la forêt, qui a vaincu l'ordre teutonique lors de la bataille de Grunwald (Bois vert) en 1410, un événement marquant pour la nation polonaise. L'arbre est tombé pendant une tempête dans les années 1970, mais il est toujours là, comme une noble ruine. Un panneau donne à lire : « Le roi Władysław Jagiełło a lancé la tradition des chasses royales dans la forêt de Białowieża en 1409 », puis – ce qui est soit une coquille, soit une revendication d'immortalité : « Władysław est venu ici en 1926, pour se prémunir contre la peste. » Près du Vieux Zygmunt, on peut lire : « Le roi Zygmunt a établi une loi selon laquelle celui qui tuait un animal dans la forêt royale était condamné à mort. » Auprès du chêne Helena, du nom de l'épouse du roi Aleksander Jagiellończyk : « Cette dame au sang chaud faisait montre d'une telle frénésie à la chasse que seuls les plus tenaces arrivaient à la suivre. »

Si je ne savais pas ce qu'ils sont, je n'identifierais peut-être même pas ces géants, à première vue, comme des chênes. Les chênes anciens que j'ai l'habitude de voir – ceux qui bordent les allées des grandes propriétés dans la campagne anglaise – sont courts et trapus, noués de galles, souvent foudroyés ou mourant de l'intérieur. Privés de l'espace nécessaire pour se déployer, ces chênes-ci s'élancent directement vers des hauteurs de trente ou quarante mètres, pratiquement sans branches sur la majeure partie du tronc, puis se couronnent au niveau de la canopée en des labyrinthes de membres énormes. Leur circonférence est formidable. Ce sont de véritables machines à extraire l'eau de la terre. Toucher l'écorce d'un chêne anglais revient à frôler une chair noble, mais corrompue ; ici, au contraire, j'ai l'impression de poser mes mains sur une puissance vive.

En tordant le cou pour voir leurs cimes, j'éprouve un vertige inverse, comme si je ne regardais pas vers le haut, mais vers le bas, à travers le temps. Je n'ai pas de mal à comprendre pourquoi ces arbres étaient autrefois vénérés, et pourquoi les anciennes tribus qui habitaient les forêts plaçaient des sacrifices dans leurs branches. Ces chênes, officiellement classés « monuments nationaux » – au même titre que les statues ou les monuments aux morts –, sont des réincarnations symboliques des personnages qu'ils représentent, les héros royaux du passé, vivant toujours, sous la forme d'arbres.

Cette superposition patriotique a des racines plus profondes que l'État-nation. Comment décrire ce lieu autrement que comme un bosquet sacré ?

Augustyn me conduit dans un endroit hors de la Stara Białowieża, où pousse également un chêne centenaire. Aucun sentier n'y mène, seulement des traces de bisons errants. Il a été baptisé plus récemment, non pas du nom d'un roi ou d'une reine, mais en l'honneur des militants : il s'agit du chêne des Défenseurs de la forêt. C'est peut-être en partie à cause de cette appellation, mais il me fait beaucoup plus d'effet ; six mètres de large au niveau du tronc, trente mètres de haut, avec des fissures dans son écorce grise assez profondes pour y passer le bras, il me stupéfie d'une manière que les chênes royaux ne suscitaient pas. L'expérience n'est pas tout à fait de l'admiration. Respect serait un meilleur terme. Je me sens petit, pas en taille physique, mais en histoire.

Dans cet état de désarticulation, je ressens un immense sentiment de paix.

Enfin, pas tout à fait de paix. De soulagement, peut-être ?

À la fin de la journée, juste après minuit, je laisse le thé et les conversations autour du poêle à bois – ils s'apprêtent à regarder *Game of Thrones* – et marche jusqu'à la lisière de la propriété pour me tenir dans le clair de lune blanc. Les chiens sont perturbés. Un chœur d'aboiements indignés retentit dans le village. Depuis les arbres au-delà de la prairie – dans la direction du chêne des Défenseurs de la forêt – s'élèvent en réponse une série de cris qui ne sont ni ceux de chiens ni ceux d'oiseaux.

Un long hurlement extatique.

Nouvelle impulsion électrique.

Je quitte la maison des défenseurs de la forêt pour l'instant et je suis la route vers le village de Białowieża, la principale zone d'habitation de la forêt, qui se trouve dans une autre clairière près de l'entrée du parc national. J'ai l'intention d'engager un guide qui m'emmènera dans la réserve stricte – le seul moyen d'y accéder – puis, dans deux jours, de traverser la frontière : plus des deux tiers de ces bois se trouvent en Biélorussie, le dernier État communiste pur et dur d'Europe.

Le village est joyeusement touristique, avec quelques hôtels haut de gamme (qui se présentent comme des « lodges ») et des sculptures en bois de bisons, de sangliers et d'autres mammifères de la forêt disséminées un peu partout. Son plus grand charme vient des nids de cigognes intégrés à l'infrastructure – l'un d'eux est installé au sommet d'un poteau téléphonique avec des câbles qui partent de sa base – et de leurs couples de cigognes résidents. Les énormes oiseaux, aux articulations maladroites, restent perchés là sans se soucier des voitures, des vélos et des adolescents buveurs de bière qui défilent sous eux, leur jetant de temps en temps un coup d'œil en contrebas comme s'il s'agissait de créatures inférieures. Leurs cris gutturaux évoquent le bruit de lourdes pierres tourbillonnant dans un ruisseau, et remplissent l'air de claquements étonnamment forts. La première fois que je les entends, je pense à une voiture qui pétarade.

Je passe d'un bastion de végétaliens à son exact opposé : une maison d'hôtes à l'orée des bois dont les murs sont couverts de peaux d'animaux, de bois de cerfs et de crânes montés en cape, tous abattus par son propriétaire, trapu, aux yeux bleus et à la tête parfaitement rasée. À peine suis-je installé que Marcin arrive en trombe dans l'escalier avec une assiette de saucisses faites maison et quatre marques différentes de bières (« pour que tu puisses voir laquelle est la meilleure ») et une bouteille de kvas biélorusse, une boisson alcoolisée à base de pain de seigle fermenté, de la couleur de l'eau des marais. « Le kvas polonais, c'est de la merde, dit-il. Celui des communistes est meilleur. » Dehors, un vieil homme armé d'une hache, que j'identifie comme son père, se fraie un chemin à travers un tas de troncs deux fois plus haut que lui ; tous deux ont été bûcherons, dit Marcin. Je ne dis pas chez qui je viens de séjourner, devinant comment il pourrait réagir. Il me tape violemment dans le dos et me souhaite la bienvenue dans sa demeure.

Je n'arrive pas à décider quelle bière est la meilleure, du moins parmi les trois bouteilles présentes. Le kvas est étonnamment bon. La saucisse ressemble à une matraque en tranches ou à un missile de viande miné de pépites de graisse moelleuse. Je n'ai réussi à en manger qu'un morceau. Elle pourrait s'avérer utile plus tard, comme appât pour les loups.

Cette nuit-là, je rêve d'arbres qui poussent les uns dans les autres, comme si ma conscience s'enchevêtrait dans leurs racines. Au matin, je me souviens d'un rêve différent fait plusieurs nuits auparavant et que j'avais oublié : de grandes bêtes sous un ciel orange, des choses qui sont des bisons, mais pas tout à fait, avec des visages étranges, plats, inhumains, et qui se lèvent en gémissant pour me saluer.

Tôt le jour suivant, je m'habille chaudement et traverse le village endormi pour retrouver mon guide.

Elle m'attend devant le bureau du parc. Elle s'appelle Joanna et elle est minuscule ; elle m'arrive à peine aux épaules. L'impressionnante paire de jumelles qui pend à son cou semble d'autant plus énorme. Je crois d'abord que ses cheveux sont vert mousseux, comme ceux d'une sorte de lutin de la forêt, quand je m'aperçois qu'elle porte un chapeau de laine trop grand, recouvert de brindilles et de feuilles, dont le pompon tombe presque jusqu'à sa taille. Elle me jette un regard curieux et critique, comme si elle évaluait mes motivations.

La réserve à proprement parler se situe entre deux cours d'eau, la Hwoźna et la Narewka, et s'étend jusqu'à la frontière avec la Biélorussie à l'est. Pour l'atteindre, nous traversons le parc du Palais, aménagé par les tsars. Le magnifique palais qui se trouvait ici, construit par Alexandre III, fut malencontreusement incendié par les Allemands lors de leur retraite en 1944, et remplacé par un hôtel dont l'architecture cherche clairement à évoquer un pavillon de chasse, mais qui ressemble davantage à un centre de conférences de Basingstoke. Les seuls vestiges du style tsariste transparaissent dans les dépendances d'un bleu crayeux aux ornements en bois blanc sculpté, comme de la dentelle, autour des fenêtres et des portes, et dans la « porte du Tsar » en briques rouges avec son toit en tôle. « Regarde ! » dit Joanna. Ayant découvert ses propriétés acoustiques, un grand pic épeiche tambourine le métal creux du bec. « Il envoie des messages. » À quel propos, elle ne l'explique pas. Elle sort un téléobjectif pratiquement aussi long que l'une de ses jambes et prend rapidement quelques clichés.

De l'autre côté d'une vaste prairie – bordée, comme toujours, de bouleaux argentés –, la réserve se dresse, sombre. L'herbe jaune a été coupée pour le foin, taillée en un chaume. La forêt étant clôturée, l'entrée se fait par un étrange portail imposant au toit de bardeaux de bois, portant les mots PARC NARODOWY en lettres saccadées et rustiques. Ce style est traditionnel à Cracovie, dit Joanna, mais il me semble vaguement familier pour une raison différente : selon la légende locale, le réalisateur Steven Spielberg s'en est inspiré pour le portail de Jurassic Park, l'entrée d'un autre monde primitif qui a disparu du reste de la terre, rempli de vie ancienne et de monstres antédiluviens.

Nous pénétrons dans un sanctuaire similaire lorsque nous franchissons ce seuil et gagnons la pénombre : nous quittons l'Europe moderne pour entrer dans l'Eurassic Park.

Comme pour les autres parties protégées de la forêt dans lesquelles je me suis promené, ma première impression est que tout a été subtilement modifié. La différence n'est pas spectaculaire, mais les chênes, les tilleuls et les charmes semblent plus lourds, plus hauts, plus trapus. Le changement le plus évident réside dans la quantité de bois mort. Partout gisent des carcasses évoquant celles de baleines grignotées par des myxines, des chênes morts depuis longtemps mais toujours debout, des squelettes dressés. Parfois, un arbre s'étire vers le ciel sur des pattes-racines semblables à celles de trifides, laissant un espace dégagé en dessous à l'endroit où il a grandi autour d'un congénère tombé là et pourri depuis. J'avise des chênes et des charmes à deux troncs, l'un blanchi et dénudé tandis que l'autre, collé à – et vivant sur – son jumeau défunt irradie du vert frais. Pas une seule brindille n'est retirée du sol encombré de la forêt, ici ; on la laisse se décomposer tranquillement, ou bruyamment – à en juger par les pousses qui recouvrent tout : des champignons en forme de grands râteliers et d'icebergs ; du lichen allant du gris-vert froid à l'orange fluorescent ; des éruptions de minuscules boules de poils qui crachent des spores au moindre contact ; des suintements gluants d'une vie étrange, que je ne peux pas nommer.

On dit que la Białowieża contient, en masse, plus de bois mort que de bois vivant.

Comme la peur signifie la santé pour la forêt, la mort veut dire la vie.

« Des chrysospleniums », dit Joanna en désignant une fleur jaune aux feuilles arrondies et cireuses. « Des polypores marginés » : champignons orange cramoisi. « De la clandestine écailleuse » : une plante parasite dont les feuilles ressemblent à des mains pourpres et malades. « Des doigts de l'homme mort » : un champignon noir qui transperce la mousse humide comme s'il cherchait quelque chose. Chacune de ces espèces est là, à l'endroit précis où nous la trouvons, pour remplir un rôle spécifique. Toutes participent d'un ordre chaotique dont je n'ai pas les connaissances nécessaires pour comprendre la complexité ; biologiste de formation, Joanna ne se contente pas de les remarquer plus que les autres. Elle voit les choses plus profondément, au-delà de leur apparence superficielle et jusque dans leur fonction interne. Le polypore, par exemple, est décrit comme un « agent perturbateur » dont le rôle consiste, comme divers champignons, à décomposer les nutriments et à les libérer afin qu'ils se recyclent dans de nouvelles formes de vie. Les « doigts de l'homme mort », pour aussi morbides qu'ils paraissent, sont mal nommés.

À un moment, voulant regarder de plus près l'une de ces excroissances – une cascade de formes fongiques jaillissant d'un flanc déchiré –, j'ose quelques pas hors du sentier, et me fais aussitôt réprimander. En sortir, ne serait-ce que d'un pied, n'est pas autorisé. J'ai l'impression d'enfreindre un interdit religieux.

Presque immédiatement, Joanna aperçoit quelque chose de rare : un pic à dos rayé claquant son bec contre un tronc, qui fait pleuvoir des éclats sur le sol. L'appareil photo de ma guide vise et capture. Peu après, elle repère un autre pic, à dos blanc cette fois, puis un noir quelques minutes plus tard. Au cours des heures suivantes, je ne les remarquerai presque plus tant il y en a ; les arbres sont percés de leurs trous et la forêt résonne de leur martèlement maniaque. Joanna sait reconnaître chaque espèce à son rythme particulier, comme elle peut distinguer le cri d'avertissement du merle quand il voit un humain de celui qu'il émet lorsqu'il avise une martre des pins. Elle ne qualifie pas les vocalisations des oiseaux de « cris », mais de « voix ».

J'ai réservé le circuit le plus long, qui s'écarte de la piste la plus large, avec ses cheminements en bois, et emprunte le « sentier sauvage », qui exige une autorisation spéciale. Notre progression se fait immédiatement plus lente et plus difficile. Nous nous frayons un chemin à travers une végétation dense de jeunes arbres et traversons prudemment des parcours hérissés d'obstacles en forme de pointes ; lorsque des troncs tombés barrent le passage, Joanna se faufile par-dessous et moi j'escalade. Les chênes, les tilleuls et les charmes deviennent des marécages d'aulnes. Plus que partout ailleurs, je ressens ici l'âge de la forêt. De nouveaux arbres poussent à partir d'îlots formés par d'anciennes souches, des masses terrestres de feuilles en décomposition, une pourriture riche et créatrice. La surface de l'eau est marbrée de bandes boueuses qui ressemblent à des nappes de produits chimiques, mais qui sont, me dit Joanna, le pollen tombé des tilleuls. N'était-ce la fraîcheur de l'air, cela pourrait être une jungle tropicale.

Encore une fois, mon attention est moins attirée par les arbres vivants que par les épaves en putréfaction qui moisissent tout autour d'eux. La texture et la consistance du bois en décomposition sont très variées, allant de parois chitineuses d'un noir luisant, tissées de résidus de bave, à des flocons spongieux et des miettes sèches impossibles à distinguer de la terre. Plus tard, je me renseignerai sur le processus par lequel l'un devient l'autre. Des champignons aux noms macabres tels que celui « de la pourriture humide » et son comparse « de la pourriture gélatineuse » se nourrissent de la lignine et de la cellulose dont le bois est constitué ; lorsque leurs réseaux d'hyphes s'étendent, ils créent des labyrinthes en nid d'abeille qui offrent un accès supplémentaire à l'humidité, aux bactéries et aux insectes. Les larves des coléoptères fouisseurs qui éclosent creusent des galeries en couches, permettant à d'autres espèces d'entrer : cloportes, mille-pattes, limaces, escargots, guêpes des bois, collemboles et vers de terre qui exploitent les filons pourris, jusqu'à ce qu'ils meurent et se décomposent à leur tour, ajoutant des sédiments aux sédiments.

Selon le type d'arbre, la décomposition d'un tronc tombé peut prendre de quelques décennies à plusieurs centaines d'années, période pendant laquelle il sert d'habitat et de nourriture à de nombreuses générations. Finalement, lorsque sa masse physique a entièrement disparu, on peut dire qu'il n'est plus ; mais ses composants existent toujours, dans d'innombrables autres formes de vie.

La forêt a un effet subversif sur les conceptions de la vie et de la mort. Nous nous disons que ces états sont opposés et absolus, séparés par une ligne qu'il est impossible de franchir. Mais ici, cette ligne est indistincte. Les vivants soutiennent les morts. Ils les suspendent au-dessus du sol et prolongent leur décomposition en les préservant des microbes et des bactéries du sol. Les morts soutiennent les vivants, car leurs nutriments, une fois libérés, permettent à une nouvelle vie de se développer. Les éléments sont dispersés d'une espèce à l'autre, un processus de redistribution qui pourrait être qualifié de réincarnation. L'affirmation selon laquelle plus de cinquante pour cent du bois de la forêt est mort – « un vaste charnier botanique », pour reprendre l'expression de Schama – semble quelque peu dénuée de sens, car une grande partie de ce que nous traversons à pied est à la fois mort et vivant. Les morts et les vivants deviennent constamment l'un l'autre.

La peur ancestrale de la civilisation à l'égard de ce que représente la forêt – les bois sombres, mystérieux et enchevêtrés au-delà du village dans les contes de fées – trouve sûrement ses racines là-dedans. En plus d'être un refuge pour les personnes obstinément non civilisées, la forêt est un rappel de la mort, un *memento mori* vivant.

« C'est le foyer de nombreuses espèces », dit Joanna en examinant une branche criblée et grouillante.

Il y a plus de microbes dans une poignée de sol forestier qu'il n'y a d'individus sur la planète.

La visite se termine à mi-parcours. Sur les berges couvertes de roseaux de la Narewka, le point à partir duquel nous ferons la boucle, nous apercevons le dard irisé d'un martin-pêcheur qui plonge et le poisson argenté qui se débat dans son bec. L'appareil photo de Joanna vrombit. Elle me propose de m'envoyer les clichés, mais ils ne semblent pas importants. Plus que des vues individuelles – les images ciblées d'oiseaux qu'elle a collectées, aussi belles soient-elles –, ce que je veux, c'est quelque chose d'autre, une impression que je n'arrive pas à nommer. Nous laissons la rivière derrière nous puis, rapidement – trop ? –, le sentier sauvage rejoint la piste principale. J'éprouve une sensation de frustration, voire de désespoir. Je n'ai contemplé – je ne peux voir – qu'une infime partie de cette masse verdoyante et mourante, qui s'étend, inconnaissable, vers le nord et l'est ; et plus loin encore, dans les ultimes terres du passé lointain.

Nous nous arrêtons pour déjeuner près d'un charme couvert d'épiphytes. Les mousses, fougères et lichens qui croissent directement sur son écorce me font penser aux branches de chêne de Wistman's Wood, dans le Devon, un autre morceau – infiniment plus petit – de jungle tempérée. Sur le sol gît la forme fantomatique d'un tilleul qui a pourri et disparu voici quarante ou cinquante ans, dans l'ombre acide duquel l'ail sauvage ne pousse toujours pas. Joanna identifie les excréments âcres et piquants des loups. « Vieux de trois jours », dit-elle.

Nous sommes presque de retour à l'entrée de la réserve. Un autre guide passe avec un nouveau client. Ils rient et nous adressent des signes joyeux. Mais avant d'arriver au portail, il y a un monument à un autre type de mort : deux croix en bois marquant le site d'un massacre. Pendant la Seconde Guerre mondiale, les soldats allemands ont amené ici deux cents habitants de la région, les ont abattus et ont jeté leurs cadavres dans une fosse commune. Cette punition collective pour les actions des partisans, qui utilisaient la forêt comme cachette, était une stratégie de terreur courante ; on estime à des milliers le nombre de ces cadavres dans la Białowieża.

Un corps humain, non embaumé, pourrit beaucoup plus vite qu'un arbre. En fonction de la température et de l'environnement dans lequel il est déposé, il disparaît en grande partie en une décennie. Il passe par cinq stades principaux – frais, ballonnement, décomposition active, décomposition avancée et squelettisation – au cours desquels il est assailli d'abord par ses propres bactéries, qui se mettent à digérer ses tissus mous quelques jours après sa mort, puis par des vagues échelonnées d'autres organismes. Les mouches pondent leurs œufs, les asticots éclosent et commencent à se nourrir, ingérant rapidement la plus grande partie de la masse du corps – eux-mêmes consommés par les scarabées, les guêpes et les fourmis –, ouvrant des trous dans la chair qui autorisent l'entrée de nouveaux insectes, de champignons et de protozoaires, et permettant aux fluides de s'écouler. Le corps se raidit et se détend, se gonfle et s'évacue, passe du vert au violet puis au noir, se putréfie et se liquéfie jusqu'à ce que seule reste la matière dense des cartilages et des os. Qui finissent par être mangés à leur tour. Les microbes, les asticots, les scarabées et les champignons ont fait leur travail. Les « agents perturbateurs » recyclent leurs nutriments en une nouvelle vie, qui sera distribuée par des réseaux de mycélium épais comme des cellules. Ces corps font maintenant partie de la forêt, ils sont encodés dans son modèle.

L'azote, le phosphore, le magnésium et le potassium qui sont libérés modifient la chimie du sol environnant pendant des années. Je pense à l'ombre fatale de ce tilleul, où l'ail sauvage ne pousse pas.

Le mémorial en granit à cet endroit, avec ses mots polonais gravés, perdurera quelques siècles, peut-être. Mais les croix sont de simples bâtons dont l'écorce est encore couverte de mousse. Il semble approprié qu'elles pourrissent elles aussi, avec le temps, ne faisant plus qu'un – devenant plusieurs – avec ce bois mort vivant.

Le lendemain matin, je m'apprête à franchir une nouvelle frontière.

Dans ma main se trouve une attestation d'exemption de visa arborant deux armoiries antithétiques : l'une est purement féodale et l'autre, absolument communiste. La première représente un cerf et un bison debout sur leurs pattes arrière (« rampants », selon la terminologie héraldique) de part et d'autre d'un chêne déployé et d'un bouclier portant une couronne, deux paires de cors de chasse croisés et le profil d'un autre bison (« passant »). Ce dernier montre une étoile rouge et des guirlandes de blé autour d'un globe terrestre, les rayons d'un soleil levant proclamant une aube socialiste radieuse. Ce couple improbable associe les symboles du parc national de Belovezhskaya Pushcha – la partie biélorusse de la forêt – et l'écusson de la République de Biélorussie.

Le point de passage devant moi, à Pererov, est l'un des rares endroits où l'on peut entrer dans le pays sans visa, et uniquement à pied ou à vélo (« Pénétrer ici en voiture est illégal »). Il est interdit de franchir la frontière avec plus de trois litres d'alcool ou deux cents unités de « produits fumables », des objets de valeur culturelle, des livres ou des journaux destinés à la vente. Il est également interdit de prendre des photos, de faire des vidéos, de téléphoner et, fait révélateur, de « laisser de l'argent dans les documents présentés pour le contrôle ». En cas de problème, l'office de tourisme qui s'est occupé de mes papiers a fourni l'adresse de l'ambassade britannique, rue Karl-Marx, à Minsk.

Hier soir, dans la maison d'hôtes de Marcin, une autre bouteille de kvas à portée de main, j'ai fait quelques recherches déconcertantes sur Internet. Le pays dans lequel j'entre est une relique du stalinisme, où le KGB n'a jamais changé de nom, et il détient le plus faible indice de démocratie du continent. Dirigé depuis 1994 par Alexandre Loukachenko, un homme fort de la vieille école – soutenu par l'habituel culte de la personnalité –, l'État ne tolère aucune opposition. C'est en outre le dernier endroit en

Europe où la peine de mort est appliquée ; les exécutions se font par une balle derrière la tête. En cherchant des informations sur les mœurs à l'égard de la sylviculture, j'ai appris qu'en 2012, en colère contre les retards dans les mises à niveau et les réformes, Loukachenko a interdit aux employés des plantations de conifères gérées par l'État de démissionner, ou de prendre leur retraite, tant que leurs objectifs n'auraient pas été atteints. Bien que salariés, des milliers de travailleurs ont été réduits en esclavage, ne pouvant quitter leur poste ou en changer sans l'autorisation du gouvernement.

Découverte tout aussi déconcertante, concernant la Białowieża primitive, le régime totalitaire s'est révélé plus doux que la démocratie. La forêt de « l'autre côté », comme je l'ai entendu dire, est plus sauvage, plus libre, plus riche en biodiversité, et constitue en grande partie une extension effective de la réserve sur les terres polonaises. Cela est sans aucun doute davantage lié à sa fonction de tampon contre l'Ouest capitaliste qu'à un quelconque intérêt particulier pour l'écologie. Mais la géopolitique – la position chanceuse de la forêt coincée entre des empires et des sphères d'influence rivales – a toujours été un facteur de préservation de la Białowieża. Comme dans la zone démilitarisée de Corée ou la frontière entre le nord et le sud de Chypre, certains des écosystèmes les plus riches du monde survivent entre des frontières fermées.

L'origine du nom du pays est claire : *byelo* signifie « blanc ». Historiquement, la Russie blanche désignait les parties de cette région colonisées par des Slaves christianisés, par opposition à la Ruthénie noire, peuplée de Baltes païens. À l'apogée de leur pouvoir, les tsars de Moscou se qualifiaient de « tsars de toutes les Russies » : la Grande (ce que nous appelons à présent la Russie), la Petite (l'Ukraine) et la Blanche (Biélorussie).

Il y a quelques jours, j'ai emprunté un vélo à la maison des défenseurs de la forêt pour aller chercher quelques roubles à la banque d'Hajnówka. Ce qui n'était pas possible, comme je l'ai découvert : je ne pouvais changer mes złotys en euros, et les euros en roubles, qu'après avoir traversé la frontière. La caissière de la banque, une femme cynique avec un sourcil arqué, a balayé mes tentatives de polonais. « Alors ? Vous vous rendez en Russie ?

— En Biélorussie.

— C'est la même chose.

— Vous y êtes allée ?

— J'y suis allée.

— C'est comment ? »

Sa réponse était ce que j'ai reconnu comme une expression très polonaise : un regard amusé et non impressionné, l'équivalent d'un haussement d'épaules. « Rien de spécial. C'est pareil qu'ici. »

Sauf que ça ne l'est pas.

Du côté polonais, un jeune homme détendu en chemise verte me fait signe de passer. Je me dirige vers la barrière, supposant que c'est là que je dois aller – le drapeau biélorusse vert et rouge, avec sa bordure à motifs blancs, est visible à cet endroit. Un soldat, qui ressemble à un adolescent, se précipite vers moi, alarmé. Avec un regard à la fois étonné et choqué, il me fait signe de retourner vers la Pologne. De l'autre côté d'une autre fenêtre, j'aperçois l'homologue biélorusse de l'homme décontracté en vert : un officier grave et souriant en uniforme vert olive avec des yeux bleus durs et des étoiles de gradé sur ses épaulettes. Après avoir vérifié mes papiers avec une désapprobation exagérée, il disparaît de derrière la vitre et revient fouiller mon sac. Dans le cadre de cette procédure, il a revêtu un chapeau impressionnant et – ne laissant rien au hasard – des menottes, une matraque et une arme de poing à étui en cuir. Il vide mon sac à dos méthodiquement, étalant les articles sur le sol, les déballant, les dépliant, les dézippant, et passe un très long moment à fixer la couverture de mon roman d'Olga Tokarczuk, pour finalement me le rendre avec une réticence évidente. Vient ensuite le scanner corporel complet avec un détecteur de métaux. Il vérifie une nouvelle fois mes papiers, comme s'ils avaient pu changer d'une manière ou d'une autre, puis me fait signe de retourner à la barrière.

Il y a plein d'espace pour circuler autour, mais la barrière est levée selon les règles. Sa lenteur confère un air de gravité improbable. Entre deux rangs de barbelés s'étend un no man's land. Il ne s'agit pas seulement d'un no man's land, mais d'un no animal's land ; un couloir dévasté a été taillé à travers les bois, un boulevard dépourvu de feuillage. Conscient du garçon armé qui m'observe, je jette un coup d'œil à gauche et à droite le plus négligemment possible ; le couloir s'étend dans les deux directions aussi loin que je puisse voir. La forêt a été coupée en deux. Cette zone de tir libre a été créée par les Soviétiques, pour qui – selon les termes de Schama – « la foresterie était une branche de la sécurité de l'État ».

Détail que je trouve sinistre, ce couloir est recouvert de sable soigneusement ratissé, comme la plage privée d'un hôtel, de sorte qu'il est impossible de le traverser sans laisser de traces de pas.

Une fois la deuxième clôture de barbelés passée, je suis convoqué dans une cabane où l'on vend des souvenirs :

des bisons en bois sculpté, de la vodka à l'herbe de bison, des aimants de réfrigérateur en forme de bisons. Ici, une femme dont la position d'autorité n'est pas claire scrute à son tour mes papiers, leur consacrant encore plus de temps que l'officier en uniforme. Elle tamponne divers documents, exigeant pour certains ma signature. Y a-t-il un endroit pour changer de l'argent ? Je mime. « *Niet.* » Elle secoue la tête. La banque la plus proche se situe à vingt kilomètres, à Kamenuki.

Cela me prendra environ quatre heures à un rythme de marche régulier. Le premier bâtiment que je laisse derrière moi est une base militaire qui ressemble à une école sous-financée. Alors que je pénètre dans la forêt par une route non balisée, un camion kaki me dépasse, sous la bâche duquel se détachent les visages de jeunes soldats en gilet rayé bleu et blanc, l'arme posée sur les genoux. Au cours de l'heure suivante, d'autres suivront, dans la même direction, avec des visages similaires, et de temps en temps une camionnette bleue de la police des frontières. Il n'y a pas de trafic civil. Dès que j'entends un moteur arriver, je range mon carnet de notes.

Il me faut un moment pour comprendre pourquoi la forêt semble plus noire : cela est dû à une concentration plus dense d'épicéas, de pins sylvestres et d'autres arbres à feuilles persistantes, qui n'ont pas été coupés le long de la route – pas d'abattage pour des raisons de « sécurité publique », ici – et s'entassent jusqu'au bord du goudron, l'enveloppant de leur ombre. Entre les troncs s'étire un sol couvert d'aiguilles et des amanites tue-mouches éclatantes. Les scolytes de l'épicéa, ces subversifs, n'ont-ils pas passé les contrôles frontaliers ? Ou bien la forêt joue-t-elle le jeu de ses associations avec la Russie ?

À quelques kilomètres à l'est d'ici, aussi improbable que cela puisse paraître, se trouve la grotte de Ded Moroz, le père Noël slave oriental. Son nom signifie « grand-père givre », et dans ses longues fourrures brodées, se déplaçant non pas en traîneau à rennes, mais en troïka tirée par des chevaux, il est accompagné par sa petite-fille Snegourotchka, la jeune « fille des neiges ». On peut rencontrer ces deux personnages toute l'année pour le prix d'un billet d'entrée, mais cela ajouterait des heures à ma promenade ; de plus, je n'ai pas d'argent. Au lieu de cela, je continue vers le sud en passant par l'inattendu lac Liadskoe – un élargissement éblouissant de l'espace, bordé de lits de roseaux aussi jaunes que le blé sur le blason communiste – et je retourne dans les bois sombres à travers un hameau nommé Laskie.

Sous une tour d'observation plus haute que la canopée (que cherchent-ils, exactement ? Des troupes polonaises ? Des Américains ? L'Otan ou l'UE ?), on trouve une rue bordée d'agréables datchas, des bungalows de campagne à ossature en bois. Chacune a son perron ombragé et ses rangées de légumes. Je vois enfin des gens qui ne sont pas des militaires, de vieilles femmes avec des foulards et des hommes d'âge vénérable avec casquette de base-ball, penchés au-dessus de leur lopin de terre. Un sourire, une main levée.

La route passe devant des aulnes dont les racines s'enfoncent dans des mares engorgées de pollen. Les faces des grenouilles surgissent et s'immergent à travers les sédiments et des boules d'accouplement de crapauds bruns s'affrontent sous des feuilles humides, deux ou trois mâles s'agrippant à une femelle plus grande. Les cris d'oiseaux invisibles sont étouffés, assourdis par les pins. La *puszcza*

– ou *pushcha* – de ce côté-ci de la frontière ressemble à une porte doucement, mais fermement, close, impénétrable d'une manière inconnue de l'autre côté.

Je me surprends à marcher plus délicatement, mes pas se plaçant délibérément, comme sur un tapis.

Kamenuki est précédé d'une réserve en plein air dont je contourne le périmètre. Je jette des coups d'œil dans les enclos les plus proches. Si je le voulais, j'y verrais des bisons et des loups, mais le spectacle de deux ours bruns me fait détourner le regard. Les cages sont bétonnées, couvertes de merde et de mouches, avec un pneu déchiqueté accroché à une chaîne. Leurs occupants, qui tournent en rond, sont traumatisés et fous. Il n'y a plus d'ours sauvages dans la Białowieża depuis la fin des années 1800, et les garder ici – à l'intérieur de la forêt, mais complètement à l'écart de celle-ci – semble pire que de les abattre tout simplement. Je continue à marcher, bouleversé, vers d'autres incongruités.

Il y a un hôtel de villégiature et des panneaux indiquant des sentiers touristiques à côté de la statue d'un ouvrier sévère et souriant, aux pommettes ciselées et aux yeux perçants, occupé à faire quelque chose d'héroïque avec ce que je crois être une machine à fabriquer des balles. Des blocs de béton utilitaires côtoient des cottages. Des voitures élégantes et coûteuses partagent la route avec des charrettes tirées par des hommes en bottes de caoutchouc et des femmes en châle, chargées de sacs de céréales. Des écoliers munis de houes et de bêches de retour d'une expédition laborieuse, riant et se chamaillant, passent devant les multiples bulbes d'une église orthodoxe, qui poussent aussi abondamment que les champignons sur une bûche pourrie. La lumière du soleil semble beaucoup plus chaude, ici. Son éblouissement est déconcertant. Je tourne en rond à l'image des ours. Enfin, je trouve la banque. Je me souviens de *dengi*, le mot russe pour « argent », qui s'avère inutile – sinon, pourquoi viendrait-on dans une banque ? La femme blonde au guichet compte soigneusement les billets, en effectuant l'opération deux fois, comme le douanier au grand chapeau.

Mais je ne reste pas longtemps à Kamenuki ; après des jours dans les bois, l'immersion est trop forte. La poche pleine de roubles, en choc culturel, exalté, je suis le sentier de randonnée le plus proche pour retourner dans la forêt. Il y a des clins d'œil au tourisme – des panneaux indiquant l'antre de Grand-Père Givre, un ours en bois sculpté et souriant dans le creux d'un chêne ravagé – mais ils disparaissent à mesure que je m'éloigne de la route. Une prairie jouxte un marécage d'aulnes, et ici, une berme de terre surélevée permet de passer des zones humides aux pins, et offre une vue sur les prairies depuis la cachette des arbres. Cela ressemble au genre d'espace ouvert où les bisons pourraient venir à l'aube. Deux grands chênes sont tombés ici, l'un sur l'autre, et forment un chevron protecteur qui entoure un creux caché sur trois côtés, un lit de feuilles et de terreau. Je m'allonge timidement et passe quelques minutes à écouter, essayant de savoir si je suis le bienvenu. Rien ne me dit que je ne le suis pas. Le chant des oiseaux, qui s'est arrêté à mon apparition, a repris. Un motif se reproduit même. La frontière, avec ses bandes rasées et ses camions de soldats conscrits, semble confortablement éloignée.

En dormant ici, j'espère peut-être franchir une autre limite.

Après avoir dégagé les brindilles et les débris, je prépare mon nid – un tapis de couchage dans un sac de couchage dans un sac de bivouac – et dispose des branches au-dessus pour faire un plafond fragile. Le plafond est psychologique ; il ne ferait rien contre la pluie. Mais ce soir, il y a plus de chances, je pense, qu'il y ait des loups qu'une ondée. Je n'ai pas tout à fait peur d'eux, comme je n'ai pas exactement peur des soldats. Mais le fait de savoir que les deux sont là, rôdant sur leurs rythmes séparés, aiguise les bords de tout, rend l'éclat du soleil plus limpide et l'obscurité plus sombre.

Ce soir, ce sera une lune rose, et déjà le ciel clair devient doucement lumineux ; comme un avant-goût.

À la tombée de la nuit, le chant des oiseaux s'apaise, comme si la forêt et tout ce qu'elle contient prenaient une respiration stable, avant une montée en puissance finale au moment où les dernières lueurs du jour s'échappent : une architecture en cascade de sons indescriptiblement complexes qui s'assemblent, se déconstruisent et s'arrêtent brusquement. L'étrange bulle de la lune se gonfle entre les arbres – pas tout à fait rose et pas vraiment blanche, la couleur d'un œil fatigué – et les oiseaux semblent vaincus. Elle prend de la hauteur si rapidement que je peux voir les ombres bouger.

En l'absence des oiseaux, un autre registre commence : le patinage exploratoire des petites bêtes dans le sous-bois, un bruissement d'origami parmi les feuilles sèches. Le froissement est partout et nulle part, aussi généralisé que la pluie. En concentrant mon attention sur un seul mouvement à la fois, je tente d'abroger l'obscurité, de faire émerger une image de la créature derrière chaque son, mais les images ne se forment pas. Mes oreilles ne sont pas au point. Les choses lointaines paraissent proches et les petites semblent extrêmement grandes ; les scarabées qui se déplacent dans les feuilles prennent les proportions imaginaires de monstres de la forêt. Alors que je vais suspendre ma nourriture à une distance respectable de mon campement, ma botte atterrit sur une branche cassante qui craque comme un coup de feu. Aussitôt, un autre *crac* se fait entendre, non loin de là. Je retiens mon souffle, j'écoute ; mon silence se reflète. La chose qui a fait ce bruit est immobile, comme moi, et elle attend que je bouge à nouveau. Je sais qu'elle m'observe, mais je ne peux pas la regarder en retour.

Je fais un nouveau pas. Rien. Puis un autre. *Boum* : la créature galope dans un large périmètre autour de moi, bondissant dans l'obscurité, horriblement bruyante, puis lointaine et enfin disparue. Dans ma main se trouve un morceau de bois, inutilement brandi. Le paysage de la peur, encore. Lentement, j'expire.

Dans mon sac à dos, il y a une petite bouteille de whisky coûteux, achetée comme cadeau pour les militants, avant que je sache que l'alcool était prohibé dans la maison. J'en donne maintenant à la forêt, faisant couler une lichette sur du bois pourri, avant de m'en offrir à moi-même. Je marche jusqu'à l'extrémité d'un chêne tombé et suspends ma nourriture haut dans ses racines. Il y a du fracas partout, à différents niveaux d'échelle. Nerveux, totalement éveillé, je regarde la progression de la lune. Puis je lève ma tête du sol et c'est le matin.

Je n'ai aucun souvenir d'avoir dormi, ni même de m'être installé là. La lune rose est partie, les loups et les bisons ne sont pas venus. La frontière secrète de la nuit ne m'a pas laissé entrer.

De retour à Kamenuki, j'avise, en face de la statue du héros du travail socialiste, un restaurant destiné aux visiteurs du parc national. Son décor n'a sûrement pas changé depuis quarante ans – bois foncé, tables en plastique, rideaux de dentelle aux fenêtres – et le menu donne le poids de tout en grammes. Après ma marche matinale, je commande des champignons marinés froids, des pommes de terre sautées, des œufs, une soupe de fruits et une compote de fruits frais. Puis, avec ces grammes de nourriture bon marché et roborative à l'intérieur de moi, je prends la route qui mène à l'ouest de l'église orthodoxe.

Mon exemption de visa m'octroie un total de trois jours, qui doivent être passés dans cette zone frontalière sylvestre ; il m'est interdit de quitter le couvert des arbres, comme si la forêt vierge ne comptait pas en tant que Biélorussie, mais plutôt comme une sorte de royaume imaginaire où les étrangers sont inoffensifs. Pour les deux prochaines nuits, j'ai réservé une chambre d'hôtes dans un petit village – Belaya, un autre nom évocateur de « blanc » – situé près de la frontière, à quatre ou cinq kilomètres de là. Le chemin qui y conduit passe devant des datchas affaissées peintes en jaune, bleu et vert, des croix à trois barres drapées de foulards traditionnels, des fleurs en plastique criardes et des vergers de cerisiers en fleur rose et blanc. Un sentier s'éloignant de la route mène à travers des hectares de pins sylvestres manifestement très vieux ; les arbres sont tordus, leurs branches s'écaillent, le sol entre eux est recouvert de mousse. Pendant un instant, je me retrouve dans la forêt de Rothiemurchus. Je gagne ensuite une petite rivière et un panneau : БЕЛАЯ. Le village paraît désert, à l'exception de l'endroit où je loge, une modeste ferme délabrée où chaque créature résidente se distingue avec la clarté totémique d'un rêve : le chiot noir, le chien couleur miel, le chat roux, le chat roux et blanc, les oies blanches au bec orange, les poules marron crème qui gloussent, le couple de cigognes immaculées dans leur nid caricatural. Et Natalya, avec ses yeux bleu pâle, son visage écarlate et gercé et ses cheveux couleur paille, en foulard vert et chaussures rouges, portant des œufs dans un seau.

Elle semble ravie, bien que légèrement confuse, de m'avoir comme hôte. Peu de gens viennent ici, je crois, et encore moins d'étrangers. Après avoir joué le jeu des présentations et des formalités administratives complexes – une bureaucratie byzantine de formulaires, de tampons et de signatures –, nous passons une heure à la table de la cuisine à boire une tisane de feuilles de la forêt ; de temps à autre, mon hôtesse part et réapparaît avec une autre assiette de blinis, de minuscules crêpes nappées de crème aigre et de confiture. Vu qu'elle ne parle pas anglais, nous nous retrouvons d'abord mutuellement bloqués par la langue. Mais survient alors une chose imprévue. Quand je désire savoir où se trouve quelque chose, le terme russe *gde,* « où », me vient naturellement sans que je le lui aie demandé. Quand je veux connaître le prix de quelque chose, le mot *skolko,* « combien ? », monte à mes lèvres. Les blinis sont *ochen vkusno,* « savoureux » ; le jardin est *krasivyy,* « très beau » ; et le *sobaka,* le « chien », gémit derrière la porte. Le russe que j'ai appris à l'école – je l'avais choisi plutôt que le français ou l'allemand en grande partie à cause d'une obsession adolescente pour le communisme – revient miraculeusement, alors que je n'ai pas parlé ni même pensé dans cette langue depuis vingt ans. Le processus est spontané ; je me souviens de chaque mot et de chaque phrase au moment de les dire. Ensevelie par les sédiments ultérieurs, la langue russe n'a eu besoin que des bonnes conditions pour germer à nouveau, comme un cône d'épicéa dans un sol humide ou une graine de bouleau sur un terrain défriché. Bien sûr, la grammaire a pourri, mais les noms et les adjectifs sont là, intacts, attendant que je les ramasse. Les mots, avec leurs coins arrondis, leurs angles durs et leurs bords émoussés, sont des choses que je peux toucher et tenir, des formes ergonomiques familières. L'acte de remémoration est plus musculaire que mental.

Dans ma chambre – aux murs en bois, meublée en bois et sentant le bois –, avec vue sur les arbres aux bourgeons verts, je passe l'après-midi à faire des listes de tout ce dont je peux me souvenir. Chaque mot entraîne le suivant. C'est miraculeux. Je suis à peine capable d'aligner une phrase, et encore moins d'avoir une conversation, mais le russe me semble primitivement familier, de la même manière que la forêt.

« Primitivement familier » est l'expression du journaliste Alan Weisman, qui a utilisé la Białowieża comme un cas d'école dans *Homo disparitus*. Ce livre est une série d'expériences de pensée, fondées sur des études de biologie, d'archéologie et de sciences physiques, qui dressent un tableau de ce qui pourrait arriver aux environnements naturels et bâtis de la planète une semaine, un an, dix ans, cent ans, mille ans, un million, un milliard d'années après la disparition des humains (peu importe comment ou pourquoi), laissant derrière eux leur infrastructure. Ce qui est le plus frappant – ou le plus rassurant – c'est la rapidité avec laquelle la nature revient occuper les espaces abandonnés par l'homme : il suffit de quelques semaines pour que les mauvaises herbes poussent, de quelques mois pour que les routes se transforment en rivières, de quelques années aux racines pour soulever et briser le béton. Cinq cents ans sans humains permettraient de rendre à l'Europe du

Nord sa nature sauvage originelle, la *puszcza* élargie enterrant la plupart des traces de villes et d'industrie comme les jungles du Guatemala, du Belize et du Yucatan ont absorbé la civilisation maya.

Dans la Białowieża, Weisman a contemplé une vision non seulement du passé, mais aussi d'un avenir post-humain dans lequel la forêt reprend sa place, comme une mémoire retrouvée :

> Il est surprenant de penser que toute l'Europe ressemblait autrefois à cette Puszcza. Voir des sureaux avec des troncs de deux mètres de large, ou marcher dans les peuplements des plus grands arbres d'ici – de gigantesques épicéas de Norvège, hirsutes comme Mathusalem – devrait sembler aussi exotique que l'Amazonie ou l'Antarctique à quelqu'un qui a été élevé dans les forêts de repousse relativement chétives de l'hémisphère Nord. Au lieu de cela, ce qui est étonnant, c'est à quel point cela paraît primitivement familier. Et, à un certain niveau cellulaire, complet !

Ce sentiment inattendu d'achèvement marque à la fois la forêt et la langue. Dans cette cabane dans les bois d'un État stalinien, je commence à avoir l'étrange sensation de rentrer chez moi.

« *Severu niet* », dit Natalya le lendemain matin, en secouant la tête avec insistance. J'ai demandé où je pouvais aller marcher et sa réponse est claire : « Pas au nord. » La frontière passe juste derrière le village et il est interdit de s'en approcher. « *Soldaty* », dit-elle en faisant un pistolet avec ses doigts. Dans ce jardin avec ses arbres fruitiers et son puits couvert, le chiot qui batifole à mes pieds, l'interdiction donne à l'endroit la malveillance d'un conte de fées : le danger guette au-delà des arbres ; n'empruntez pas la piste du nord. Je devrais plutôt me diriger vers l'est, où Ded Moroz et Snegourotchka attendent dans un Noël permanent.

Mais je ne peux pas résister : je prends la direction du nord, prêt à faire demi-tour à tout moment. La route a l'air abandonnée, ses traces de pneus sont remplies de mousse, bloquées par des arbres tombés que personne n'a pris la peine d'enlever. Un jeune cerf se promène devant moi, se retournant de temps en temps, avant de se dématérialiser dans les verticales d'ombre. Les bois ont un aspect silencieux et vigilant. Je pose chaque pas en douceur. On dirait une scène du livre de Weisman – la frontière délaissée, la route envahie par la végétation, le fil barbelé rouillé ou absorbé par les troncs. Mais, au bout d'un kilomètre, la voie se termine par une clôture et un portail verrouillé, au-delà desquels m'attend le choc esthétique de cette bande ratissée et dénudée. L'Union européenne se trouve de l'autre côté, proche, mais incroyablement lointaine. Pour la première fois, je me rends compte que les espèces forestières sont divisées par cette frontière autant que les humains. Les bisons, les plus grands de tous les animaux, sont les plus impactés. « Un rideau de fer divise ce paradis, écrit Weisman à propos de la clôture. Bien que les loups creusent en dessous, et que les chevreuils et les élans soient censés le franchir, le troupeau de ces plus grands mammifères d'Europe reste séparé, et avec lui, son patrimoine génétique – divisé et mortellement diminué, craignent certains biologistes. » Alors qu'il a survécu à des siècles de chasse, de braconniers et de troupes allemandes affamées, la plus importante menace à long terme pour le bison est un conflit gelé qui a pris fin partout ailleurs en Europe avec la chute du mur de Berlin.

Il n'y a pas de *soldaty* en vue. Je passe un certain temps à examiner les différents styles de clôtures barbelées des États biélorusse et polonais – de ce côté-ci, les poteaux ont des traverses, telles les barres supplémentaires d'un crucifix orthodoxe – avant de repérer la caméra de sécurité, comme un piège à loups. Je retourne dans l'ombre et disparais, imitant le cerf.

Deux heures plus tard, je suis de nouveau à l'est, là où je suis censé être, et suis les panneaux en direction de Tsarskoe Polyana, la clairière du Tsar. La route est moins militarisée de l'autre côté de Kamenuki; quelques Lada cabossées passent, ainsi que des voitures plus flashy, et un groupe de cyclistes, qui ont l'air d'être en vacances, et chantent quelque chose de très tendre en biélorusse ou en russe. La clairière est un défrichement de chênes qui, selon la rumeur, aurait servi de décor aux festins du dernier monarque polono-lituanien, Stanisłas II Auguste – blâmé par de nombreux Polonais pour ne pas avoir résisté à l'invasion russe –, et abrité plus tard les fêtes de chasse des tsars triomphants. Une exposition de photographies en noir et blanc montre des officiers en chapeaux de fourrure et en grands manteaux, ainsi que quelques nobles femmes raides en tenue de matrone, posant avec le butin du jour : des peaux détrempées de loups et de cerfs, des tapis de sangliers abattus, des bois entassés en piles désordonnées comme du bois d'allumage. Un tableau présente pas moins de quarante-six hommes, somptueusement moustachus et graves, autour du cadavre d'un seul bison mort, tels les observateurs d'un accident de la circulation.

Combien de ces messieurs, si solennels dans leur pouvoir, seraient eux-mêmes fauchés sur le front de l'Est quelques années plus tard ? En voyant les corps s'accumuler, ont-ils pensé aux massacres insouciants de cette clairière ?

En rentrant vers Belaya, je tombe sur un autre endroit où l'histoire s'insinue : une aulnaie baignée d'eau stagnante appelée Tatarskoe Bagno, le marais des Tatars. Enfreignant gentiment la loi biélorusse pour la deuxième fois de la journée, je quitte la route et m'enfonce dans le marécage. Entre les flaques couvertes de pollen, le bois pourri cède sous mes bottes dans un craquement moelleux, comme si je déambulais sur un vieil os. Je marche sur un archipel de bosses spongieuses et mates. Les formes deviennent indistinctes et les lignes dures s'adoucissent, se confondent et se fondent dans la masse. Les frontières perdent leur intégrité, une chose se modèle en une autre. Un crépuscule permanent règne dans ce coin de jungle tempérée.

C'est ici qu'au XIIIe siècle – le marais était alors beaucoup plus vaste qu'aujourd'hui – les Tatars auraient abreuvé leurs chevaux lors de leurs campagnes vers l'ouest. Des nomades venus des immenses étendues de la steppe eurasienne, se frayant un chemin dans une forêt enchevêtrée qui devait leur être totalement étrangère, avant d'en émerger de l'autre côté – dans les terres défrichées au-delà – pour tomber sur les villages d'Allemands, de Slaves et de Baltes sédentarisés : je peux les imaginer dans leurs feutres et leurs fourrures, montés sur de robustes poneys. La mémoire populaire de la terreur de leurs raids éclair et meurtriers a imprégné la chrétienté, signe évident du mécontentement de Dieu, le dernier d'une série d'invasions de nomades qui s'étirait sur plusieurs siècles. Une indéfinissable tristesse persiste dans ce lieu lugubre. Les Tatars ont disparu de ces arbres et seul le marais demeure.

Une même tristesse m'envahit lorsque je dis au revoir à

Natalya. C'est le lendemain matin, et mon droit de séjour en Biélorussie expire à la fin de la journée. Les animaux se rassemblent autour de mes pieds – le chiot noir, le chien couleur miel, le chat roux, le chat roux et blanc, les oies blanches, les poules brunes, mais pas les cigognes condescendantes. Je prononce mes derniers mots en russe : *Do svidaniya,* « au revoir » ; *spasibo bolshoye,* « merci ». Natalya me donne des œufs durs et des petites pommes acidulées pour la route et me salue de la porte. J'ai l'impression de quitter le passé de quelqu'un d'autre.

À mi-chemin de la frontière, un sixième sens me fait tourner la tête. Quelques secondes plus tard, un craquement retentit, et je vois les deux tiers supérieurs d'un épicéa se détacher et tomber, dans un mouvement lent, sur la terre non loin de là. La réplique se propage dans les bois. Suivie d'un silence, puis d'un brouhaha d'oiseaux. Le sommet du tronc n'est plus qu'un épi éclaté. Il n'y a pas un souffle de vent, aucun indice de la raison pour laquelle cela s'est produit ; peut-être est-ce un signe avant-coureur que les scolytes ont franchi la frontière ? Immédiatement après, un camion kaki passe, la tête d'un berger allemand à la langue rose encadrée par celles, rasées, de conscrits. Les deux événements semblent obscurément liés. Ensuite, aucun fait notable pendant des kilomètres.

Sur le dernier tronçon, les pieds fatigués, je suis l'ancienne route des tsars, marquée par intermittence par des poteaux affichant l'aigle bicéphale des Romanov et la lettre A, sans doute pour « Alexandre ». À nouveau des vestiges d'un passé féodal aussi disparu que les Tatars. La barrière apparaît, la bande de sable, et encore un adolescent nerveux. Un agent différent, avec un autre chapeau, décortique mes affaires, qu'il dissèque minutieusement sur le sol du bureau de douane, et me laisse les reconstituer après m'avoir fait signe – plus joyeusement que le premier – de franchir la barrière. Je passe du pays des blinis à celui des pierogis.

La forêt paraît plus douce, moins vigilante, du côté polonais.

Il me semble que, ces derniers jours, les arbres ont éclaté en feuilles. La canopée palpite d'un vert chlorophylle d'est en ouest.

Je marche longtemps parallèlement à la frontière jusqu'à ce que la verdure s'estompe et que tout devienne gris. Au crépuscule, un peu à l'écart du chemin, j'avise une clairière avec un abri de chasse – une cabane en bois sur pilotis avec une échelle pour y monter – et, de sa fenêtre à lamelles, je contemple la forêt qui s'enfonce dans la nuit. Des chevreuils broutent en contrebas, jetant des regards méfiants. À la tombée de la nuit, une grosse chose noire fouille bruyamment le sol, ratissant les feuilles et les branches mortes, et le flash de ma torche ne révèle que des pupilles ambrées effrayées avant qu'elle ne s'éloigne en courant. Plus tard, il y a des cris perçants. Je reste allongé sur le plancher en bois toute la nuit, froide et claire, mon sommeil profond étant entrecoupé de réveils les yeux écarquillés. Le matin dévoile un grand trou creusé dans la terre en dessous.

Je marche à nouveau vers l'ouest, puis vers le nord. La lumière verte et dorée du soleil remplit les feuilles, ce qu'on appelle en allemand *Maienschein*, la « brillance de mai » du début du printemps, presque assez douce pour être goûtée. Le code-barres vacillant des arbres qui défilent sans cesse, certains plus épais, d'autres plus fins, certains plus proches, d'autres plus éloignés, est un algorithme illisible. Je suis perdu à l'intérieur de son modèle. À midi, je m'arrête pour avaler du pain émietté, du concombre et du fromage, quelques gorgées de kvas biélorusse, et je continue à marcher.

La forêt s'ouvre pour révéler des fragments et des allusions. Ici, entre deux chênes, une croix en bois porte une plaque en lettres cyrilliques, que je traduis laborieusement : « Ici reposent des villageois inconnus de Belavecha, morts en 1710 de la terrible maladie. » Rien de plus, aucun autre indice. Et là, devant moi sur le sentier, à des kilomètres de toute maison et de tout village, apparaît un chat, qui semble domestiqué jusqu'à ce que je m'approche de lui et que je voie ses poils emmêlés et son expression de malveillance crachotante : elle n'est plus apprivoisée, pas tout à fait sauvage, mais féroce, autorévoltée. Il bondit dans le sous-bois avec un regard de pure haine à mon égard.

En suivant un chemin quasi imperceptible, large d'à peine un pas, je tombe soudain sur le fantôme d'une ligne de chemin de fer. Une voie étroite, désaffectée depuis longtemps : les vestiges, je suppose, de la voie ferrée posée par les Allemands pendant la Première Guerre mondiale, au cours de laquelle ils ont envoyé des trains de bois vers l'ouest et la patrie, réduisant la forêt de cinq pour cent de son ancienne superficie (le gouvernement polonais a apparemment essayé d'imiter les occupants en faisant exactement la même chose un siècle plus tard). Puis, plus loin sur la piste, quelque chose se prélasse dans l'ombre : le coin élémentaire d'une tête, un corps massif au repos. Un bison. Je vois un bison. Retenant mon souffle, je m'avance. Le bison se transforme en rocher, puis redevient un bison. À chaque pas, je change d'avis. Bison. Rocher. Bison. Rocher. Un autre pas. Rocher. Rocher. La transsubstantiation s'arrête.

Mais, comme par compensation, quelque chose s'approche de moi : une forme fluide brun chocolat, le corps souple d'une martre des pins, tellement absorbée par ses affaires privées qu'elle se précipite droit sur moi. Je retiens à nouveau mon souffle. Elle percute presque ma botte. Puis elle lève les yeux, bondit sous le choc et disparaît en quelques secondes. Arbre. Humain. Arbre. Humain. *Humain ! Humain !*

À la fin de la journée, j'arrive dans un autre bosquet sacré.

Contrairement à la Stara Białowieża, avec ses chênes-rois emblématiques, Miejsce Mocy apparaît sur peu de cartes et ne nécessite aucun droit d'entrée. Un chemin de terre serpente hors de la route, passant devant des poubelles et des tables de pique-nique. À première vue, le site est décevant, une parcelle nue dominée par une terrasse d'observation en bois surdimensionnée, une sorte de cachette New Age pour l'énergie spirituelle. Ici et là, des rochers recouverts de mousse donnent la vague impression d'un cercle de pierres, si j'y regarde de plus près, et à un autre endroit, des gens ont enfoncé des pièces de monnaie dans les fissures d'un poteau en bois de chêne sculpté comme porte-bonheur ou offrande. Des panneaux en polonais et en anglais – sponsorisés par la bière Żubr (Bison) – donnent quelques informations de base : on pense que c'était jadis un lieu de culte pour les anciens Slaves, où les initiés se réunissaient pour « repousser les ennemis et les puissances maléfiques ». Un rayonnement positif s'élève apparemment de la terre sous la forme d'une « vibration subtile » censée redonner de la vigueur et renforcer l'intuition. « Les individus réceptifs qui se tiennent à un endroit approprié peuvent percevoir toute une gamme de vibrations subtiles, allant de celles qui purifient l'esprit et détendent complètement à celles qui ébranlent l'équilibre et provoquent quelques vertiges. La disposition des pierres elle-même peut empêcher les personnes particulièrement réactives de pénétrer à l'intérieur. »

Le cercle de pierres, décevant, m'admet sans la moindre résistance. Je me tiens debout dedans, essayant d'éprouver quelque chose, mais tout ce que je ressens, c'est la chaleur de la lumière du soleil, la fatigue de la longue marche. Je ferme les paupières et j'attends. Rien. Pas la plus infime vibration.

Mais quand je les rouvre, mes yeux ont retrouvé une vision claire.

Les arbres situés au-delà de la limite des pierres ont quelque chose d'inhabituel. Le chêne le plus proche a quatre – non, cinq – troncs distincts qui partent d'un seul, massif. Son voisin en a trois ou quatre. En me tournant à l'intérieur du cercle, j'en vois un nouveau, puis un autre, qui paraissent d'abord être le résultat d'un taillis très ancien ; mais les bifurcations et trifurcations semblent se produire naturellement, non pas du fait de l'action humaine, mais par mutation, comme si la vigueur de leur croissance ne pouvait s'empêcher de déborder. Des sentiers étroits sillonnent le bosquet, et en quittant le rond pour les suivre, je rencontre des formes de plus en plus bizarres et variées. Ces troncs, plutôt que les pierres, évoquent d'étranges énergies ; les radiations positives ont-elles provoqué ces poussées et ces bifurcations ?

Autour d'un grand épicéa à double tronc, dont deux arbres entiers sont issus, je découvre sept assiettes en porcelaine disposées en cercle. Chacune contient une offrande : de la mousse, de l'écorce, une feuille de chêne, un cône d'épicéa, une poignée de terre, un bonbon isolé et une bougie éteinte.

Miejsce Mocy signifie « lieu du pouvoir ». Mais son ancien nom, selon le panneau, est le marais du Diable.

L'univers slave ancien était conçu comme un chêne énorme dont les branches s'étendaient jusqu'au ciel et dont les racines s'enfonçaient dans le monde souterrain, le royaume des mortels étant son tronc ; à l'image des fourmis, les humains vivaient leur vie dans les fissures de son écorce. À son sommet trônait Perun, dieu du ciel, de la fertilité, des orages, du métal et de la guerre, associé à la hache, dont le corps adoptait la forme d'un aigle perché dans ses branches les plus hautes. Autour de ses racines s'enroulait Veles, à la silhouette serpentine, dieu des enfers. Les deux se battaient sans cesse.

Veles montait de la terre pour voler le bétail de Perun, se glissant dans les ombres, ami des ténèbres. Perun le chassait avec des éclairs éblouissants qui rendaient le monde aussi brillant que le jour, mais il ne pouvait jamais le rattraper. Le temps sec était la victoire de Veles, la pluie celle de Perun, et les orages étaient des batailles dans la guerre éternelle qui les confrontait. Si la foudre frappait le sol près de vous, c'était probablement un signe de chance.

Comme le chêne était sacré pour Perun, le saule l'était pour Veles, et à bien des égards, les arbres et leurs dieux étaient opposés. Peut-être n'était-ce pas tant un combat qu'un équilibre cosmique. Le saule, qui aime la fraîcheur et l'humidité, contrastait avec la sécheresse du chêne, la terre avec le ciel, le bas avec le haut, la nuit avec le jour, l'obscurité avec la lumière et, finalement, la mort avec la vie.

Il faut tous ces éléments pour créer une forêt.

Au fur et à mesure que les bois sauvages d'Europe ont

été coupés, cet équilibre s'est rompu. Le christianisme, une religion du désert centrée sur le culte de la lumière, s'est épanoui sur les terres défrichées, tandis que les dieux des arbres des Slaves païens – ainsi que leurs homologues germaniques, baltes et scandinaves – se sont retirés, sur le chemin du bison, dans l'ombre des ténèbres. Les anciennes divinités des arbres furent transformées en diablotins et lutins de contes populaires. La forêt devint sinistre, ses « lieux de pouvoir » se transformant en marais du Diable.

Hache et feu : leurs qualités destructrices avaient été associées à Perun, dieu du métal et de la foudre. Ils étaient maintenant utilisés, ironiquement, pour abattre les bosquets qui l'incarnaient. Il y a quelque chose de plus complexe, cependant, dans le passage de l'obscurité à la lumière. Comme les rayons du soleil et l'ombre sur le sol de la forêt, ou l'interaction entre les vivants et les morts, le processus était moins une table rase qu'un enchevêtrement.

Bien que, dans de nombreux endroits, les divinités païennes aient été tout simplement détruites – dans la principauté de Kiev, l'idole en bois de Perun a été traînée par des chevaux, battue à coups de bâton, puis jetée dans le Dniepr –, il y eut un chevauchement inévitable entre la nouvelle foi et l'ancienne. Les représentations post-chrétiennes de Perun le montrent sous la forme d'un personnage à cheval tuant un serpent avec une lance, une iconographie presque identique à celle de saint Georges et le dragon, ou de l'archange Michel empalant un Satan semblable à un serpent. Comme pour le dieu nordique Thor, le Zeus grec, le Jupiter romain et d'autres divinités du panthéon indo-européen, le mythe chrétien s'est superposé au païen préexistant; le dieu des cieux n'a pas tant remplacé Perun que grandi en lui, à l'image de branches de différents arbres qui se rencontrent et se greffent. Quant à Veles, la divinité du monde souterrain, refondue sous une forme satanique, il est grossièrement piétiné et transpercé de métal. Contrairement à ce qui se passait dans l'ancienne pratique, il n'a pas réapparu dans le cadre d'un équilibrage cosmique. La lumière avait triomphé des ténèbres, le ciel de la terre.

Mais en dehors de la figure du Christ-Perun, les anciens dieux ont perduré bien plus longtemps sur cette frange boisée de l'Europe qu'ailleurs. Les tribus forestières de Baltes, de Finlandais et de Slaves occidentaux s'accrochaient si obstinément à leurs coutumes qu'en 1195, le pape Célestin III lança la première des croisades du Nord pour les forcer à se convertir. Cette série d'invasions génocidaires fut menée par l'ordre Teutonique, qui – n'ayant pas réussi à mettre en déroute les musulmans de la Terre sainte – massacra Livoniens, Latgaliens, Séloniens, Estoniens, Courlandais, Vieux-Prussiens et autres tribus qui tentaient de résister à la venue de la lumière. Les derniers Lituaniens et Polonais furent convertis deux cents ans plus tard par Władysław II Jagiełło, le roi maintenant incarné, à la manière de Perun, sous la forme d'un chêne vieux d'un siècle – divinité du métal, de la guerre et de la fertilité vigoureuse – dans le bosquet sacré que j'ai visité dans cette forêt.

Mais de toute évidence, les anciennes croyances n'ont jamais été déracinées, seulement réduites. La superstition païenne s'est avérée résistante. À une centaine de kilomètres au nord d'ici se dresse un village appelé Święta Lipka, le « Tilleul sacré », dont le nom témoigne de la vénération particulière pour ces arbres, associés à la féminité, à la protection et à la renaissance ; leur bois est traditionnellement utilisé pour la peinture d'icônes orthodoxes, et les sanctuaires de la Vierge Marie se trouvent souvent dans leurs creux. Comme le note Schama, au XIXe siècle, des paysans chrétiens très pieux invoquaient encore Perkūnas, la variante balte de Perun – « le seigneur du coup de tonnerre et de l'éclair » –, pour se protéger lors des orages. (*Hercynia*, le nom romain de la forêt d'Europe du Nord, vient de la même racine que Perkūnas : tous deux dérivent de « chêne »).

Une autre survivance des dieux sylvestres est la figure du Leszy (Liéchi). Cet esprit gardien de la forêt – son nom se traduit par quelque chose comme « Boisé » – humanoïde, poilu, parfois cornu, souvent entouré de loups et d'ours, est moralement ambigu, ni mauvais ni bon : il peut soit égarer les voyageurs jusqu'à ce qu'ils soient désespérément perdus, soit les ramener sains et saufs chez eux. C'est un Fear Liath Mòr sylvestre, un Grand Homme Vert. La popularité durable de ce petit dieu du lieu, ainsi qu'un panthéon tranquille d'autres esprits populaires, a conduit les autorités religieuses à déplorer les coutumes semi-païennes toujours respectées par le peuple de la forêt à l'époque moderne.

Certaines, dans ce pays farouchement catholique, sont encore pratiquées aujourd'hui. Il n'y a peut-être plus de cadavres sacrifiés accrochés aux chênes de Miejsce Mocy, mais, comme en témoignent les sept assiettes en porcelaine sous cet épicéa, les pèlerins viennent toujours ici – dans ce lieu de pouvoir calme – pour laisser des offrandes aux arbres.

Je décide d'y dormir dans l'espoir que le Leszy se présente.

À l'écart du cercle de pierres s'élève un groupe de poiriers sauvages. J'installe mon campement entre eux, dans mes couches de sacs étanches, et je mange le reste de mes provisions et bois le dernier kvas. Une fois de plus, la forêt glisse par degrés gris vers la nuit. La lumière s'estompe ; les oiseaux chantent ; le bruissement anonyme commence. Des radiations positives s'échappent peut-être de la terre.

Avec le crépuscule qui descend, je retourne vers les pierres. À un endroit, quelqu'un a tracé un rond dans le cercle – avec de la mousse, de l'écorce, des feuilles et des bâtons. J'y pénètre. Est-ce mon imagination ou ma peau est-elle légèrement tendue ? Mes membres sont-ils un peu flasques, comme quand on vient de consommer une substance illégale et que de premiers effets se font sentir ? Ou est-ce seulement un effet secondaire de la longue marche ? J'enlève mes bottes et mes chaussettes et presse mes pieds contre la terre fraîche. Je me tiens dans l'obscurité, les yeux fermés, et je tends l'oreille.

Augustyn a quitté la maison des défenseurs de la forêt quand j'y reviens ; il passe l'autre moitié de sa vie à œuvrer comme guide touristique à Cracovie. Il n'y a aucun signe de Marianka ou d'Adam, et un homme que je n'ai jamais vu est assis à la longue table, travaillant sur un ordinateur portable et écoutant du punk polonais hardcore à un volume impressionnant.

Dans la soirée, Asia apparaît, occupée par un énième sursaut de la guerre froide entre activistes et forestiers, cette lutte pour les cœurs et les esprits. L'armée vient de publier une déclaration affirmant que des explosifs dangereux sont stockés dans une base militaire située à l'intérieur des limites de la forêt, et que l'absence de gestion – le bois mort sur le sol – augmente le risque d'incendie ; une explosion accidentelle, dit-elle, pourrait déclencher un incendie qui se propagerait à Hajnówka. Asia tente de rédiger une réponse, mais peut à peine dissimuler son mépris. « Pourquoi ne déplacent-ils pas ces putains d'explosifs ? C'est toujours la forêt qui est à blâmer ! La solution ? Couper la forêt ! Débarrassez-vous-en, ce sera plus facile. Débarrassez-vous des montagnes, débarrassez-vous des mers, nous serons tous plus en sécurité… »

Il est encore plus tôt lorsque je m'oblige à me lever le lendemain matin, juste avant quatre heures. Mon corps tente de résister. Le chœur de l'aube a une urgence que je suis incapable de comprendre, criant et hurlant des louanges ou des imprécations, je ne saurais dire. L'air est légèrement plus chaud maintenant ; je n'ai plus mal en le respirant. Je me dirige d'abord vers la prairie au sud de la demeure et traîne des jumelles le long de son ourlet, ne voyant rien d'autre que du grain flou. Ne m'attendant à rien, cela ne me surprend pas. Je traverse alors le jardin pour me rendre au nord de la maison et pénètre dans la prairie à cet endroit, en empruntant le chemin boueux qui mène au chêne des Défenseurs de la forêt. Je n'observe plus vraiment, je me contente de suivre mes pieds.

Au milieu de la clairière, il y a un fourré de broussailles naturelles où une brume blanche se déverse au-dessus d'un étang. D'un point de vue cinématographique, un loup devrait émerger maintenant de cette brume. Et effectivement, il y en a un. En balayant la prairie du regard, je m'aperçois soudain que ma vision se déplace à la même vitesse qu'une silhouette pâle – blanc et gris, s'avançant par petits bonds bas, les oreilles dressées, archétypale – comme si elle avait été injectée dans ma conscience. Tout mon corps se tend, mais en même temps la sensation est immensément calme. Cela ne dure pas longtemps ; la forme a presque atteint les arbres. En l'espace de vingt secondes, tout est transformé : « Je n'ai jamais vu de loup. Je vois un loup. J'ai vu un loup. »

Peut-être chacun d'entre nous n'en voit-il qu'un seul, et quand il disparaît c'est pour toujours.

La prairie, ce terrain à découvert, est une sorte de no man's land entre le jour et la nuit, une frontière aussi austère que la bande stérile qui sépare la Pologne de la Biélorussie. Avec cette image de loup en tête, je comprends le contraste comme l'un des plus anciens de la conscience humaine : la forêt dans laquelle notre espèce a commencé et les plaines auxquelles elle s'est adaptée ; l'enchevêtrement et l'ouverture ; l'obscurité et la lumière. Ce n'est que de retour à la maison, en regardant une carte, à moitié endormi, que je remarque que le mot polonais pour « clairière » est *polana*. Frappé par la similitude de ce terme avec « Pologne », je vérifie son étymologie.

Le moyen mnémotechnique se cache à la vue de tous, un indice de la déforestation épique qui a changé la face du continent. Le nom du pays vient d'une tribu slave du VIIIe siècle, les Polans, qui tiraient le leur de *pole*, « champ » ou « terre défrichée ».

Je pense à mon voyage en train jusqu'ici, deux jours et mille kilomètres à travers les étendues agricoles de la plaine nord-européenne. D'ouest en est, j'ai traversé la clairière, un terme qui pourrait aussi bien s'appliquer au continent lui-même.

Cet après-midi, mon dernier dans la Białowieża, je vois des bisons. Contrairement au loup de ce matin, ils ne sont ni sauvages ni libres. Ce n'est pas sans réticence que je suis venu à la réserve de démonstration, à une heure de marche de Teremiski, une série de grands enclos aménagés dans la forêt. C'est le site à partir duquel les troupeaux ont été réintroduits dans les années 1930, et où leur patrimoine génétique est préservé.

Les conditions sont incomparablement meilleures que du côté biélorusse, avec des enclos spacieux et partiellement boisés plutôt que des cages en fer. Il y a des cervidés qui broutent – des cerfs rouges et des chevreuils –, des élans qui somnolent avec leurs têtes qui semblent bizarrement amphibies, des sangliers et des loups, auxquels je jette un coup d'œil, mais pas plus. Ceux-ci ne bondissent pas dans la brume, mais flânent avec des sourires de chien ; je ne suis pas sûr qu'un loup captif puisse même être appelé ainsi. Puis il y a les races plus rares, d'autres retours en arrière : les koniks, des chevaux semi-sauvages apparentés au tarpan disparu, et les zubrons, qui sont des hybrides de bisons et de bovins domestiques. Je pense à nouveau à Eurassic Park, un sanctuaire pour peupler un monde perdu. Mais ici, le paysage de la peur a été remplacé par celui de l'ennui.

Dans l'enclos central se tient un bison.

D'abord, je vois des parties de lui plutôt que l'ensemble. La hanche énorme. La laine emmêlée. Les cornes recourbées vers le haut. La poitrine, absurdement lourde vers l'avant, une masse de muscles enveloppant les pattes avant trapues. Les pattes arrière, plus longues et plus fines. Les sabots qui retournent la terre. On dirait une enclume ambulante. Il souffle sur le sol, soulevant la poussière avec son haleine chaude. Le profil qu'il me présente est éminemment digne : la barbe de patriarche, le visage incliné, à mi-chemin entre celui d'un voyou et d'un aristocrate.

Derrière lui, un troupeau de dix ou vingt de ses congénères est en train de paître. Mes yeux ne peuvent s'empêcher de voir des bisons d'Amérique, ce qui me place non pas dans une forêt européenne, mais dans les Grandes Plaines, dépaysé. Puis, brusquement, je me retrouve aussi propulsé hors du temps. Je me demande dans quel contexte différent j'ai vu ces lignes élancées : dans des images d'art rupestre préhistorique de l'autre côté de l'Europe, notamment à Lascaux, dans le sud de la France. En ocre et charbon, hématite et manganèse, près de six mille personnages se pressent sur les parois des grottes calcaires situées sous la Dordogne : cerfs, ours, bouquetins, aurochs, chevaux sauvages ressemblant à des tarpans, lions, oiseaux et rhinocéros. Et des bisons, exactement comme ceux qui se tiennent devant moi à présent. Ils ont été peints au paléolithique supérieur, voici vingt mille ans. Les glaciers n'avaient pas fondu, alors. Cette forêt n'avait pas poussé.

Ces bisons sont profondément ancrés dans ce continent, plus encore que les arbres. Cette citation d'Alan Weisman me revient : *primitivement familier.*

Ces espèces de boules de racines emmêlées couvertes de mousse, aux cornes d'un bois tranchant et mortel, sont des fragments hirsutes de forêt qui prennent vie.

Ce sont des Leszy vivants, des gardiens de la *puszcza.*

Une famille de mangeurs de glaces s'approche de la clôture métallique. Deux petits garçons en camouflage urbain ont apporté leurs pistolets en plastique pour faire semblant de tirer sur les animaux.

Les bisons résistent.

Pendant mon séjour dans la Białowieża, la température a bondi de dix degrés et l'humidité s'est invitée dans l'air. De nouvelles feuilles scintillent comme des flammes vertes le long de chaque branche. Quand je retourne vers

Hajnówka, la lumière dure et claire a disparu et tout est adouci et flou. J'ai l'impression d'être dans un endroit tropical lorsque je prépare mon dernier lit dans les bois ; pour la première fois, je dois gifler des moustiques.

Le matin, en me frayant un chemin à travers le feuillage, je manque de marcher sur un serpent gris, qui coule comme de l'eau sous ma botte et se glisse dans la terre. Un adieu de Veles, qui regagne les enfers.

J'hésite à affronter la lumière, mais mon train part bientôt. Je sors des bois et retourne dans la Clairière.

LE DÉSERT D'ESPAGNE

C'est le plein été dans le sud de l'Espagne et la campagne est cuite à vif, mais des plaques de neige demeurent sur la Sierra Nevada. Sur ces pentes sans ombre, sous un ciel chaud et bleu comme une flamme de gaz, elles semblent impossibles. Ont-elles un nom ? Je pense au Sphinx du Garbh Choire Mòr, à l'autre bout du continent, qui s'accroche de la même façon. En cet été faussé, le nord de l'Écosse est presque aussi chaud que l'Espagne.

Depuis la fenêtre du train, le sud est moins une direction qu'une couleur. Les champs de lavande violets de Provence et le vert des Pyrénées se sont épuisés voici plusieurs heures, ne laissant que du jaune. Tout semble déchiré, assommé, hébété de chaleur, depuis les champs de blé et les collines pelées jusqu'aux montagnes pointues et cassantes, toujours quelque part à l'horizon. Si vous passiez votre doigt le long de cette ligne, du sang coulerait peut-être.

Un peu détraqué par le manque de sommeil, sirotant un très petit mais délicieux café dans un gobelet en carton, me vient l'idée déconcertante que je ne suis pas en train de glisser horizontalement à travers le monde, mais de plonger verticalement, comme sur des montagnes russes en chute libre, le long du globe. Sud égale bas. Le bas est synonyme de chaleur. Tout ce que je peux faire, c'est continuer à regarder vers l'avant et à m'accrocher. La trajectoire semble hors de contrôle. Où va-t-elle s'arrêter ? Des températures folles s'annoncent, selon les informations, et des alertes météo sont en place sur une grande partie du continent. C'est l'été le plus chaud depuis l'été dernier, qui était le plus caniculaire depuis le précédent ; les statistiques de records arrivent trop vite pour avoir le moindre sens, de nos jours. Mais celle-ci est restée gravée dans ma mémoire : l'agence européenne de satellites a déclaré que le mois de juin, en moyenne mondiale, a été le plus chaud de l'histoire.

Juillet devrait l'être encore plus.

Ce n'est pas le bon moment pour déambuler dans le désert.

J'approche d'Almería, à l'extrême sud-est de l'Andalousie, le coin le plus aride et le plus jaune de cette péninsule sèche et jaune qui repose sur la Méditerranée comme un morceau de pain grillé abandonné. *Andalucía* vient d'*al-Andalus,* le nom que les Maures donnaient à ce territoire qu'ils ont gouverné, de plus en plus démembré, réduit et assiégé, pendant presque huit siècles, mais une théorie plus fantaisiste dit qu'il dérive d'*anda en luz,* « marche dans celle-ci ». Lorsque je descends du train, celle-ci, plus que la température, est un choc, comme si j'étais pris dans un flash d'appareil photo ininterrompu. Le Sud est synonyme de bas. Le bas, de chaleur. Chaleur égale lumière. Assommé par l'éblouissement, je blinde mes yeux de lentilles UV et me dirige vers l'ombre.

Une demi-heure plus tard, on me conduit en voiture à travers une mer.

Au volant se trouve un Anglais au bouc blanc, vêtu d'une chemise tropicale. Il a un visage doux et attentif et un regard empreint de curiosité bienveillante. « Tout m'intéresse », me dit-il dès le départ. Il se nomme Kevin Borman et il est écrivain voyageur – « Le Bill Bryson d'Almería », est-il inscrit sur la jaquette d'un de ses livres. Il m'a invité à passer quelques jours chez lui. Il me montre des arbustes et des arbres qui aiment l'aridité et dont je ne connaissais pas le nom, des oiseaux que je n'aurais jamais remarqués, et les débris d'infrastructures humaines effondrées et abandonnées : des fermes et des systèmes d'irrigation en ruine, les décombres d'un pigeonnier du XIXe siècle au bord de la route. Il indique un espace entre des collines : « Il y a des centaines de grenadiers, là-haut. » Mais le spectacle le plus impressionnant est l'étalement synthétique à travers lequel nous roulons pendant de longues minutes, un panorama d'une blancheur réfléchissante qui s'étend à l'infini.

Ils l'appellent *el mar de plástico*, la mer de plastique.

Les *plásticos* sont des polytunnels construits par des entreprises agroalimentaires, familiales mais aussi multinationales du genre de Monsanto. Ils couvrent – littéralement – environ deux cent quarante kilomètres carrés de cette plaine côtière, une zone si vaste qu'elle peut être vue, telle la grande muraille de Chine, depuis l'espace. Malgré leur domination totale de la terre à perte de vue, ils ne sont pas considérés comme des structures permanentes, leur croissance n'est donc pas limitée. Sous ce plafond de polyéthylène, il n'y a pas de sol; les produits sont cultivés dans des sacs et alimentés au goutte-à-goutte avec des engrais, des pesticides et des herbicides, dont la distribution est contrôlée par des ordinateurs. La température peut atteindre quarante-cinq degrés, ce qui permet plusieurs récoltes par an. Au total, ils produisent plus de deux millions de tonnes de fruits et de légumes par an, soit plus de la moitié de ceux vendus en Europe.

Les rangées extérieures semblent abandonnées ou non rentables ; on aperçoit à travers des parois en plastique déchiquetées des tas de matières végétales desséchées, fibreuses et grises, qui ont flétri dès qu'une main invisible a fermé un robinet invisible. Ce que nous ne pouvons pas voir de la route, ce sont les gens qui travaillent plus loin : une main-d'œuvre précaire de cent mille migrants, principalement des Nord-Africains et Subsahariens, qui transpirent pour trente-cinq euros par jour dans un véritable sauna afin que les habitants des climats plus tempérés puissent manger des fraises en décembre. Ils sont logés dans des bidonvilles à la périphérie des villes voisines ou dans des cabanes qu'ils ont construites eux-mêmes. Nombre d'entre eux souffrent de problèmes de santé dus à l'exposition aux produits chimiques. La chaîne d'approvisionnement qui aboutit aux luxueuses allées des supermarchés commence ici, loin des yeux des consommateurs. Les *plásticos* ont une double fonction : chauffer et cacher.

Plus loin sur la côte, explique Kevin, se trouve la *central térmica*, l'une des centrales à charbon les plus polluantes d'Europe. Cette périphérie cuite est un lieu de sales secrets.

Nous atteignons la fin de la mer de plastique et grimpons dans les collines. Le paysage est nu et lumineux, polarisé par l'éblouissement. Une route escarpée nous amène à La Rondeña, le hameau de maisons éparses dans lequel Kevin et sa femme Troy ont construit leur foyer. Le moteur de la voiture s'éteint et je m'avance à nouveau dans le plein jour, qui me choque moins cette fois.

La maison est érigée sur une colline. La falaise qui s'élève derrière elle presque jusqu'au niveau du toit d'un côté lui donne l'air d'être à la fois cachée et exposée. Elle a une petite tour carrée avec un toit en tuiles de terre cuite d'allure romaine, des murs enduits de chaux et une terrasse ombragée. Le vent la traverse de part en part. À leur arrivée, il n'y avait qu'une habitation de quatre pièces sur un monticule granuleux et sans arbres. Au cours des quatorze dernières années, ils ont réussi à faire naître un paradis de ce sol aride.

Plus tard dans l'après-midi, Troy – clairvoyante, lumineuse, dans une robe fluide et colorée – me montre le jardin. Contrairement à la mer de plastique, sa fertilité ne repose pas sur une culture de force dans des conditions intensives, mais sur les associations bénéfiques, de sorte que chaque élément complète son voisin : les arbres fruitiers, le potager, les fleurs du désert, le faux poivrier, la vigne, l'eucalyptus, les olives argentées, les cascades de plantes grasses. Dans le verger poussent des oranges, des citrons, des citrons verts, des figues, des coings, des grenades et un fruit dont je n'avais jamais entendu parler, le *níspero*, dont les noyaux servent à faire une liqueur semblable à l'amaretto. Troy était jardinière avant de venir ici, mais dans ce climat rude, elle a dû tout réapprendre. Des années d'essais et d'erreurs se cachent derrière cette abondance. Le long de la clôture, des bouteilles en plastique ont été accrochées à des poteaux, la manière locale de demander aux chevriers de ne pas laisser leurs bêtes ravager les cultures ; une forme traditionnelle de pesticide qui ne nécessite aucun produit chimique.

Au-delà du jardin, des plantes désertiques sont éparpillées sur les collines, des choses étranges dont je ne connais pas le nom. Sur le trajet, Kevin m'a indiqué les plus remarquables : le laurier-rose, qui apporte à cette terre une douceur de crème glacée (« Toutes les parties de la plante sont toxiques ») ; les frondes pâles et plumeuses du retama qui se balancent comme des queues de cheval ; les grappes de *caña* semblables à des bambous qui pointent le long des rivières asséchées. Et partout des cactus, mais cette histoire est triste. En écho à la Białowieża, de magnifiques affleurements d'agaves ont été dévastés par des charançons, et les fourrés de figuiers de Barbarie par un fléau de cochenilles. Sur le flanc de la colline, en contrebas de la maison, gît un royaume en ruine, dont les feuilles charnues et fibreuses ont été vidées de leur contenu, révélant les enveloppes rabougries de leur structure interne. Bien qu'elles semblent si bien intégrées au décor, ces deux espèces ne sont pas indigènes – elles ont été apportées du Mexique, un contrecoup de l'Empire espagnol – et le gouvernement local n'a pas fait grand-chose pour arrêter le déclin. Immigrantes échouées, elles ont été abandonnées à leur sort.

De retour à la maison, Troy m'emploie à casser une très grande quantité d'amandes avec un casse-noix monté sur la table. Chaque explosion projette des éclats sur le carrelage. « Écoutez… », dit Kevin dans le silence d'une pause. Un guêpier hulule doucement en bas de la colline. Plus tard, nous jouirons du chant flûté d'un loriot doré.

Pourquoi ont-ils choisi de s'installer ici, si loin de la côte, de sa mer scintillante et de sa communauté facile de Britanniques ? Au départ, racontent-ils pendant que nous dînons, par simple curiosité. Ils avaient entendu parler de ce paysage désertique et s'étaient demandé à quoi il ressemblait. Ils sont restés parce qu'ils sont tombés amoureux de la beauté surprenante, souvent saisissante, de cette zone aride. À cause de la désolation et de la lumière.

Tout le monde parle de la lumière.

Après le dîner, je fais une promenade test dans ce nouvel environnement, en suivant un sentier sinueux qui court dans les collines. Malgré l'heure tardive, la luminosité est omniprésente et chaque caillou, chaque tige se détache individuellement, projetant une ombre si parfaite qu'elle semble avoir été encrée. Au fur et à mesure que le soleil baisse, je marche dans une obscurité et un éblouissement intermittents, éclairé par des flashs aveuglants, ce qui m'empêche de bien voir mon chemin. Du haut de la colline, la mer de plastique, quelque part à l'ouest, et la vraie mer, vers le sud, ont fusionné sous un voile de brume brunâtre.

En revenant sur mes pas, je constate que le fait que la végétation soit clairsemée met chaque objet en évidence, comme s'il était agrandi. Les arbustes et les arbres existent séparément, non pas enchevêtrés dans une masse, mais espacés, tels des spécimens uniques. Cela révèle également le désordre absolu de la présence humaine. Les pylônes, les projets de construction abandonnés, les déchets jetés et les cicatrices des routes sont éparpillés à la vue de tous, sans rien pour les dissimuler.

On ne peut rien cacher ici, dans ce lieu surexposé.

Kevin possède une bibliothèque de livres de voyage et une impressionnante collection de cartes. Le matin, nous nous asseyons pour étudier mon itinéraire. À l'est d'Almería, les *plásticos* sont marqués comme une formation géologique – ce qu'ils pourraient être un jour, une couche blanche de quelques millimètres d'épaisseur pliée dans le sédiment. Mais je vais commencer plus au nord, au village de Níjar. De là, une route de montagne mène à la Sierra Alhamilla, qui s'étend parallèlement à la côte et constitue la paroi nord de la mer de plastique, une petite cousine de la Sierra Nevada – plus haute et couverte de neige, à l'ouest. Je passerai la nuit là-haut et, l'après-midi suivant, je descendrai de l'autre côté de la chaîne dans ce que la carte représente comme une tache orange.

C'est Tabernas, l'unique désert de notre continent.

Parmi les nombreux endroits désertiques ou semi-désertiques d'Europe, qu'ils soient naturels ou artificiels, seul Tabernas remplit véritablement les critères climatologiques, ce qui le place au même rang que le Gobi, le Kalahari, l'Arabie ou le Sonora, ou encore les déserts gelés de l'Arctique et de l'Antarctique. Un désert est une région aride à faible couverture végétale qui reçoit moins de deux cent cinquante millimètres de précipitations par an. Vingt-cinq centimètres : la longueur de mon coude à mon poignet. Le manque de précipitations, plutôt que la température, est le facteur décisif. La classification de Köppen distingue quatre grands types : BWh, « désert chaud » ; BSh, « semi-aride chaud » ; BWk, « désert froid » ; et BSk, « semi-aride froid ».

Tabernas présente des parcelles de tous ces types ; c'est quatre déserts en un.

Il est vrai qu'il est plutôt petit, pour un désert. Délimité par la Sierra Alhamilla au sud, la Sierra de los Filabres au nord et la Sierra Nevada à l'ouest, il ne fait guère plus de deux cent cinquante kilomètres carrés, ce qui lui donne une superficie inférieure à celle de la mer de plastique. Il ne s'agit pas d'un Quart Vide susceptible d'engloutir une armée sans laisser de traces, bien que, à l'instar de tout endroit aussi sec, une personne qui s'y perdrait, sans eau, mourrait facilement. Ce n'est pas non plus un désert de sables mouvants, sculptés par le vent en croissants de dunes, comme les ergs emblématiques, les mers de sable, du Sahara. Tabernas est un désert de roche, une contusion de collines de calcaire et de gypse divisées par des *ramblas* – au Moyen-Orient, on les appellerait *wadis* –, des canyons aux parois abruptes, des ravins sujets aux inondations soudaines lorsqu'il pleut. Le soleil brillant trois cent vingt-cinq jours par an, cela n'arrive pas souvent.

J'ai mis dans mon sac une chemise de randonnée légère tissée à partir d'une fibre miraculeuse qui réduirait prétendument la température du corps, un chapeau avec le bord le plus large que j'ai pu trouver – il en est même absurde – et une crème solaire si protectrice qu'elle s'étale plutôt comme de la peinture. J'ai également pris des sels de réhydratation (techniquement pour la diarrhée) et une vessie en plastique, qui se glisse dans mon sac à dos et contient trois litres d'eau, à aspirer par un tube en caoutchouc – je la testerai plus tard sur le porche de Kevin et Troy. J'ai l'impression de porter un organe supplémentaire, d'externaliser une fonction physique, ou un équipement médical, ce qu'il est, d'une certaine manière. On conseille aux marcheurs dans les déserts de boire cinq litres d'eau par jour. La soif est ce qui m'inquiète le plus. Mon corps supporte beaucoup mieux le froid que la chaleur.

« Toute cette région était autrefois beaucoup plus humide, dit Kevin. Dans les collines, tu verras d'anciens cercles de battage là où l'on cultivait des céréales. On n'en cultive plus, aujourd'hui. Au-dessus de Níjar, il y avait la plus grande concentration de moulins à eau de l'ancien monde méditerranéen. Notre voisin Paco, qui a plus de soixante-dix ans, se souvient d'une époque où il y avait de l'eau dans les *ramblas* sept ou huit mois par an. Elles étaient toujours pleines en décembre et en février. Ce schéma s'est effondré. »

Beaucoup de choses se sont effondrées sur cette frange semi-désertique. Ce soir-là, debout sur le toit, en regardant les hirondelles fendre l'air, Troy fait remarquer les délicats décombres d'anciennes terrasses de pierre sèche alignées contre la colline, de l'autre côté de la vallée, abandonnées depuis un demi-siècle. Il y a aussi des maisons en ruine là-haut, des villages entiers qui s'affaissent et s'écroulent dans la terre, signe que la région a jadis abrité une population beaucoup plus importante. « Franco a sévèrement puni cette région après la guerre civile, car elle était très républicaine, dit-elle. Il y a eu beaucoup de famine. Dans les années cinquante et soixante, les gens sont partis en Allemagne, en Angleterre, en Amérique. Une grande partie de cette région a été dépeuplée. »

La dépopulation est un mal plus ancien que le XXe siècle. Après les ultimes victoires de la Reconquista espagnole, qui dura des siècles – les forces chrétiennes reprirent Almería aux Maures en 1489, et le dernier royaume islamique de Grenade en 1492 –, les musulmans qui refusaient d'abandonner leur foi furent expulsés, de même que les juifs. Ceux qui se convertissaient et restaient, on ne leur fit jamais totalement confiance. En 1571, après qu'une rébellion eut éclaté dans les montagnes de l'Alpujarra, ces *moriscos* pourtant convertis furent exilés de l'autre côté de la mer, et avec eux des siècles de connaissances en hydrologie. Les monarques catholiques essayèrent d'encourager la réinstallation des chrétiens, mais, une fois vidées, les terres étaient difficiles à regarnir. Les agriculteurs du Nord, plus vert, y voyaient des sols dénudés et une chaleur implacable, des montagnes sauvages peuplées de bandits et une côte mal défendue, réputée pour ses pirates.

« Beaucoup des Maures qui avaient été expulsés étaient

allés en Afrique du Nord et, connaissant bien la région, ils servaient de guides pour les incursions des pirates, qui capturaient les gens qu'ils trouvaient et les vendaient sur les marchés d'esclaves en Algérie », ai-je lu dans l'un des livres de Kevin. La côte de Barbarie – qui doit son nom aux Berbères, le peuple indigène d'Afrique du Nord – est devenue une base pour des corsaires comme El Joraique et Sayyida al-Hurra, des musulmans andalous exilés après la conquête. El Joraique, après avoir participé à l'échec d'un soulèvement antichrétien, se réfugia dans la Sierra Alhamilla avant de s'enfuir au Maroc et de prendre le commandement d'une flotte de pirates, pour revenir en 1573 attaquer Sorbas et Tahal, des villes situées à près de soixante-cinq kilomètres à l'intérieur des terres, entraînant l'abandon paniqué de quinze villages. L'histoire de Sayyida al-Hurra est encore plus remarquable. Femme noble originaire de Grenade, elle devint gouverneur de Tétouan après la mort de son mari et prit sa revanche sur les Espagnols en se transformant en reine des pirates, terrorisant la côte andalouse et contrôlant, à l'apogée de son pouvoir, une grande partie de la Méditerranée occidentale, alors que le corsaire ottoman Barberousse dominait l'Est. Ces attaques musulmanes continues étaient moins des raids de pirates qu'une résistance de guérilla, signe que les guerres de la Reconquista n'avaient jamais disparu.

Les raids d'esclaves et les incursions se poursuivirent, bien qu'à une fréquence moindre, au XVIIe siècle, et la piraterie resta une menace majeure jusqu'au début du XIXe. On estime qu'entre cent mille et un million de personnes ont été enlevées sur la côte ibérique et vendues comme esclaves en Afrique du Nord et au Moyen-Orient. Si l'on ajoute à cela les conditions de vie rudes, la pauvreté, les sécheresses courantes et le manque chronique de développement, il n'est pas étonnant qu'il ait été difficile d'inciter les gens à s'installer dans le Sud. Aujourd'hui encore, l'Andalousie est peu peuplée.

Une autre définition du désert est : un endroit qui a été déserté.

« La question est, dit Kevin, que nous connaissons la signification d'un semi-désert et d'un désert. Mais quand l'un devient-il l'autre ? À quel moment entre-t-on dans le vrai désert ? Ici, certaines années, il est tombé moins de deux cent cinquante millimètres de précipitations, ce qui implique techniquement que nous vivons dans un désert. D'autres années, c'est de deux cent cinquante à cinq cents, ce qui veut dire que nous habitons dans un semi-désert. Mais parfois, il pleut à torrents. Alors, dans quoi vivons-nous exactement ? »

Avant de m'endormir cette nuit-là, je vois le désert, fluctuant d'année en année, s'étendant parfois pour remplir l'espace qui l'entoure et se rétractant, comme s'il testait ses limites, pour voir jusqu'où il peut aller.

Dans un sens, il est allé aussi loin que le tunnel sous la Manche. En émergeant dans la lumière grise de la France il y a deux – ou trois ? – jours, la première chose qui a attiré mon attention était une rangée de clôtures métalliques surmontées de fils barbelés, équipées de caméras de sécurité, électrifiées, surveillées par des patrouilles motorisées, le visage brutal de la militarisation de la frontière nord de l'Europe. Ces barricades antihumaines sont conçues, dans leur grande majorité, pour arrêter le flux de migrants en provenance des pays désertiques du Sud : des réfugiés non seulement des guerres, mais aussi de la famine, de la pénurie d'eau et de l'effondrement écologique. Entourant les hameaux et les fermes, ces fortifications jettent une ombre sur la morne campagne picarde. Géopolitiquement, elles constituent la frontière la plus septentrionale des déserts.

Níjar est un village à flanc de colline aux rues étroites et ombragées, construit pour protéger ses habitants du soleil. Ses boutiques vendent des poteries colorées bon marché et des *jarapas,* des tapis de chiffon. Des vieillards à la peau parcheminée boivent des verres de liqueur rouge matinale, en fumant avec détermination tandis qu'une autre journée brûlante s'avance. Après que Kevin m'a déposé, je commande un café.

« *No hay lluvia !* », « Il n'y a pas de pluie ! », crie un policier sans but, en faisant des gestes vers le ciel sans nuages. Il s'adresse à une jeune femme qui tient un parapluie en guise de parasol et il trouve visiblement la scène amusante. *Para-sol,* « pour le soleil », par opposition à *para-agua,* « pour l'eau » ; la même absence de détours que dans le mot *sombrero,* qui signifie juste « qui fait de l'ombre ». C'est ce que j'aime dans l'espagnol, sa franchise et sa simplicité. Ayant vécu à Madrid et avant cela au Mexique, c'est la seule langue étrangère que je parle avec un certain degré de compétence, mais le dialecte andalou sonne très différemment, aussi rocailleux, brut et non raffiné que le paysage qui lui a donné forme.

Comme le suggèrent tous ces *al* – Almería, Alhamilla –, l'espagnol est également très influencé par son long contact avec l'arabe. On l'a même qualifié de latin arabisé. L'arabe lui prête mon mot préféré, *ojalá,* que l'on peut traduire approximativement par « pourvu que ». C'est un écho d'*inshallah,* « si Dieu le veut ».

Ojalá que je n'aie pas d'insolation. *Ojalá* que je trouve de l'ombre. *Ojalá* que je ne meure pas de soif. Je finis mon café et me dirige vers le musée de la Mémoire de l'eau.

C'est la mélancolie du nom qui m'a attiré plus que les objets exposés. Dans une salle haute de plafond, une demi-douzaine de panneaux d'information, ainsi que quelques maquettes oubliables, racontent comment les différentes civilisations arrivées sur ces terres – Phéniciens, Grecs, Carthaginois, Romains, Maures et chrétiens – ont toutes été confrontées au même problème : l'irrigation, encore l'irrigation, et toujours l'irrigation. Les Romains ont construit leurs aqueducs et les Maures – pour qui la propreté était un élément central de la religion et qui se moquaient des Espagnols pour leur saleté – ont développé des fontaines, des bains et des citernes, les *aljibes* que l'on trouve encore un peu partout. Après la Reconquista, la vallée au-dessus de Níjar est devenue célèbre pour ses nombreux moulins à eau, dont la première partie de ma randonnée va suivre les traces.

En quittant le village, je suis la bande d'ombre sur le côté est de la route, qui se rétrécit à chaque pas jusqu'à égaler la largeur de mon corps. Je m'y colle si étroitement que mon épaule gratte le mur. Puis je me retrouve dans l'ombre pommelée et tachetée des oliviers, après quoi toute protection a disparu.

Je gravis la colline dans le souvenir de l'eau.

La bernache du prochain village, Huebro, est accrochée au-dessus, blanche contre la montagne brune.

Sur ma gauche, une voiture abandonnée présente des impacts de balles dans la portière côté passager. « Elle aurait certainement des choses à nous raconter... », comme dirait Dougie.

Au bout de cinq minutes à peine, mon corps tout entier dégouline.

En surplomb de Níjar, une tour de guet maure en ruine regarde vers la mer. Ils l'ont construite dans la mauvaise direction : leurs ennemis venaient du nord. Maintenant, son point de vue imbattable ne donne que sur les *plásticos.*

D'ici, je peux voir la plaine artificielle dans son intégralité. Bruni par la brume du matin, le polyéthylène fusionné semble plus minéral que synthétique, un désert de sel ondulant. La blancheur courbe l'air au-dessus d'elle, créant une étrange distorsion. La couverture est si grande, ai-je lu chez Kevin et Troy, qu'elle produit son propre effet d'albédo, renvoyant les rayons du soleil et refroidissant légèrement l'atmosphère. Alors que dans d'autres régions d'Espagne, la température moyenne a augmenté d'un, deux ou trois degrés au cours des quarante dernières années, cette zone a fraîchi d'un degré. Malgré la chaleur infernale qui règne à l'intérieur, la mer de plastique a le même effet qu'une calotte glaciaire ou un glacier ; un Sphinx géant, qui ne s'abîme pas mais s'étend, une plaque de neige pour l'anthropocène.

Et à l'abri des regards, les descendants des Maures qui ont apporté des fontaines à cette terre, travaillent dans un hammam étouffant de pesticides.

En remontant la vallée vers Huebro, on passe devant des canaux aux murs de pierre, des systèmes d'irrigation en ruine envahis par les plantes grasses et les broussailles. Les terrasses abandonnées, dénudées à l'exception d'une herbe jaune, servent de décharge au village que je viens de quitter. Mais des ruisseaux bruyants coulent encore de la montagne au-dessus, guidés le long d'un aqueduc pour se jeter en cascade dans l'empreinte d'une roue hydraulique disparue ; des lauriers-roses fleurissent sur les berges et mon arrivée est annoncée par un plop paniqué de grenouilles.

Je m'asperge le visage, le cou et les bras, sachant que c'est peut-être ma dernière occasion de le faire.

Les charançons ont eux aussi atteint cette vallée, à en juger par les agaves flétris sur les pentes. Leurs rejetons poussent à côté d'eux – déploiement miraculeux de ces lourdes feuilles en forme de lance, chacune imprimant un contour en forme de pointe sur la feuille plus jeune en dessous, tel un patron de couture pour un futur modèle. Mais les charançons investiront bientôt ces clones en sursis. Un vieil homme du village descend au milieu des plantes mortes et moribondes, le visage ridé par le soleil. Il a un cigare éteint depuis longtemps, serré entre deux doigts épais, et une canne qui ressemble à une massue.

« *Buenas* », dit-il avec amertume, mais sans l'air de le penser.

Quarante minutes plus tard, j'atteins Huebro, en me frayant un chemin à travers les vignes, les figuiers et un enclos de chèvres souriantes à l'ombre d'un noyer. Des meules de pierre sont posées devant les portes en guise de décoration. Sur un îlot d'écume dans une citerne stagnante, un lézard doré long comme mon bras, le dos moucheté de lapis-lazuli, m'observe d'un air lugubre comme s'il essayait de calculer exactement à quel point je suis stupide. Par une fenêtre ouverte retentit le cri rauque d'une vieille femme, qui soit fait pleuvoir des malédictions sur quelqu'un, soit fait la conversation.

Sur la place se trouve une icône en faïence de la Vierge portant un enfant auréolé.

Ces maisons à toit plat sont presque arabes. Peut-être un jour le redeviendront-elles ?

La vallée fleurie a disparu ; après Huebro, la piste s'enfonce dans la montagne, dont les pentes sont aussi sèches que des miettes de biscuits. La route grince sous mes bottes. La sueur coule dans mes yeux. Le matin cuit jusqu'à midi. Il n'y a pas un soupçon de vent. Lorsque je m'arrête, mon souffle est syncopé par les cigales, un rythme de chaleur et de soif.

Mon sac à dos est bien trop lourd. Comme toujours.

Combien d'eau ai-je déjà aspirée ? Un demi-litre ? Un litre et demi ? Combien ai-je transpiré ? Une mouche ne cesse de se poser sur ma lèvre et de s'envoler, me dérobant des gorgées d'humidité dont je ne suis pas conscient. Je découvre que je lui en veux de son larcin, j'ai besoin de toute l'eau que je peux avoir. S'il fait aussi chaud dans les collines, qu'est-ce que ce sera dans le désert ?

Un répit se présente, sous la forme d'un *cortijo* en ruine, en bas de la route. C'est une ferme, semblable à une hacienda, avec un cercle de battage envahi par les mauvaises herbes et un énorme pin, de loin le plus grand arbre en vue, densément peuplé de cônes, projetant un lac d'ombre. Après avoir franchi le portail cadenassé, j'erre dans des pièces pleines de gravats – de la peinture bleue craquelée sur les cadres de fenêtres, un sol en carreaux de faïence défoncé qui révèle un soupçon de géométrie islamique – avant de retourner dehors. De l'eau s'écoule d'un tuyau dans une citerne en pierre qui résonne, une invitation trop belle pour être refusée. Je satisfais mon estomac, vide ma gourde, et m'approche pour la remplir à nouveau.

Je dois négocier avec un essaim d'abeilles paresseuses qui ont revendiqué la citerne, et le tuyau bouillonnant, comme leur propriété. Je dois étendre mon bras profondément dans le nuage bourdonnant et me pencher dans le vide pour attraper l'eau qui se répand. Les abeilles se posent sur mon bras, mon cou. Je reste immobile et leur demande la permission : « S'il vous plaît, les abeilles… » Leur activité s'intensifie. De nouvelles grimpent dans mes cheveux. La gourde se remplit lentement jusqu'à ce que l'eau claire s'écoule du bord et je me recule, reconnaissant. Les abeilles m'autorisent à me retirer. Je sens que j'ai sollicité, et reçu, une bénédiction.

À treize heures, il fait trop chaud pour marcher. Un autre *cortijo* offre de l'ombre et un creux dans l'herbe suggère un espace où siester. Je me réveille couvert d'insectes et ébouriffé par un vent brûlant, mange ensuite quelques amandes, du pain et du fromage, et continue à remonter la piste.

La chaleur m'oblige à m'arrêter de nouveau au sommet de la Loma del Perro, la « colline du chien ». D'ici, je peux voir les montagnes jusqu'au côté nord de la chaîne, un flou jaune boueux. Le désert se trouve plus à l'ouest ; une perspective pour demain. Pendant le reste de l'après-midi, je suis le sommet de la sierra, longeant la cime du Pico Colativí. Vers le soir, le sentier traverse une forêt montagnarde sèche comme de l'amadou. Les chênes verts et les pins donnent de l'ombre pour la première fois de la journée. Alors que le soleil perd de sa hauteur, un énorme sentiment de soulagement se répand en moi, ou peut-être dans les arbres, ou peut-être dans tout. Je cherche un coin pour dormir, mais le terrain des deux côtés de la route est marqué par des panneaux inhospitaliers : il faut choisir entre des terres revendiquées par la Sociedad de Cazadores Virgen del Mar – la Société de chasseurs de la Vierge de la mer, un nom curieusement féminin pour des machos tueurs de sangliers – et d'autres du Ministerio de Defensa. Quels hommes armés vaut-il mieux éviter ? Je tente ma chance avec les chasseurs.

Les étoiles tournent dans la nuit et les bruits d'une rave lointaine parviennent jusqu'au lieu où je dors, les ondes sonores se propageant sur des kilomètres dans l'air parfaitement sec. Je suis allongé dans le surplomb d'une falaise calcaire, un creux sous la roche, et me demande en rêvant si le rebelle musulman El Joraique s'est caché ici, ou dans un endroit similaire, avant de devenir corsaire. Au petit matin, un coup de fusil me tire du sommeil.

Le matin apporte une simple leçon de géographie physique : la plaine côtière à ma gauche est enveloppée d'un nuage crémeux tandis que la vallée à ma droite – Tabernas – est claire comme du cristal. La barrière de la chaîne de montagnes empêche l'humidité de se répandre dans les terres, l'ourlant contre la mer ; cette sierra est la cause de la sécheresse du désert. En cet instant, mes yeux commencent à deviner les formes des collines ombragées, d'un brun violacé et faible, l'étalement et le suintement d'une large étendue stérile. Alors que je m'arrête pour l'étudier, trois chiens maigres traversent la route au pas de course, tournent la tête pour me regarder et disparaissent dans les broussailles. La truffe longue, des oreilles pointues, ils ne semblent appartenir à personne ; ils ressemblent à des dingos, des chiens sauvages, en partance pour la chasse aux lapins matinale. Au coin de la rue j'avise la patte arrachée d'un animal à sabots, pliée au coude comme une flèche pointant vers le bas.

Obéissant, je suis la direction indiquée.

Une ligne de collines reptiliennes, la Serrata del Marchante, se traîne depuis l'est comme des vertèbres fossilisées. Au-delà s'étendent les méandres d'un labyrinthe blanchi et tordu. À travers la brume, je crois distinguer des ravins et des rochers déchiquetés. Mais si je les fixe trop longtemps, les lignes se détachent et perdent leur forme avant de se dissoudre dans une lueur pâle. Mon regard ne peut s'arrimer; il fait trop chaud pour y voir.

Je descends maintenant une pente de poussière, le long de canyons de roches grises et violettes. Le soleil est haut dans le ciel. Les arbres sont une espèce éteinte. Mes bottes crissent sur des éclats de gypse que je confonds d'abord avec des bris de verre de pare-brise. Le sol est blanc, dur comme de la pierre, parsemé de plantes qui s'effritent. Je suis maintenant au niveau de la Serrata. Puis elle est au-dessus de moi. La transition avec la verdure relative de la chaîne de montagnes est saisissante. Je ne me sens pas préparé, déjà bien loin de ma profondeur. La chaleur rebondit sur la route. Les lignes électriques aériennes bourdonnent. C'est toujours la frange semi-désertique, pas encore le vrai désert. Mais, comme l'a dit Kevin, où est la limite?

La femme qui me sert des œufs et des pommes de terre a, je crois, la lèpre; ses doigts et ses pouces se terminent par des bouts émoussés et brillants. Elle flanque l'assiette devant moi avec une joyeuse décontraction et commence à empiler les chaises en plastique. C'est presque l'heure de la sieste.

La ville qui porte le nom du désert se trouve de l'autre côté de la Serrata del Marchante. Après avoir atteint le viaduc de la N-340a – le Puente Moreno, le « pont brun », qui est, d'après ce que je sais, la limite officielle de l'espace naturel du Desierto de Tabernas –, je n'ai pas continué vers l'ouest, mais me suis plutôt dirigé vers ce dernier avant-poste de la civilisation; un repas, une douche et un lit propre dans l'hôtel une étoile le plus proche étaient trop tentants pour être refusés. Je ne suis pas encore prêt pour la nature sauvage. Comme pour beaucoup d'autres choses en Andalousie, cela peut attendre jusqu'à *mañana.*

Tabernas est une ville somnolente composée de bâtiments à deux étages peints en jaune, blanc et rose. L'ombre des palmiers borde la route. Tous les cactus sont morts. Il y a une piscine publique, des arènes et un château maure en ruine sur une colline rocheuse. Les bancs de la rue principale évoquent des fauteuils de réalisateur.

Au milieu de l'après-midi, il fait trop chaud pour s'asseoir dehors, même à l'ombre. Je file me cacher sous le ventilateur de plafond de ma minuscule chambre, du coup. Quand je la quitte, les allées bourdonnent doucement du son sociable des familles sorties pour la promenade du soir et les hirondelles planent dans le ciel au-dessus du château. Tout en grimpant la colline escarpée pour mieux observer les lieux, j'aperçois un enchevêtrement irrégulier de toits et de murs anguleux qui, avec des pentes arides en arrière-plan – s'il n'y avait pas l'église romane –, pourrait être une vue de n'importe où, du Maroc au Moyen-Orient. Du château lui-même, il ne demeure pas grand-chose, seulement quelques arches tombées et les vestiges de créneaux. Le site est jonché de sacs en plastique et de cadavres de figuiers de Barbarie.

C'est là, dit-on, que l'avant-dernier sultan nasride Mohammed XIII, que les Espagnols appelaient El Zagal, remit les clés d'Almería aux catholiques.

Mais la vue, à plus d'un titre, est une vue de l'Ouest.

En 1964, un réalisateur italien recherchait un lieu de tournage. La popularité des péplums, genre dans lequel il avait débuté sa carrière, était en déclin, et sa curiosité s'était tournée vers les westerns. Jusqu'alors, le marché était dominé par des cow-boys héroïques bien rasés qui redressaient les torts de manière chevaleresque, sans ambiguïté morale – les bons portaient littéralement des chapeaux blancs et les méchants des chapeaux noirs. Mais ce nouveau venu italien avait des idées différentes. Il avait vu peu avant le chef-d'œuvre d'Akira Kurosawa *Yojimbo*, l'histoire d'un samouraï dévoyé libérant une ville de gangs maléfiques, et décidé de transposer son intrigue violente du Japon de la période Edo au Far West. Le rōnin est devenu un *gunslinger*. Les pistolets à six balles ont remplacé les épées de samouraï. Et la toile de fond de Tabernas – vide, aride et surtout bon marché – s'est transformée en région frontalière accidentée entre le Mexique et les États-Unis.

Ce réalisateur s'appelait Sergio Leone et le film, avec un acteur de télévision du nom de Clint Eastwood, s'intitulait *Per un pugno di dollari*, *Pour une poignée de dollars*.

Ce fut un succès critique et Eastwood accéda au statut de star. Son personnage, l'Homme sans nom – renfrogné, mystérieux, sale, violent, énigmatique, mal rasé, avec une cerise coincée dans la bouche et vêtu d'un poncho poussiéreux caractéristique –, était un nouveau type d'antihéros, en rupture avec les garçons bienfaisants qui l'avaient précédé. Le fait que Leone ne parle pas anglais et ne soit jamais allé en Amérique n'était pas un obstacle ; sur le plateau, il mimait des mouvements pour que les acteurs les reproduisent et communiquait par l'intermédiaire d'un traducteur. Les poursuites judiciaires auxquelles il a dû faire face pour ce qui était, en fait, un remake non autorisé du film de Kurosawa se sont finalement réglées à l'amiable. Il tourna d'autres films à Tabernas et à Cabo de Gata, le promontoire rocheux au sud, et fut le pionnier d'un nouveau genre grinçant connu sous le nom de « western spaghetti ».

Pour quelques dollars de plus, en 1965, et *Le bon, la brute et le truand*, en 1966, ont complété la trilogie sanglante de l'Homme sans nom. *Il était une fois dans l'Ouest*, vaste épopée de la frontière, est sorti deux ans plus tard. Mais Leone n'est pas l'unique réalisateur à avoir été attiré par le désert. Depuis les années 1960, ces ravins secs, ces escarpements accidentés et ces collines craquelées à l'ensoleillement fiable de quarante-cinq semaines par an ont servi de décor à un millier de films. Un grand nombre d'entre eux sont des westerns aux titres si génériques qu'ils en deviennent comiques – *Mon colt fait la loi*, *Creuse ta fosse, j'aurai ta peau*, *Le temps des vautours*, *Un cercueil pour le shérif*, *Les brutes dans la ville*, *Tuez-les tous... et revenez seul !* –, mais Tabernas a également servi de décor à d'autres paysages, réels ou imaginaires : les déserts du Moyen-Orient dans *Lawrence d'Arabie* et *Indiana Jones et la dernière croisade*, la sauvagerie hyborienne de *Conan le Barbare* et la mer Dothrak dans *Game of Thrones*.

Depuis ce château maure, un pointeur directionnel indique les lieux proches. Au nord, une butte de grès nommée Cabeza del Águila, « tête d'aigle », sert de toile de fond aux prisonniers en fuite dans *Lucky Luke et les Dalton*. Plus au sud, la plaine blanchie a accueilli le tournage de la bataille de chars du film *Patton*, qui se passe pendant la Seconde Guerre mondiale. Et près de là, sur un promontoire rocheux, je distingue vaguement un ensemble de structures improbables : les murs d'un fort en palissade et quelques tipis. C'est Texas Hollywood, autrement dit Fort Bravo, qui, avec Oasys Mini Hollywood et Western Leone, est l'un des décors survivants où des centaines de ces films ont été tournés.

Des scènes le sont encore, à l'occasion, mais les décors

sont devenus des parcs à thème. Pour un prix d'entrée modique, on peut assister à des spectacles quotidiens de cow-boys avec des fusillades, des cascades à cheval, des bagarres de saloon et des filles de bordel. Ce n'est pas l'Espagne, mais une projection de l'Ouest d'autrefois.

Je ne marche pas seulement dans un désert, mais dans un fantasme.

Le soleil se couche à l'ouest et je redescends de la colline. Plus tard, tandis que j'enlève cinq mouches mourantes de ma bière, un vieil homme dans la rue lance un « *Yeeha!* » bruyant. Il n'obtient aucune réponse et recommence, plus longtemps et plus fort : « *YEEE HAAA!* » Quelques instants passent, puis un « *Yeeha!* » un peu plus sourd venant de plus loin lui réplique. Un étranger à la peau violacée, portant une moustache grise, un chapeau de cow-boy en cuir noir, un gilet en cuir noir et, imprudemment, un minuscule caleçon en cuir noir, s'avance alors. Il a l'air de se faire « yeehaer » régulièrement et de s'y être habitué. Le vieil homme ricane sur son passage, heureux d'avoir provoqué une réaction. Le cow-boy en cuir est accompagné d'une jeune femme aux cheveux teints couleur corbeau. Je capte quelques mots d'anglais dans un accent rock and roll tandis qu'ils me croisent.

Ils semblent aussi marcher dans un fantasme, sans que je sache très bien pourquoi.

Le matin, la lumière dorée qui baigne les rues est cinématographique. Devant mon hôtel, un panneau m'informe que *La vallée de Gwangi* a été tourné ici, un « western fantastique » de 1969 dans lequel des cow-boys combattent des dinosaures dans un monde perdu. Installé avec un café à l'ombre à l'extérieur d'un autre café, j'avise les différentes populations exposées de cette petite ville, chacune à part et bien distincte : les vieux *señores* et *señoras* à leurs tables séparées par sexe ; les femmes roms dans leurs couleurs vives et éclatantes ; l'ivrogne local passant devant l'église dans sa tenue miteuse ; les mères musulmanes dans leurs hidjabs ; les Africains assis à l'écart, en marge des choses, qui observent. Ils sont comme les personnages d'un film. Le cow-boy anglais d'hier soir était aussi en costume.

J'éprouve un sentiment de panique à l'idée de quitter cette ville, dans laquelle chacun a sa place. J'ai l'impression d'être rayé de la carte. Mais d'abord, j'ai rendez-vous avec Standing Eagle.

« Il y a trois types d'individus attirés par le désert. Les as, les jokers et les jokers sauvages. »

Il est grand et très mince, avec des cheveux noirs aux épaules. Le mot « aquilin » a été inventé pour un visage comme le sien. Il a des pommettes hautes, des plis profonds sous ses yeux brun clair et une délicate toile de pattes d'oie, de rides de froncement et de rides de rire, qui se recalibrent dans différentes dispositions lorsqu'il sourit, ce qu'il fait souvent. Ses longues jambes repliées sous la table, il est assis en face de moi et roule une cigarette.

As, jokers et jokers sauvages : cela ferait un bon titre pour un western. « Les as sont les personnes que l'on souhaite avoir près de soi quand les choses tournent mal, explique-t-il. Les jokers, celles dont on ne veut pas. Et les jokers sauvages, celles qui pourraient être l'un ou l'autre.

— Lequel êtes-vous ? dis-je.

— Probablement les trois, selon le moment. »

Il parle de la communauté qu'il a fondée avec sa femme, Bri, dans un endroit appelé Agüilla Salada (« vallée d'eau salée ») sur cinquante-deux hectares de terrain au bord de la sierra. Ils l'ont acheté avec une douzaine d'autres personnes voici vingt ans et y vivent depuis, dans une maison construite – selon Kevin, qui nous a mis en contact – en grande partie avec des matériaux de récupération provenant de bennes, de bâtiments abandonnés et du désert lui-même.

Sur son tee-shirt figurent un tipi, un arc-en-ciel et un serpent. Des mouches se nourrissent d'une petite brèche sur son bras ; cela ne semble pas le déranger. J'apprendrai plus tard qu'il a soixante-quinze ans, mais il en paraît quinze de moins. Son visage est à la fois usé et serein.

Il s'avère que Standing Eagle n'est pas son nom d'origine. Il s'appelle Laurence Burton et vient de Tottenham. Dans le milieu des festivals, en Angleterre, il était connu en tant que Big Eagle et a été rebaptisé Standing Eagle – « car j'étais maître de mon propre espace » – par un professeur de chamanisme lors de son premier séjour en Espagne. Il se considère comme gardien, et non propriétaire, de la terre.

L'histoire de sa vie m'est livrée sous forme de fils entremêlés. Il a grandi à Londres, a suivi une formation de cuisinier, puis est devenu charpentier. La péniche dans laquelle il vivait a coulé avec tous ses biens à bord, ses œuvres d'art et sa collection de disques, ne lui laissant que ses outils, qui se trouvaient dans sa voiture. Il a conduit le véhicule jusqu'à un festival où celui-ci a été volé, avec les outils, par un auto-stoppeur qu'il avait pris en chemin. « La meilleure chose qui pouvait m'arriver. J'étais libre ! » Le malheur ne pouvant plus l'atteindre, il part alors en voyage. Il se retrouve dans la péninsule du Sinaï avec un groupe de Bédouins, où il suit une initiation chamanique de onze jours à l'herbe de jasmin, au cours de laquelle il découvre d'autres dimensions, a des visions d'ovni et est initié aux secrets de la propulsion gyroscopique. « Je n'avais même pas fumé de drogue jusqu'à ce moment-là. J'ai rattrapé le temps perdu. » Plus tard, il a vécu à Amsterdam, où il concevait des avions à propulsion gyroscopique, un principe explicité dans son roman de science-fiction *Les jumeaux astraux*, qui raconte l'histoire d'un nomade de l'espace atlante piégé dans un corps humain.

Ce n'est qu'à l'âge de trente-cinq ans que sa mère lui annonce que l'homme qu'il croyait être son père ne l'est pas. Son vrai père est un Indien pied-noir stationné en Angleterre pendant la guerre, qui a participé au débarquement. Cela explique le visage aquilin, les traits puissamment amérindiens qui l'ont toujours distingué. Cela éclaire aussi, dit-il, sur le lien étroit qu'il ressent avec la terre mère. Et cela fonde peut-être son goût pour les déserts. Au cours de sa vie, il a été amené à vivre dans le Sinaï égyptien, le Néguev israélien et le désert de Thar au Rajasthan. Aujourd'hui, il se sent chez lui ici, dans la banlieue de Tabernas.

Il me vient à l'esprit que son nom est un composé de ceux de deux célèbres explorateurs du désert : T.E. Lawrence (d'Arabie) et Sir Richard Burton. Il termine son jus d'orange et moi mon café. « Tu veux voir notre maison ? » me demande-t-il en écrasant sa cigarette.

Il m'y conduit dans sa camionnette blanche cabossée – gagnée lors d'un pari, apparemment – par un chemin de terre qui remonte la *rambla* que j'ai suivie en descendant de la montagne. Avec les parois de roche rouge de chaque côté, on a l'impression d'être en territoire d'embuscade ; je m'attends presque à découvrir les silhouettes de cavaliers pointant leurs armes. En sentinelle se dresse ce que Laurence appelle le « rocher des dieux », creusé, en alcôve et érodé, dans lequel, dit-il, il voit parfois la figure de Ganesh après que Bri y a déposé des bougies, projetant l'ombre d'éléphants. La *rambla* se rétrécit et s'ouvre, et devant nous se trouve Agüilla Salada.

J'ai aperçu leur maison d'en haut en passant devant il y a deux jours, mais je n'avais pas la moindre idée de ce que je regardais. Je n'en ai toujours aucune. Entourée de caravanes abandonnées, de yourtes, de pièces de véhicules rouillées, du squelette de dômes géodésiques et de structures expérimentales à moitié construites, se dresse une habitation qui défie toute catégorisation architecturale. C'est une chose entre un bâtiment permanent et une tente de nomade. Nous entrons par une porte, ou un mur – je ne sais pas exactement –, dans une pièce qui semble à la fois sombre et légère, poussiéreuse et aérée, fermée et ouverte. Il y a une table en désordre et un assortiment hétéroclite de fauteuils. Des poutres en bois soutiennent un plafond en partie composé de panneaux, de tissu et de verre ; certaines parois sont pleines et d'autres sont de simples toiles. Derrière le poêle se trouve une bibliothèque qui s'avère être la partie arrière de la camionnette Bedford dans laquelle ils sont arrivés d'Angleterre, aujourd'hui absorbée par la maison. Les livres sont recouverts d'une épaisse poussière brune. Lorsque le vent souffle fort, toute la structure se soulève et se tasse comme un navire en mer.

Laurence lance un café et va chercher Bri, qui se repose dans une yourte qui leur sert de chambre. Il lui faut un certain temps pour émerger ; en fait, elle se remet d'une anémie. « Il vaut mieux avoir le cuir épais, dans le coin », dit-elle en guise d'introduction. Vivre ici sans réseau électrique, à la lisière du désert, est difficile – une chaleur infernale en été, un froid glacial l'hiver, et les rares fois où il pleut, les crues soudaines peuvent transformer la *rambla* en une rivière déchaînée capable d'emporter une voiture (elle a déjà emporté Laurence). Par ailleurs, tous deux ont souffert de problèmes de santé ces dernières années. Mais ils ont tenu bon, tout comme sept autres membres de la communauté d'origine – dispersés le long de la vallée dans des habitations autoconstruites similaires – tandis que des pionniers moins tenaces se sont épuisés, ont fait leurs bagages et sont repartis. Les as et les durs survivent, les jokers vont et viennent.

Bri a des cheveux roux, des yeux bleu vif et une peau étonnamment pâle pour un environnement aussi rude ; son rire est râpeux et profond, comme s'il montait de loin. « On vient dans le désert seulement pour apprendre, dit-elle à un moment donné, en me fixant d'un regard lourd. Le professeur, c'est le désert.

— Le désert rend les gens fous », ajoute Laurence. Ils rient tous les deux à ces mots.

Plus tard, je participe à la corvée d'eau, en accompagnant Laurence en voiture jusqu'à la citerne publique située un peu à l'extérieur de la ville. Remplir des dizaines de bidons de huit litres avec la fonte des neiges de la Sierra Nevada et les ramener à la camionnette avec la brouette est un travail épuisant et suant, qui me donne des craintes quant à mes propres besoins en eau. J'ai l'intention de passer une semaine dans le désert, mais il m'est impossible de transporter assez de liquide pour tenir tout ce temps ; une fois que j'aurai trouvé un endroit pour bivouaquer, je devrai faire des allers-retours à la ville pour me réapprovisionner, tôt le matin, avant qu'il ne fasse trop chaud pour marcher. Laurence m'invite à rester la nuit ici pour que je puisse commencer à l'aube. Cela me semble être une façon appropriée de m'installer, une acclimatation progressive :

descendre de la montagne vers la ville puis vers le campement de tentes – et, avant la montagne, le jardin fertile – et au-delà la nature sauvage.

La chaleur monte dans l'après-midi, s'infiltrant entre les murs de la *rambla*, et le soir venu, l'air de la maison est aussi chaud que l'eau du bain. Des chiens sans oreilles, certains appartenant à la famille, d'autres errants, gémissent de temps en temps dans l'ombre. Je sors marcher un peu et je reviens pour découvrir que Laurence – étonnamment, par cette chaleur – a préparé un dîner complet de poulet rôti avec tous les accompagnements, sans oublier la sauce dans sa saucière. « On est anglais ou on ne l'est pas… », dit-il en servant. Le vin qu'il verse doit être tamisé pour filtrer les mouches du vinaigre. Bri sourit en me présentant l'étiquette : *Pata Negra.* « Pied noir ».

Après le repas, Laurence me montre une sélection de ses dessins et diagrammes. Une série de mandalas égrène les Douze Étapes de la Guérison harmonique, un guide de méditation vers une conscience supérieure. La géométrie sacrée sous-tend également ses conceptions d'abris pour réfugiés, des structures symétriques à plusieurs étages qui jaillissent de la terre comme de belles fleurs, et son plan pour un robot, dont je n'ai qu'un aperçu (« Oublie », dit-il dédaigneusement en tournant la page). Son principal objectif d'ingénieur est de mettre au point des machines volantes utilisant la propulsion gyroscopique, qui exploite la force centripète pour générer une portance et une poussée. Au-delà des limites de la physique classique, ce principe est un Graal pour les théoriciens des énergies alternatives, car il en promet une non polluante et presque infinie qui transformerait la société, et peut-être même la conscience. Les modèles ressemblent à des soucoupes volantes. Il a eu un aperçu de cette technologie lors de sa quête de vision au Sinaï. De Moïse et Mahomet aux ciels de la zone 51, les déserts ont toujours été des endroits où l'on reçoit des révélations.

Je vais me coucher avec l'esprit plein d'engins volants, pas dans leur maison, mais en déroulant mon matelas gonflable dans un bosquet d'eucalyptus de l'autre côté d'une colline basse, ailleurs sur leur terrain. Au-dessus de la ligne de crue, dit Laurence, bien qu'il n'y ait aucun soupçon de nuage. Les chauves-souris s'approchent, frôlent presque mon visage ; un partenariat mutuellement bénéfique car je réalise que je suis l'appât des moustiques. Dans la nuit, un hurlement lointain et un cri court et aigu se font entendre. Je suis debout avant l'aube. Aucun chœur du matin ne chante.

Six heures plus tard, je me suis frayé un chemin dans l'ombre d'un canyon aussi profondément dans le désert que possible avant midi. Le soleil est directement au-dessus de ma tête, mais le canyon se tortille et tourne, ombrageant le sol sablonneux entre les couches de roches dressées. Je suis pratiquement nu. Je dégorge ma sueur comme une sorte de drain défectueux et regarde, hébété, les gouttes lentes qui s'accumulent dans mon nombril, où elles débordent à chaque fois que je respire. Je porte une flasque à mes lèvres et en prends une gorgée, mais pas trop. La collection de bouteilles autour de moi totalise vingt-deux litres d'eau.

Les amener dans ce canyon a demandé une dure matinée de labeur. Dans la lumière granuleuse de l'aube, j'ai trimballé les huit premiers litres – trois dans la vessie, deux dans mon sac à dos et un pichet de trois litres dans mes bras – sous le toboggan de l'auto-pont de la N-340a, vide de voitures à cette heure, et j'ai suivi la *rambla* de Tabernas vers l'ouest jusque dans le désert. Le soleil n'avait pas encore franchi les collines et mon premier aperçu de la terre n'était que des gris bigarrés se transformant en silhouettes, les traits refroidis et simplifiés, rabotés en deux dimensions. Peu à peu, les rochers ont pris une lueur radieuse et inquiétante.

Tous les cent mètres, il y avait un panneau rouge, noir et jaune : « Studios de cinéma Fort Bravo 500 m », « Studios de cinéma Fort Bravo 400 m », « Studios de cinéma Fort Bravo 300 m »... un compte à rebours vers l'irréalité. Puis, après un autre virage :

TEXAS HOLLYWOOD

en lettres blanches familières sur une colline d'armoise, une copie du célèbre panneau situé cinq mille kilomètres plus à l'ouest. Il y avait une bifurcation sur la route : la droite menait à l'imaginaire, la gauche dans le vrai désert. J'ai pris le chemin de gauche. L'imaginaire viendra plus tard.

L'argile durcie se brisait avec un tintement de porcelaine sous mes bottes, rappelant que la *rambla* était un lit de rivière longtemps asséché. De chaque côté s'élevaient des falaises de grès et de boue. La géologie était compliquée : à certains endroits, les parois de la vallée ressemblaient à du béton – des coulées gothiques et boueuses – tandis qu'à d'autres, elles s'effondraient en amas de schiste fragile. Venaient ensuite des parois de roche plus dure, aux stries complexes, tordues et repliées sur elles-mêmes, comme si les falaises avaient été extrudées de la croûte.

Après une heure de marche vers le sud-ouest, j'ai découvert ce que je cherchais : au pied de la falaise se trouvait un *cortijo* en ruine – pas plus de quatre murs mal équilibrés, une tentative de colonisation ratée – dans un massif d'eucalyptus, au-delà duquel on apercevait le trou noir d'une grotte. Elle était artificielle, creusée par des pioches, peut-être un endroit pour stocker de la nourriture ou pour abriter des chèvres robustes. J'y ai jeté mes provisions et me suis assis pour respirer un moment. Il était huit heures du matin.

Sans me fatiguer, je suis reparti, dans mes propres traces – la rengaine de tout explorateur du désert –, pour atteindre la ville de Tabernas au son d'une cloche. La communauté se réveillait lentement avec du café, des cigarettes et des bières en guise de premier verre de la journée ; l'ivrogne local était incliné près de l'église, les yeux fermés, avec un sourire rêveur. Dans le petit *supermercado*, j'ai acheté une cruche de huit litres et quatre bouteilles d'un litre et demi : la cruche pour mon sac à dos vide, deux des bouteilles pour les poches du sac et une pour chacune de mes mains. Titubant sous ce poids liquide, je suis reparti en sens inverse.

À mi-chemin, je ruisselais littéralement. Ma chemise n'était plus qu'un lambeau trempé et collant. À la dernière terrasse de café, je me suis effondré pour commander un expresso. Alors que ma sueur s'évaporait et que ma chemise redevenait craquante – un retournement qui a semblé prendre quelques secondes seulement –, j'ai regardé les nouvelles sur mon téléphone.

Erreur.

« L'enfer arrive ! »

Le titre était une citation d'un météorologue espagnol qui mettait en garde contre des températures extrêmes en Europe, une vague de chaleur sans précédent par sa gravité et son ampleur. Du sud de l'Espagne à la Suisse, de la Sierra Nevada aux Alpes, la canicule des prochains jours atteindrait ou dépasserait les quarante, l'humidité donnant plutôt l'impression d'un quarante-sept. Les autorités avaient lancé une campagne pour endiguer la déshydratation, les coups de chaleur et la mort. Il était conseillé aux enfants et aux personnes âgées de rester à l'intérieur. En France, des « chambres froides » d'urgence étaient installées dans les bâtiments municipaux et les examens étaient reportés. Le gouvernement italien parlait de la vague de chaleur la plus intense de la décennie. L'Allemagne, la Pologne et la République tchèque se préparaient à des records de températures, et la Suisse, qui est habituellement vigilante aux extrêmes, avait émis une alerte de « danger grave » pour une grande partie du pays. Même en Scandinavie, la température avoisinerait les trente-cinq degrés. Il allait faire aussi chaud à Berlin qu'à Rome. Les données dans le sud de la France étaient comparables à celles de la Vallée de la Mort.

Mon téléphone bourdonnait de messages inquiets. L'un d'eux était de Dougie. « Une chaleur extrême et dangereuse se dirige vers toi », écrivait l'homme que j'avais vu pour la dernière fois en train de marcher dans la neige du Nord. Un autre message contenait un lien vers une carte météo.

Cette carte ressemblait à la radiographie d'un corps gravement blessé ou à l'image microscopique d'une maladie ravageuse. Une tache cramoisie, couleur puce et pourpre, s'étendait sur les États européens, rose pâle en son centre et jaune pommelé sur ses bords, virulente, maligne, ses teintes, celles de l'infection. C'était comme si la carte de Köppen-Geiger – ces bandes bien définies et apparemment stables qui organisaient le monde en zones de couleur –

avait muté, éclaté ses limites, le Sud ayant explosé vers le nord.

D'un point de vue climatologique, c'est en grande partie ce qui s'était passé : la cause de la canicule était l'air chaud aspiré depuis l'Afrique du Nord par une combinaison de hautes pressions et d'une tempête au-dessus de l'Atlantique. Alors que j'étais venu dans le Sud pour trouver le désert de l'Europe – ce minuscule morceau de faux Sahara –, le vrai Sahara s'était élevé pour engloutir le continent.

Je suis resté assis là longtemps, vérifiant bulletin météo après bulletin météo, revenant sans cesse au traumatisme livide de la carte. Déshydratation, coup de chaleur, mort étaient des possibilités réelles. Qu'espérais-je apprendre en me mettant en danger ? Que la canicule est agréable ? Que les déserts sont secs ? J'ai refait défiler les informations. De nouveaux clients allaient et venaient, commandant des boissons et saluant des amis. Le temps, c'est de la chaleur : plus je perdais de minutes, plus la journée s'embrasait.

J'ai commandé un autre *café cortado* que je n'avais pas envie de consommer, et je suis retourné au rouleau compresseur des températures apocalyptiques. Mon corps était figé par la chaleur, incapable de s'en détacher. C'était comme cet autre matin à Hajnówka, à l'orée de la forêt inconnue, quand l'espace exposé entre moi et les arbres me faisait peur. Sauf qu'ici, l'exposition pouvait être mortelle. Il m'est venu à l'esprit que je ne pouvais tout simplement pas m'y aventurer, ou en tout cas pas aujourd'hui ; l'hôtel était à trois minutes de marche, avec ses draps frais et son ventilateur, et plusieurs étages de chambres libres. Personne ne me blâmerait d'agir ainsi. Il y avait une assez belle vue sur le désert depuis le château maure.

Mais j'ai repensé à ce que Bri avait dit : « Le professeur,

c'est le désert » Le professeur de quoi ? Si je restais en ville, je ne le saurais jamais.

Quitter l'infrastructure de Tabernas était comme me débrancher d'un système de survie. Conscient du soleil qui montait rapidement, j'ai marché aussi vite que possible, revenant sur mes pas sous l'auto-pont. Le compte à rebours vers Texas Hollywood semblait légèrement sinistre, maintenant. Je me disais que tout irait bien si je trouvais un endroit abrité avant midi, une heure qui avait une signification presque superstitieuse, une sorte de temps de la sorcellerie dans le désert. Il était presque onze heures. Je devais me dépêcher. La pesanteur des liquides sur mon dos me vidait et augmentait ma soif, mais la boire m'aurait donné l'impression, illogique, de gaspiller mes efforts. C'était un paradoxe de l'eau : plus on en porte, plus on en a besoin. Le poids et la nécessité allaient à l'encontre l'un de l'autre.

Quand j'ai finalement atteint la grotte, j'ai envisagé de m'y abriter, mais l'atmosphère était étouffante. Dans sa bouche, je me suis assis et j'ai dégoutté, transformant la poussière en boue. En face dans la vallée, des oiseaux – les premiers que j'apercevais de la journée – tournoyaient, gazouillant depuis des alcôves dans un mur de roches alvéolées : une colonie d'hirondelles de rivage, qui s'approchaient tels des poissons autour d'un récif. Elles décrivaient des arcs complexes et frôlaient presque la falaise du bout de leurs ailes lorsqu'elles s'inclinaient et se retournaient, fendant l'air comme de minuscules faux. C'était un soulagement de les voir. En étudiant la paroi rocheuse qui abritait leurs métropoles, j'ai remarqué une brisure étroite et une bande sombre prometteuse. De l'ombre. Une ouverture.

Le canyon à fentes, un affluent sec de ce lit de rivière

évaporée, n'était pas rectiligne, mais se tordait d'avant en arrière dans la roche. La lumière du soleil n'atteignait pas ses abymes. Chaque coude m'attirait vers l'intérieur. L'eau avait laissé sa marque dans les profonds sillons des parois de grès, des ravines et des rigoles sculptées par le passage des crues soudaines. Lentement, je me suis enfoncé plus loin, en amont de ce qui n'était plus un cours d'eau, transportant mes bouteilles par étapes à mesure que je grimpais. Des lauriers-roses et des *cañas* pointaient ici, et à un endroit, j'ai même effleuré les feuilles d'un jeune figuier. En montant sur une lèvre de roche de trois mètres de haut – le bassin de plongée et le contrefort d'une cascade disparue –, j'ai découvert une galerie de formations de pierre érodées : un tapis de champignons, des crêpes et des dômes bulbeux de roche granuleuse dont les bases avaient été rongées, une Cappadoce miniature. Une énième chute sans eau était visible au-delà, et une autre encore. J'ai jeté mes bouteilles et les ai escaladées, en me servant des stries comme des barreaux d'une échelle. Je n'étais pas sûr de savoir comment redescendre, mais il était inutile de l'envisager maintenant : plus je pénétrerais profondément, plus je serais en sécurité. J'ai enfin atteint un niveau supérieur avec un sol de sable jaune, un surplomb de roche lisse, et je me suis arrêté pour reprendre mon souffle.

Un bruit sec : une pierre de la taille d'un poing a ricoché sur la paroi, manquant de peu ma tête. J'ai levé les yeux pour apercevoir une patte arrière poilue battant en retrait. Des débris ont dévalé la falaise et quand j'ai regardé en l'air, j'ai vu, dans le ciel aveuglant, la silhouette d'un bouquetin avec le soleil dans les cornes, parfaitement posé. Nous nous sommes dévisagés fixement. D'autres pierres sont tombées. La bête s'est dissoute dans la lumière.

J'ai enlevé mes vêtements trempés et me suis allongé à l'ombre du surplomb. Comme si c'était le moment, les cigales ont vrombi.

Il restait cinq minutes avant midi.

La chaleur de l'après-midi m'écrase, même à l'ombre. Je ne peux ni bouger ni penser, je peux seulement demeurer assis et respirer. L'atmosphère est lourde, chaude comme le sang, sans vent, étouffante. Je remplis mes réserves internes de sueur en buvant quelques gorgées d'eau.

Le rythme des cigales, qui me démange, se déclenche et s'éteint, comme un circuit électrique qui s'interrompt et se rebranche. Impossible à localiser, il semble ne pas avoir de point d'origine, mais être omniprésent, même dans les rochers et dans l'air. Le bourdonnement maniaque – produit par des cymbales, des structures en forme de côtes dans l'abdomen – s'arrête brusquement dès qu'une créature s'approche, telle une alarme d'intrusion inversée. N'ayant jamais posé les yeux sur aucune, je me surprends à penser que leur bruit est une manifestation de la chaleur elle-même, comme si la température avait été convertie en onde.

De temps en temps, le son est interrompu par le chant des hirondelles de rivage qui traversent l'étroite bande de ciel au-dessus d'elles ; à contre-jour, leurs ailes semblent aussi transparentes que celles des libellules. Parfois, je perçois les voix bouillonnantes et pressantes des tourterelles des rochers. Je m'assoupis et me réveille au son d'une conversation lointaine – une personne bavarde à tort et à travers quelque part dans les profondeurs du canyon – avant de réaliser qu'il s'agit du bourdonnement d'une petite abeille noire. À part ces interjections et la fréquence des cigales – si constante que je ne l'entends plus et que je suis surpris quand elle s'arrête –, il ne se produit rien. Il n'y a que la chaleur, et l'attente.

Maintenant, et cela se confirmera au cours des prochains jours, je découvre que je peux passer de longues périodes sans rien faire, simplement à regarder les rochers et les paysages d'ombres changeants. Il fait trop chaud pour faire autre chose. Il y a des transformations progressives. Après une heure d'immobilité, le bout de mes pieds commence à brûler ; quand j'y jette un coup d'œil, ils sont blancs et brillants. L'ombre dans laquelle je me tiens n'est pas sûre. Une ligne de crue éblouissante s'écoule inlassablement le long de la roche, s'infiltrant dans les parois abruptes, remplissant les creux et les fissures. Elle atteint à présent mes genoux. Je me retire sur un terrain plus élevé, mais le déversement me rattrape. Il gagne ma taille, ma poitrine. Les pierres deviennent des thermomètres en passant du gris au blanc. La lumière me monte au cou, me noie dans la température, et j'imagine – « L'enfer arrive ! » – que la même chose se produit dans toute l'Europe.

Enfin, je suis chassé de ce lieu, réfugié climatique, et de l'endroit suivant, et du suivant. Le canyon bifurque, se rétrécit, s'élargit, se rétrécit et bifurque à nouveau. Par moments, le ciel semble plus lointain, parfois plus proche. Il serait facile de se perdre ; je fais une carte au fur et à mesure que j'avance, esquissant les zigzags, un fil conducteur à travers le labyrinthe. Les *ramblas* sont les avenues secrètes internes du désert, un système circulatoire fantomatique, qui se subdivise et se reconnecte dans des configurations déconcertantes. Je peux me déplacer sans être vu, enfoui dans la terre. Je ne suis pas *dans* le désert, mais en quelque sorte sous lui.

Un étroit couloir s'élève à travers un amas de roche tombée, le ciel se rapproche à nouveau. Le soleil a dépassé son zénith maintenant et la chaleur est moins intense. Enfin, je me retrouve à la surface du désert : un panorama lunaire – martien – de pierres éclatées et brillantes, empilées en dômes en forme de cloche qui s'étendent au loin. Après avoir été caché toute la journée, le fait d'être exposé déconcerte. La lumière est celle d'un autre monde, comme si le spectre avait été modifié vers l'infrarouge. Une étendue de minéraux nus court vers le nord et vers l'ouest, tandis qu'au sud, les collines semblent se jeter contre la sierra, s'entassant comme pour la submerger.

À ma grande surprise, il existe une route rocheuse ici, qui serpente inutilement autour des bosses couvertes de gypse, et fait une boucle pour se rejoindre avant de périr dans un champ de pierres. Certaines de ces pierres bondissent et s'enfuient en courant : de petits lapins couleur garrigue. Des tentatives d'agriculture sont visibles : une demi-douzaine d'oliviers souffrent de façon tordue, et même une parcelle où un Sisyphe masochiste semble avoir ratissé les rochers pour en faire des lignes sillonnées. Néanmoins, le site donne l'impression d'une négligence terminale. Sur ma carte, le désert de Tabernas est marqué de nombreux *cortijos*, mais, d'après ce que j'ai vu jusqu'à présent, peu sont intacts. Que cultivaient-ils ? Des pierres ? Je suis la direction des lapins et remonte la pente.

Ici, le sol plonge abruptement dans la fente d'une nouvelle *rambla* : l'arroyo de Verdelecho, selon la carte. Au-delà s'étend une autoroute – une autre réalité – et, entre l'autoroute et la *rambla*, un village.

Il a quelque chose d'étrange. Pas de voitures, personne. En plissant les yeux face au soleil orange, je distingue des maisons à colombages, une petite chapelle, un hôtel. Il y a un puits avec sa corde et son seau, des bâtiments en adobe blanchis à la chaux tournés vers une place au sol en terre battue, un magasin général terni par les intempéries et… est-ce une potence ? À une distance discrète on devine quatre tipis à l'air triste. J'ai devant moi le plateau de tournage des westerns de Sergio Leone.

Construit à l'origine pour servir de décor principal à *C'era una volta il West, Il était une fois dans l'Ouest* – d'autres scènes ont été filmées à Rome et à Monument Valley, en Arizona –, Western Leone semble aujourd'hui bien dégradé, à une crue de s'effondrer ; le quartier en adobe pourrait subsister (je suppose qu'il s'agit du Vieux-Mexique), mais les maisons à ossature en bois (anglo-saxonnes) paraissent faites d'allumettes. L'espace d'une seconde, je me vois comme toute personne vivante en bas pourrait me surprendre, si elle jetait un coup d'œil en l'air : une silhouette sur la crête, avec son chapeau à larges bords et son regard fixe, prête à dévaliser le wagon postal. Mais le soleil est presque couché. Je laisse l'Amérique derrière moi et me retire dans mon ravin.

Le petit-déjeuner se compose d'un oignon blanc cru, mangé en marchant. C'est étrangement rafraîchissant dans la chaleur, comme un piment fort ; l'astuce est de ne pas trop en prendre d'un coup, d'éplucher une strate à la fois, en ne respirant que par la bouche. Mon Dieu, ce que je dois puer ! Avec trois litres sur le dos, qui devraient durer plusieurs heures, je suis l'arroyo de Verdelecho vers le nord.

Le matin a débuté étrangement frais, une brume épaisse dans l'air. Après avoir caché mes affaires – de qui ou de quoi, je l'ignore – sous un écran de broussailles arrachées et avoir suivi la carte que j'ai esquissée la nuit dernière pour redescendre les méandres du canyon, j'ai essayé de localiser Western Leone, mais je n'en ai pas trouvé trace. C'était peut-être un mirage ou un souvenir déplacé. Maintenant, je suis de retour sous le désert, où la seule vue est celle des parois stratifiées de chaque côté, des coupes transversales de la géologie prises en sandwich horizontalement, verticalement et en diagonale, un défilé de formes : alvéolées et en tuyaux d'orgue, ondulées en éventail, en accordéon, fissurées et affaissées ou érodées tels des crocs pourris. Des rochers-dieux suggestifs, à l'image de celui qui monte la garde au-dessus d'Agüilla Salada. Plus au nord, la *caña* pousse comme le long d'un Nil asséché. Le lit de la rivière devient du sable gris. C'est un paysage de cendres.

Le cliquetis des pierres qui tombent attire mon regard vers le haut. Trois bouquetins – un adulte et deux jeunes – se déplacent avec un calme impossible sur une paroi rocheuse perpendiculaire, grimpant en quelque sorte verticalement, un mouvement qui ne peut être décrit comme une marche et qui n'est pas exactement de l'escalade, mais qui semble plus proche de la lévitation, dans sa pure étrangeté. Sorte de chèvre de montagne sauvage, extrêmement attirée par les lieux arides et inaccessibles, le bouquetin est répandu en Arabie, en Égypte et au Moyen-Orient, avec une petite population dans les Alpes; les animaux qui flottent sur cette falaise appartiennent à l'espèce ibérique, qui compte cinquante mille individus dans les Pyrénées et en Espagne. Celui qui marche devant est un mâle, d'après la taille de ses cornes – des choses disgracieuses, courbées vers l'arrière, évoquant des cimeterres épais, qui font presque la moitié de la longueur de son corps –, comme celui qui m'a tendu une embuscade à coups de pierres hier matin. Les lignes de ces cornes sont archétypales : des bouquetins noir et jaune apparaissent, dessinés avec des points en forme de doigts, dans l'art rupestre paléolithique vieux de vingt mille ans.

Leur histoire dans cette partie de l'Espagne est ancienne et mêlée de magie. Près de la ville de Vélez Blanco, à quatre-vingt-quinze kilomètres au nord d'ici, se trouve la Cueva de los Letreros, la « grotte des signes ». Ses peintures et pétroglyphes, datant de quatre mille cinq cents ans, montrent des formes stylisées de bouquetins, d'hommes et de femmes, d'archers, de chasseurs, d'oiseaux et de cerfs, ainsi que des formes géométriques comme des triangles entrelacés. Le plus célèbre de ces signes est l'emblématique Indalo, qui paraît représenter une silhouette humaine aux jambes écartées et aux bras tendus tenant dans ses mains un arc-en-ciel – censé incarner la protection ; peint sur les murs des magasins et des maisons pour porter bonheur, il a été adopté à titre de symbole d'Almería. Mais la figure du Brujo est plus puissante.

Brujo signifie « sorcier ». Son corps semble être en pleine danse. Il a une tête allongée, une queue ou un pénis qui pend entre ses cuisses et un objet dans une main, peut-être un vase ou un cœur. Ses bras se terminent par des faucilles. Sur son crâne se dressent des cornes de bouquetin, qui reflètent les courbes de faucilles, soit une coiffe chamanique, soit un acte de métamorphose. Mi-humain, mi-animal, le personnage passe d'une espèce à l'autre comme le bouquetin d'un rocher à l'autre, voyageant entre les dimensions.

Quel que soit le système de croyances que ce Brujo ait pu incarner, bien avant l'arrivée des Romains, des chrétiens ou des musulmans, il a disparu comme l'eau qui a façonné la terre. Nous ignorons ce que les bouquetins représentaient pour les gens qui les dessinaient. Mais avec leur agilité, leur maîtrise de différents plans et leur capacité à prospérer dans des environnements difficiles – et, peut-être, leurs yeux rusés, savants et étrangement humains que les préjugés religieux ultérieurs associeront au diable –, il est facile d'imaginer qu'ils aient pu être vénérés. Comme les rennes des Cairngorms ou les bisons de la Białowieża, ils sont un animal totem pour le désert de Tabernas.

En ce qui concerne les autres créatures, plusieurs espèces sont plus communes en Afrique du Nord, et isolées ici de leur aire de répartition par une centaine de kilomètres d'eau. Les pinsons trompettes à bec rouge et les insaisissables alouettes de Dupont sont originaires des régions arides du Maghreb et du Moyen-Orient. Le hérisson d'Algérie et le lézard à pattes épineuses, qui réside au Maroc, en Algérie et en Tunisie, sont inconnus dans le reste de l'Europe en dehors de la péninsule Ibérique. En termes d'arachnides également, Tabernas donne le sentiment d'être une saillie nord de l'Afrique : scorpions jaunes, tarentules et veuves noires se cachent parmi les rochers. « C'est comme une double piqûre d'abeille, m'a dit Laurence à propos des scorpions. Ça fait un mal de chien, mais ça ne te tue pas. Ils envoient aussi un avertissement – ils font *clic, clic, clic.* » Cela ne présage rien de bon pour les nuits dehors ni pour les sandales ouvertes que je porte. Mais pour l'instant, le seul cliquetis est celui des débris qui roulent sur la falaise lorsque les bouquetins montent.

Bercé par la fraîcheur relative de la matinée, je marche pendant des heures vers le nord dans cette vallée encaissée, sans pouvoir résister au mystère du prochain virage. Chacun est un rebondissement qui promet une révélation. Les noms de lieux sur la carte sont des invitations à de sombres aventures : *cortijos de Haza Blanca,* fermes de la Brume blanche ; *El Tesorero,* Le Trésorier ; *rambla el Cautivo,* ravin du Captif ; *barranco del Infierno,* ravin de l'Enfer ; et l'horrible *Quemado del Muerto,* Brûlé du Mort. Je me demande quelles sont leurs histoires et si quelqu'un les connaît encore. L'*arroyo de Verdelecho,* le ravin du Lit vert, traverse Tabernas jusqu'à un hameau du même nom et soudain je m'imagine y marcher, après midi et jusque dans la nuit, pour émerger de l'autre côté du désert dans la peau d'un explorateur du XIXe siècle arpentant le Quart Vide. L'écrivain et écologiste américain Edward Abbey écrit dans *Désert solitaire,* à propos de l'époque où il travaillait comme garde forestier dans le parc national d'Arches, dans l'Utah, que « le désert attire l'homme sans cesse, des canyons aux parois rouges aux chaînes de montagnes bleues et fumées, dans une quête futile, mais fascinante, de l'immense trésor inimaginable que le désert semble promettre. Une fois attrapé par cet appât doré, vous devenez un prospecteur à vie, condamné, maudit, exalté ». Mais il ne me reste qu'un demi-oignon et une ou deux lampées d'eau. Ce n'est pas l'âge des grands explorateurs. Le ravin de l'Enfer et le Brûlé du Mort devront demeurer de vagues cauchemars.

La *rambla* se rétrécit, se resserre en une gorge étroitissime, avant de s'élargir à nouveau en un déchet d'éboulis. Soudain, l'air se remplit d'une puanteur de mort. Ma prochaine respiration est un vomissement. L'odeur est comme un mur. Au moment même où je tourne la tête, la brume qui recouvre le désert depuis l'aube se dissipe pour révéler un ciel bleu brut. L'explosion blanche du soleil m'oblige à chercher des lunettes noires. Les événements semblent sinistrement liés : la mort et le soleil. Je suis à des heures de chaleur et de lumière d'un abri.

Sachant que je suis allé trop loin, je prends ma dernière gorgée d'eau tiède au goût de plastique et commence à revenir sur mes pas le long du Lit vert, doublement mal nommé. Il n'y a pas de repos ici et le sol est blanc, incrusté d'une couche cristalline de sel, ce qui a pour effet d'augmenter l'intensité de ma soif, qui passe de lancinante à insistante, puis à désespérée. À un moment donné, un endroit où pousse de la *caña*, je tombe sur une flaque marron au milieu de la piste – provenant peut-être d'un système d'irrigation ancien – et j'y plonge un doigt plein d'optimisme. Mais le liquide est fétide et saumâtre. Au moins, je peux l'utiliser pour tremper mon chapeau, me rafraîchir la tête et accrocher un rideau ruisselant autour de mon visage, une brève merveille. Qui s'évapore aussi sec.

Aussi sec, aussi sec, aussi sec : un rythme de marche. *Aussi* pour le pied gauche et *sec* pour le droit. La répétition brise l'expression – c'en est une que je n'avais jamais considérée auparavant – et dans le contexte de cette chaleur, les mots deviennent sinistres. Aussi sec… qu'un cadavre qui aurait été abandonné dans un endroit comme celui-ci, une terre de vestiges sans eau : un tas d'os. Le désert ressemble aux parties d'un corps desséché. Le chemin n'est qu'un amas de quartz rosé, de roches pâles comme de la graisse marbrée. Les traces de véhicules cuites çà et là dans la boue semblent fossilisées. Plusieurs kilomètres plus loin, la carcasse d'un pneu de tracteur gît tel un monument dédié à une époque disparue, ce qui pourrait être le cas d'ici peu. La sensation de soif est aussi impossible à localiser que les cigales.

Les signes avant-coureurs d'un coup de chaleur sont la peau sèche, les maux de tête, la respiration rapide, les vertiges, les troubles de l'élocution et la confusion. Je n'ai pas le pire de ces symptômes, mais j'ai le moindre. Ou les ai-je tous ? Dans cette chaleur, cet éblouissement irréel, il est difficile de savoir ce qui est normal. Dans mon esprit, il y a un fait simple et brutal : au-delà d'une certaine température, les mécanismes de refroidissement du corps ne fonctionnent plus efficacement et le système s'arrête. Ce n'est pas un grand mystère. L'échauffement peut être externe ou interne – résultat des conditions environnementales ou du surmenage lié à l'exercice physique – ou une combinaison des deux. Les dommages commencent lorsque la température du corps atteint quarante degrés, soit la même que l'air qui m'entoure actuellement.

À partir de quarante, la transpiration ne suffit plus à refroidir la peau. Une boucle de rétroaction positive s'enclenche : en fonctionnant mal, les systèmes conçus pour réduire la température corporelle ne font que l'augmenter. À quarante et un on est pris de crises d'épilepsie. À quarante-deux, de vomissements et de diarrhées, qui exacerbent massivement la déshydratation. La réorientation d'urgence du sang chaud vers les organes vitaux prive les intestins d'oxygène et exerce une pression sur le cœur, ce qui entraîne un risque d'attaque et d'arrêt cardiaque. À quarante-trois, la pression accrue dans le crâne fait gonfler le cerveau et les organes commencent littéralement à cuire : les vaisseaux sanguins font des hémorragies ; les cellules du foie et des reins sont détruites ; les intestins perforés fuient et les toxines passent dans le sang ; les protéines se désintègrent ; le tissu musculaire fond.

Il y a moins de six degrés entre la température optimale du corps – 37,7° C – et le « maximum thermique critique » qui entraîne un effondrement absolu.

Je pense à la carte en couleurs de l'Europe, aux brûlures livides et aux taches qui ressemblent à des hémorragies, signes extérieurs du coup de chaleur qui sévit sur le continent. Une température de base a été dépassée et les systèmes s'écroulent, les boucles de rétroaction positive se déclenchent partout. Avec l'aridification des climats, l'évapotranspiration du feuillage – comme la sueur du corps humain – ne permet plus de rafraîchir quoi que ce soit. Plus il fait chaud, plus il fait chaud. Les aquifères se déshydratent. À l'image des cellules en surchauffe, les individus et les espèces meurent.

J'apprendrai plus tard que la canicule de cette semaine a décimé mille cinq cents personnes, la grande majorité en France. En 2003, une précédente en avait tué soixante-dix mille en Europe.

Elles ne feront que s'intensifier, d'après les prévisions. Les modèles climatiques montrent que les décès liés à la hausse des températures augmentent d'année en année, car les records deviennent des événements ordinaires. Les travailleurs manuels et de plein air – les agriculteurs et les ouvriers du bâtiment, les cueilleurs de fruits de la mer de plastique – seront particulièrement vulnérables ; dans les régions les plus touchées, ce labeur deviendra physiquement impossible. On prévoit qu'un réchauffement d'un degré et demi allongera de trois mois la durée moyenne des sécheresses dans le sud de l'Europe et de quarante et un pour cent la surface brûlée par les incendies de forêt. Avec deux degrés de réchauffement, ces chiffres passent à six mois et à soixante-deux pour cent. Un réchauffement de trois degrés est exponentiellement pire.

À l'échelle mondiale, il y a moins de quatre degrés entre un climat optimal et l'effondrement absolu.

Aussi sec, aussi sec, aussi sec. Ma salive s'est solidifiée. Une éruption de chaleur, qui me démange, s'est étendue sur mes bras et ma poitrine, au point que ma peau est mouchetée de rouge. Mes globes oculaires sont épuisés. Mais devant moi se trouve une bifurcation et dans le ciel apparaît une aura de taches dansantes qui, à mesure que je m'approche, prennent les contours d'hirondelles de rivage. Je reconnais des formes pierreuses, les murs du *cortijo* en ruine qui marque l'entrée de ma cachette.

Il semble que je suis en train de délirer car j'entends aussi des voix, une conversation animée ou une dispute. Non, c'est une seule voix, en colère ou extatique, qui résonne sur les parois rocheuses au prochain virage. L'hallucination passe de l'auditif au visuel : une sorte de démon chauffé à blanc se matérialise dans l'air, une manifestation de toutes les peurs qui investissent ma tête. La silhouette prend la forme d'un homme en haillons, vêtu d'une chemise verte et d'un short en lambeaux, à la peau brûlée d'un brun rougeâtre, et dont la masse de cheveux crépus et poussiéreux est comme empilée en une immense coiffure afro. Il soulève la poussière et agite les bras en criant au ciel, au soleil, aux rochers, au désert ou à lui-même – je retiens « *mierda!* », suivi de « *Dios!* », – et il s'avance résolument dans la direction d'où je viens.

« *Qué tal?* », « Comment ça va? », je demande alors que l'apparition se rapproche. La réponse crève les yeux. Les siens, injectés de sang, me fixent. Pendant un instant, je pense que le drôle a l'intention de m'attaquer, mais au lieu de cela, il fait un geste dédaigneux avec ses deux mains, comme s'il chassait une mouche. Quand je me retourne, il exécute des pas de danse sautillants, une sorte de gigue provocante de nihilisme accompli. Sur son dos se trouve un petit sac. Il contourne un rocher. Quelques minutes plus tard, je peux encore entendre les échos de sa rage.

« Le désert rend les gens fous », a dit Laurence.

Soit il s'agit de cela, soit je viens de rencontrer le Brujo sans ses cornes.

Mes mains ont tellement soif qu'elles peuvent à peine actionner le couvercle. Quand je porte le pichet à mes lèvres, le poids la fait basculer et l'eau se déverse sur mon visage, gaspillée de façon impardonnable. J'avale une gorgée, puis deux, puis trois. Je les entends rouler en moi, comme dans un tambour vide. Je bois jusqu'à ce que mon ventre soit tendu. Un calme merveilleux me gagne.

La flamme bleue de la gazinière rugit. Un paquet de nouilles instantanées manque me tuer; submergé de glutamate monosodique, je parviens à m'allonger sur le dos, ivre de glucides, le regard tourné vers le ciel. De curieux sanglots me parviennent de quelque part au loin, peut-être de l'homme en haillons verts ou d'un autre djinn du désert.

Au bout d'un moment, j'identifie ce son comme étant celui de ma propre respiration.

Mon matelas, entaillé par un éclat de gypse tranchant comme un rasoir, présente un début de trou. À deux heures du matin, je me réveille inconfortablement moulé au sol, le dos plein de bosses. Le regonfler m'accorde trois heures de répit, avant que je ne me retrouve à nouveau par terre. Le ciel à l'aube est du même azur pâle que sept heures plus tôt.

Les parois elliptiques du canyon ressemblent à des paupières de roche. Je m'allonge à l'intérieur de cette cavité nue en regardant la faible cataracte d'un nuage avancer dans le vide jusqu'à ce que la chaleur le fasse disparaître. Il ne reste alors que du bleu, une profondeur de champ infinie. Une heure défile, puis deux, puis trois. Le soleil revient.

Je ne répète pas ma folle mésaventure d'hier. Mis à part les déplacements préventifs pour éviter que mon corps ne soit exposé, je passe l'après-midi immobile, à surveiller ma température. Désormais, je ne déambulerai que le matin et le soir, lorsque la chaleur est tolérable, le rayon de mon errance se jaugeant à ma réserve d'eau : jamais plus de trois heures de marche du camp. Je ne peux pas cheminer en ligne droite. Je dois tourner autour de ce point fixe, comme si j'y étais attaché.

Je passe les cinq jours et cinq nuits suivants dans ce ravin, une quête sauvage miniature pour une nature sauvage miniature.

À la fin du deuxième, je parle tout seul.

Le temps file de manière étrange, ici. Les longues heures chaudes de l'après-midi ne se mesurent que par la lente migration des ombres sur les rochers et par la diminution de mes litres d'eau, que je compte de façon obsessionnelle. Allongé les paupières mi-closes, ni tout à fait endormi ni tout à fait éveillé, dans une semi-sieste étourdie par la chaleur, j'ouvre les yeux de temps en temps, alarmé : je devrais faire quelque chose ! Mais lorsque je me lève pour avancer un pas dans la lumière, ce milieu hostile, la leçon me revient aussitôt : faire quelque chose est dangereux ici.

Je bois des sels de réhydratation pour faire durer l'eau. J'en veux à la vapeur gaspillée qui monte de la casserole.

L'urine s'évapore. J'enterre soigneusement la merde.

À la fin du troisième jour, une foule de mouches a découvert mon campement et s'agite en un joyeux essaim autour de mon sac-poubelle. Je les imagine un instant errant dans le désert avant de retrouver ma trace. Mes déchets sont leur oasis.

Les cigales font un bruit semblable à de la vapeur s'échappant d'une soupape. Chaque soir, je tente l'exercice de méditation consistant à essayer de saisir le moment où leur chant démarre – il y a forcément une étincelle individuelle à partir de laquelle les autres s'embrasent. En vain. J'ai beau me concentrer, tendre l'oreille pour surprendre le premier son, il est soudain partout et paraît en outre se produire depuis un certain temps déjà. Il n'y a jamais de première note.

Je joue à un jeu similaire avec les étoiles, sans plus de succès. Elles passent de rien à tout, comme le Dieu monothéiste.

Un peu au-dessus de mon campement, là où le canyon s'égalise avec la surface du désert, s'élève une colline noire et brillante qui semble presque vitrifiée. Ses flancs sont couverts de pierres qui glissent sous mes bottes, m'obligeant à me hisser à quatre pattes. Elle ne fait que cinq cents mètres de haut, mais dans ce paysage, c'est une montagne. J'ai pour rituel d'y monter à l'aube et au crépuscule pour voir le spectre chromatique du désert – gris-violet, orange violet, rouge-violet, charbon, cendre, cramoisi, rouge haricot, jaune, brun-gris, terre cuite – émerger et se submerger, un souvenir que la chaleur détruit.

Au nord, c'est un blanc éclatant, toutes les couleurs ont été brûlées.

J'ai des conversations à sens unique avec les scarabées qui se faufilent dans la poussière, des pionniers infinitésimaux qui parcourent leurs propres *ramblas.* L'un d'eux, un visiteur régulier, est un adepte de la sauce au parmesan qui s'écoule des pâtes prêtes à l'emploi que je prépare une à deux fois par jour. Ses mandibules s'activent avec excitation tandis qu'il se nourrit des lacs qui se figent. Après avoir mangé, il retourne dans son propre petit canyon, plein de délice gras. Je me demande à quoi il rêve.

La nuit, le ciel est rempli de minuscules soleils. La *Vía Láctea,* la Voie lactée, s'étend à travers l'univers. Tout en avalant le contenu d'une brique de vin rouge corrosif à un euro – un litre supplémentaire de poids liquide –, je pense aux radiations qui se fraient un chemin dans l'espace pour m'attraper ici, exposé. À peine le soleil s'est-il couché qu'un milliard d'autres se lèvent.

À la fin du quatrième jour, mon camp est envahi. Des scarabées, des mouches, des araignées, des acariens et des mille-pattes – mais pas encore de scorpions – se sont approprié les lieux, convergeant vers ce point depuis toutes les directions. Des pattes aussi fines que des cheveux écaillent mon visage pendant que je dors. Mes pâtes sont pleines de grosses fourmis rouges, cuites à mort dans une sauce au fromage pimentée.

J'ai l'impression que cela pourrait être notre destin à tous, un jour.

Par moments, le matin et le soir, si le vent souffle dans une certaine direction, j'entends des volées de *ping* et de ricochets déformés qui résonnent dans les canyons, un bruit qui n'a aucun sens pour moi. Je mets plusieurs jours à l'identifier comme un coup de fusil.

Au début, je pense qu'ils proviennent de chasseurs – la Société de chasse de la Vierge de la mer s'aventurant depuis la sierra, peut-être, à la recherche de cornes de bouquetin. Mais ils sont les fruits de quelque chose de bien plus surréaliste : les combats de cow-boys qui ont lieu deux fois par jour à Texas Hollywood. Le son porte à des kilomètres, dans l'air clair du désert. En tant que marqueur fiable du temps, il devient étrangement réconfortant, un rappel que je ne suis pas seul avec les insectes et le soleil. Il y a d'autres humains là-dehors, même s'ils sont en train de réaliser un fantasme malsain.

Une fin d'après-midi, au retour d'une promenade le long de l'arroyo de Verdelecho, je découvre une vaste falaise rouge qui semble chanter. Les notes d'une voix éthérée émanent de la roche, s'élèvent et retombent sur des vagues de cordes qui se gonflent. À ma grande surprise, je connais la mélodie : c'est le thème lyrique sans paroles d'*Il était une fois dans l'Ouest*, composé par Ennio Morricone et interprété par Edda Dell'Orso. L'air doit dériver jusqu'à moi depuis le plateau de Western Leone – invisible à mes yeux, au pied de ce ravin – et résonner sur la falaise opposée, sûrement imperceptible d'ailleurs. Je suis le seul auditeur dans un auditorium de pierre.

L'écho n'est pas l'unique réfraction que la musique opère. Écrite par un compositeur italien pour évoquer une frontière réimaginée sur un continent lointain, un siècle après que celle-ci avait cessé d'exister, et jouée en boucle dans un parc d'attractions espagnol à l'abandon, plusieurs degrés la séparent de son fondement historique. Grandiose, mélodramatique, tragique, absurde, héroïque, elle ne ressemble en rien à ce qu'on a pu entendre dans l'Ouest américain au XIXe siècle. Et pourtant, elle est devenue emblématique de cette époque. C'est une chanson de fée de l'Ouest sauvage, une obsession électronique.

Les compositions ultérieures de Morricone hantent également ce paysage. De retour au campement, je gaspille de la batterie précieuse pour écouter certains des thèmes téléchargés sur mon téléphone : *Pour une poignée de dollars* et d'autres BO des films de Leone. D'une certaine manière, Morricone – un ami d'enfance de Leone qui, comme lui, ne parlait pas anglais et n'avait jamais traversé l'Atlantique – a eu un effet encore plus grand sur l'imaginaire du public. Les coups de pistolet, les claquements des fouets en cuir et, surtout, le célèbre sifflet du *Bon, la brute et le truand* – un trille de notes devenu synonyme de regards échangés, et soutenus, à une distance folle, et de doigts qui se crispent sur la crosse d'un revolver dans son étui – sont désormais indissociables des conceptions de cette époque. La musique fournit une bande sonore non seulement au mythe du cow-boy, dans tout son machisme et son absurdité, mais également à l'Amérique dans ce qu'elle a de plus agressif et de plus sûr de soi, la frontière toujours plus grande de la « Destinée manifeste ».

Jamais un génocide n'a été enregistré avec autant d'amour.

Au bout d'un moment, les fusillades lointaines perdent leur caractère irréel et deviennent aussi normales que le bruit des cailloux qui tombent. Parfois, j'entends un hurlement lugubre, rallongé par la distance, qui s'avère être celui des freins des camions sur l'A-92 en direction de Gérgal. Je rejoue le sifflet de Morricone, l'appel et la réponse du tireur. Il résonne sur les parois du ravin, naturel comme le chant des oiseaux.

Au sud de la roche chantante se trouve un autre rêve. Une heure de marche m'amène près des contreforts de la sierra – avec en toile de fond une montagne déclassée qui a l'apparence d'une tête difforme ou d'un légume racine en décomposition, un céleri-rave blanchi et affalé dans la chaleur –, où s'étire une parcelle de désert tout à fait différente des *ramblas* plus au nord. À la base de la butte s'étend une *playa* de sable éblouissante, atomisée par les pentes au-dessus, presque trop immaculée pour être regardée, qui se termine par le vert surprenant d'une oasis.

À part quelques eucalyptus ou robiniers faux-acacias, et une brève rencontre avec un figuier, ces palmiers sont les uniques arbres que j'aie croisés depuis des jours. Le seul bruissement de leurs frondes, fouillées par le vent, suffit à faire baisser la température de mon corps de quelques degrés. Pousser dans leur protection est comme être absorbé. À travers un écran de feuilles dentelées, je regarde à nouveau la lumière éblouissante. Sûr et calme, à l'abri, je suis de nouveau dans la Białowieża. Mais ces arbres, contrairement à ceux-là, ne sont pas censés se développer ici.

Les seuls palmiers indigènes d'Europe sont le palmier éventail européen (également connu sous le nom de palmier nain méditerranéen) et le palmier dattier crétois. Tous les autres ont envahi les lieux ou été introduits. Mais les individus qui m'entourent sont moins des espèces invasives que des figurants de cinéma; comme beaucoup de choses dans l'unique désert d'Europe, ce sont des lambeaux de fiction.

Le réalisateur anglais David Lean est venu ici au début des années 1960, avant que Leone n'ait construit les murs de son premier saloon. Le tournage de *Lawrence d'Arabie* fut une entreprise épique, impliquant une équipe de plus de mille personnes, des centaines de chevaux et des dizaines de chameaux importés de ce qui était alors le Sahara espagnol. De nombreux figurants « arabes » étaient joués par des Roms locaux. La scène tournée à cet endroit montre T.E. Lawrence (Peter O'Toole) et Sherif Ali (Omar Sharif) allongés sur un fond d'abondance paradisiaque. Autour d'un point d'eau ombragé, des tribus arabes et leurs chameaux font une halte après avoir combattu les Ottomans. Sharif, d'une beauté sévère, vêtu d'une austère djellaba sombre, sirote du thé et frappe de temps en temps un subordonné avec sa canne. O'Toole, blond, en costume de safari, est à l'opposé du spectre chromatique, décoloré de la tête aux pieds à l'exception de ses étranges yeux bleus. Ils évoquent le schéma « chapeau blanc, chapeau noir » des premiers films de cow-boys, sauf que ni l'un ni l'autre n'est un méchant ou un héros.

Les palmiers ont été amenés ici depuis Alicante, à deux cent quarante kilomètres de là. La scène dure moins de trois minutes sur un long-métrage de près de quatre heures.

Une fois son tournage terminé, la production s'est déplacée vers un nouveau décor, au Maroc. Les acteurs sont partis. Les caméras sont parties. Les chameaux sont partis. Les palmiers sont restés.

L'eau a disparu depuis longtemps, vraisemblablement évaporée.

Le vrai Lawrence, un archéologue qui devint un représentant clé de la révolte arabe contre l'Empire ottoman pendant la Première Guerre mondiale, appartenait à une lignée de voyageurs européens du désert remontant au XIXe siècle. Alors que les pionniers traversaient les déserts d'Amérique du Nord à la recherche de terres fertiles, des explorateurs britanniques, français et allemands organisaient des expéditions dans les zones arides d'Afrique du Nord et du Moyen-Orient. S'il existe des parallèles culturels – les inévitables « conquêtes » et « pénétrations », l'entêtement colonial à remplir les espaces vides sur la carte –, ces pérégrinations dans des terres poussiéreuses avaient des objectifs différents. En Amérique, personne ne désirait arpenter des étendues de sable et de roche sans eau, des régions que même les populations indigènes préféraient contourner. On le faisait seulement pour atteindre le côté opposé. En revanche, les explorateurs occidentaux du Sahara et de Rub al-Khali, le Quart Vide de l'Arabie, étaient attirés par ces lieux de façon obsessionnelle. Le désert n'était pas un moyen de parvenir à une fin, mais une fin en soi. Comme l'Arctique et l'Antarctique à l'autre extrême de la température, ces paysages rudes – apparemment dépourvus de tout sauf de chaleur – sont devenus des terrains d'essai naturels pour le culte de la masculinité impériale.

L'idée que les déserts sont des creusets, des lieux de purification capables, en quelque sorte, d'éliminer la corruption, remonte à l'aube du monothéisme. Moïse, Jésus et Mahomet, les prophètes des trois religions abrahamiques – adorateurs du dieu du ciel et de la lumière dévorante –, ont tous reçu leurs révélations dans des zones arides BWh, tout comme les Pères (et les Mères, moins connues) de l'Église chrétienne primitive. Dans *Dans l'infinité des déserts*, l'écrivain William Atkins retrace cette association entre les environnements désolés et l'accomplissement spirituel. Le désert est « solitaire, impie, mortel, stérile, sans eau, sans piste, impraticable, infesté, maudit, abandonné – et pourtant, dans le même temps, l'endroit de l'illumination, de la contemplation et du sanctuaire. Et, au milieu de ces horreurs, la paix – une paix magnifiée par ces dernières ».

Contrairement à l'Amérique du Nord, où les pionniers ne manifestaient guère que du mépris à l'égard des peuples autochtones dont ils arpentaient ou envahissaient les terres, en Arabie – confrontée à certains des paysages les moins hospitaliers de la planète – l'attitude des explorateurs blancs était largement plus respectueuse. Bien qu'il y eût certainement des préjugés raciaux et religieux, ils utilisaient des guides bédouins et demandaient leur autorisation aux tribus locales dont ils voulaient traverser les territoires; ils mangeaient ce que mangeaient les Arabes, montaient des chameaux à la manière des Arabes et portaient des vêtements arabes. Une prédilection commune pour le militarisme et le monothéisme explique peut-être en partie cette affinité. Ils manifestaient aussi une admiration pour la dureté, l'ascétisme et la discipline des gens du désert, des qualités également considérées comme des vertus impériales.

Profondément plongé dans la culture arabe pendant ses années de guerre dans le désert, Lawrence, pour le dire en des termes contemporains, s'était intégré. Parlant couramment l'arabe et sachant cheminer à dos de chameau, il était connu sous le nom d'El Aurens, une arabisation de son patronyme anglais (par opposition à O'Toole, que les Arabes surnommaient, avec leur talent coutumier, Ab al-Isfanjah, le Père de l'éponge, à cause de son habitude de garnir sa selle avec du caoutchouc mousse). L'immersion fut profonde et changea Lawrence du tout au tout. « Les efforts fournis pendant ces années pour vivre dans le costume des Arabes et pour imiter leurs fondations psychiques m'ont libéré de mon identité anglaise et m'ont permis d'observer l'Occident et ses conventions d'un œil neuf : ils ont tout cassé, me concernant », a-t-il écrit dans *Les sept piliers de la sagesse.* L'épreuve du désert avait fonctionné, l'avait changé en quelqu'un d'autre, mais sans le rendre parfaitement authentique pour autant; son identité arabe n'était « qu'une affectation. On peut facilement faire d'un homme un infidèle, mais on peut difficilement le convertir à une foi différente. J'avais abandonné une forme, mais pas endossé l'autre ».

Sa loyauté divisée n'était pas seulement culturelle, mais aussi, et de façon tragique, politique. Après avoir incité les

Arabes à se révolter et donné l'assurance du soutien britannique à leur indépendance après la guerre, il a vu les Britanniques et les Français s'emparer des anciennes provinces ottomanes, et se répartir le Moyen-Orient entre leurs empires. Pour les Arabes, la trahison fut totale ; concernant Lawrence, il ne se remit jamais tout à fait de cette culpabilité. Traumatisé par la guerre – il avait été battu et peut-être même violé par des soldats ottomans en 1917 –, il est mort à l'âge de quarante-six ans dans un accident de moto dans le Dorset.

Les palmiers de cette oasis de fiction, importés depuis des centaines de kilomètres pour servir de toile de fond à une scène entièrement inventée (le personnage de Sherif Ali a été créé pour le film), demeurent ici tel un monument parfaitement aléatoire. Ils sont une variante en lambeaux du bosquet de la Stara Białowieża, ces anciens chênes centenaires polonais incarnant les héros nationaux. Comme l'homme qui devint El Aurens, ils sont à la fois une chose et une autre, des greffes réussies qui, cependant, n'ont pas vraiment leur place. Ils sont devenus des autochtones, eux aussi, dans cette fausse Arabie.

Une rafale chaude me balaie soudain. Les feuilles de palmier râpent comme des scies. Quittant l'ombre de l'oasis, je marche le long de fissures profondes dans la terre et de ruines de vieux murs de pierre, vers le sud sous l'arche bruyante de l'A-92. Quelque part dans les collines devant moi se trouve un lieu connu sous le nom de rocher du Crocodile, où une scène emblématique du *Bon, la brute et le truand* a été tournée. Je pourrais également chercher l'endroit où un char allemand s'est jeté d'une falaise dans *Indiana Jones et la dernière croisade*, ou bien celui où John Lennon a joué dans *Comment j'ai gagné la guerre* (son seul rôle dans un film qui ne soit pas des Beatles; il a aussi écrit « *Strawberry Fields Forever* » à Almería).

Mais la perspective est laide et peu engageante, rendue oppressante par le bruit blanc de l'autoroute, et ma laisse d'eau invisible me tire vers le campement. Je n'ai pas la motivation nécessaire pour marcher sur les traces des réalisateurs, aligner les angles sous lesquels ils ont filmé telle ou telle scène, tels ces chasseurs de nostalgie qui assurent un revenu régulier aux guides touristiques de Tabernas. J'imagine que la plupart de ces gens sont des hommes d'un certain âge : sérieux, légèrement obsessionnels, modestes adeptes d'Internet et avec des familles restées à la maison. Ils viennent dans le désert comme des collectionneurs de fossiles, à la recherche de souvenirs.

Je n'ai croisé ces passionnés de cinéma qu'une seule fois pendant mon séjour à Tabernas. Je m'attendais à en rencontrer plus, mais la canicule les maintient à l'intérieur. Sur le chemin du retour de l'oasis de Lawrence, un 4 × 4 blanc musculeux me dépasse dans un nuage de poussière et s'arrête à l'ombre de la paroi de la *rambla.* La vue d'un véhicule, si proche, est légèrement choquante. Les portes s'ouvrent pour laisser sortir deux jeunes gens en shorts et chemises, vifs et frais, qui pointent leurs téléphones portables. Leur guide, un type plus âgé, leur désigne un point particulier du paysage – peut-être un endroit où un homme de loi est tombé dans une embuscade ou un groupe d'assaillants comanches a hérissé ses coiffes au-dessus d'une crête. Mais, à mon approche, leur attention se tourne vers moi. Je me vois soudain à travers leurs yeux : gris de poussière, strié de sueur, pas douché depuis presque sept jours, ostensiblement seul. Ai-je parlé tout seul? Je suis à peu près sûr que je n'ai pas crié – et certainement pas dansé. Mais il est plus que possible que j'aie exprimé quelques pensées, que j'aie prononcé quelques paroles à haute voix, à la portée de l'ouïe de ce jeune duo propre et frais.

J'imagine comment cela pourrait se passer : ils me lancent un prudent « *Qué tal ?* ». Et « *Aargh ! Dios ! Mierda !* » m'échappent en retour.

Au lieu de cela, je leur tire mon chapeau – la formalité me semble appropriée – et les laisse à leur tour des souvenirs, en me retirant hors de vue. Quelques minutes plus tard, en entendant le moteur, je me jette derrière un bloc de pierre. Un instinct de Brujo me pousse à me cacher alors que le véhicule passe en grondant, accompagné d'un monologue amplifié se répercutant sur les parois rocheuses. Je ne retourne à la lumière du jour qu'après son départ.

Un filet de cailloux dégringole. Tout en haut de la falaise, un bouquetin grimpe tranquillement. Je lui tire mon chapeau, pensant qu'il pourrait comprendre.

Je vois l'homme en haillons verts une nouvelle fois. Le *loco,* le fou du désert ; il semble offrir une vision de ce à quoi je pourrais moi-même ressembler si je restais trop longtemps. Il se trouve de l'autre côté de la *rambla* de Tabernas et grimpe avec les pieds et les mains une pente raide, toujours en train de délirer, mais moins furieusement qu'avant. Je ne sais pas s'il m'a aperçu, ni si cela a de l'importance.

L'impulsion de le suivre me vient en partie de la curiosité et en partie de l'inquiétude. Vit-il vraiment là-haut ? Est-ce qu'il va « bien » ? Le lendemain matin, je remonte prudemment la même pente, m'arrêtant sur sa crête pour scruter le terrain devant moi. La vue qui m'est révélée est inattendue : un paysage de boue blanche, éruptive, entièrement cachée d'en dessous, comme les conséquences d'une série d'explosions aléatoires. La peau de la terre s'est décollée pour laisser apparaître un monde intérieur fait d'arcs en ruine et de grottes peu profondes, dont les plafonds sont partiellement effondrés, des zones où le sol s'est affaissé et est passé à travers. Il n'y a aucun signe de lui, mais il pourrait être n'importe où.

Avec une certaine appréhension, je descends sur ce terrain étrange. Mes pieds s'enfoncent légèrement à chaque pas. Des murs de boue s'élèvent de part et d'autre, renvoyant la chaleur réfractée ; leur texture est semblable à de la chair craquelée ou aux voies métaboliques d'un cerveau desséché. Il y a différentes gammes de formes répétitives qui ressemblent à des coquilles de patelles, des éventails alluviaux créés par des sédiments rejetés par le haut, puis déposés en formant des angles pyramidaux identiques de repos. L'effet combiné est fractal, presque psychédélique.

Il serait facile de se perdre, ici ; beaucoup plus difficile d'être retrouvé.

Le terme topographique approprié pour un terrain comme celui-ci est « bad-lands ».

Aucun autre vocable lié au paysage n'est aussi brutalement évocateur. Il vient de *mako sica*, littéralement « mauvaise terre » (dans certaines versions, « terre des mauvais esprits »), le nom sans fard que les Lakota donnaient aux panoramas de canyons striés de l'actuel Dakota du Sud. Les pionniers canadiens-français l'ont décrit comme de « mauvaises terres à traverser », et le terme s'est répandu pour qualifier des territoires similaires à travers l'Amérique du Nord : du Badlands National Park, dans le Dakota du Sud, au Makoshika State Park, dans le Montana, en passant par les Cheltenham Badlands de l'Ontario et les Big Muddy Badlands de la Saskatchewan. El Malpais, au Nouveau-Mexique, classé monument national, tire son nom de l'espagnol *mal país*, « mauvais pays ».

Tabernas n'est pas uniquement le seul désert d'Europe, mais aussi sa plus grande zone de *mal país* (les autres sont les *calanchi* d'Italie et les calanques du sud de la France). Le désert est le climat et les bad-lands la topographie. Le terme est à la fois culturel – synonyme de hors-la-loi, d'esclaves en fuite et de tribus récalcitrantes – et géologique : « une région marquée par une sculpture érosive complexe, une végétation clairsemée et des collines aux formes fantastiques », selon la définition du dictionnaire. Avec leurs étranges répliques et leurs silhouettes tordues et torturées en forme de buttes et de tourelles, de champignons à l'équilibre précaire et de phallus contorsionnés, ces bad-lands évoquent un sentiment de profonde bizarrerie ; une telle architecture doit certainement être l'œuvre non pas d'un dieu amoureux de l'ordre, mais d'une main diabolique, voire démente. Ces paysages se caractérisent par des flèches irrégulières et effilées appelées cheminées des fées ou hoodoos, que l'on trouve dans les régions érodées de l'Utah à la Cappadoce. De manière révélatrice, le mot *hoodoo* dériverait de « vaudou », une association (dans l'esprit des chrétiens, du moins) avec des forces surnaturelles malveillantes et la malchance. C'est une version topographique de « Là résident des monstres ».

Mais ce ne sont pas des monstres qui se cachent derrière cette bizarrerie. Comme il est dit dans l'un des livres de voyage de Kevin – mon exemplaire est maintenant aussi couvert de poussière que les ouvrages dans la camionnette-bibliothèque de Laurence et Bri –, « les bad-lands sont susceptibles de se produire si les trois facteurs clés suivants sont présents : un climat sec avec des averses violentes occasionnelles, des roches molles qui sont facilement érodées et des pentes qui permettent un écoulement rapide de l'eau à la surface ». L'héritage de l'eau est partout, une sculpture et un lissage fluviaux qui ont donné sa forme à cette terre. Mais son influence ici est plus ancienne que les inondations et les pluies.

Voici huit millions d'années – lorsque le climat était plus chaud et les océans plus hauts qu'aujourd'hui –, tandis que la majeure partie de l'Europe du Nord était constituée de prairies parcourues par des troupeaux d'ongulés, cette région du sud de l'Espagne était recouverte par une mer. Les falaises de récifs coralliens fossilisés de la Sierra de los Filabres et la cuvette voisine de Sorbas indiquent où se trouvait le littoral, loin au nord de son emplacement actuel. À cette époque, le miocène, les baleines et autres espèces de cétacés prenaient doucement leur forme moderne. Ces eaux peu profondes auraient été riches en mollusques et en crustacés. Pendant des centaines de milliers d'années, une lente pluie d'organismes a dérivé vers le fond sablonneux, se compactant en couches de calcium et formant les roches sédimentaires – grès, calcaire, argilite et marne – qui constituent les parois tordues des *ramblas* d'aujourd'hui.

Quand, il y a sept millions d'années, la Sierra Alhamilla a été soulevée par des mouvements tectoniques, les montagnes ont agi comme un barrage, séparant le bassin de Tabernas de la mer ouverte au sud. La région est restée une mer intérieure pendant trois millions d'années supplémentaires. Par un étrange revirement climatique, la même chaîne qui retenait l'eau à l'intérieur la maintient désormais à l'extérieur, empêchant l'humidité de la Méditerranée actuelle d'atteindre les terres.

Si le Lairig Ghru des Cairngorms est la forme négative de la glace, cet endroit, le plus sec d'Europe, est la forme négative de l'eau. Le nom du petit musée de Níjar – *Museo Memoria del Agua* – prend un sens plus profond, ne faisant pas référence à la mémoire de moulins vieux de quelques centaines d'années, mais à l'absence d'eau qui existait au-delà de la mémoire. Ou peut-être ce désert n'est-il pas un vivier de souvenirs, mais une prophétie : alors que la planète retourne vers la chaleur du miocène, les mers remontent, réclamant les espaces vides qu'elles remplissaient jadis. Un jour, le mur de barrage de la sierra pourrait se rompre et un lac salé refluer, clapotant sur les récifs fossilisés et transformant le grès en sable. Les baleines, s'il en restait, pourraient projeter leurs ombres sur ces collines. Ces terres désertiques qui étaient autrefois de l'eau pourraient le redevenir.

Mais il n'y a aucun signe du *loco*, aucune trace de vie du tout. Pas d'oiseaux, pas d'insectes, pas même de plantes; rien ne peut s'imposer dans ce paysage de boue fragile et écaillée. Je prends une bifurcation dans le labyrinthe craquelé, puis une nouvelle. Chaque décision m'entraîne plus bas, plus profondément dans le vide. Tremblant de chaleur, inondé de sueur, je me fraie un chemin le long d'une crête étroite vers une grotte qui s'affaisse comme une bouche tournée vers le sol. Je m'attends à moitié à trouver sa tanière, mais il n'y a nulle part où s'allonger, nulle part où s'asseoir, juste des blocs de boue fissurée et de la poussière. De la poussière partout. Un tunnel conduit vers le bas et je m'abaisse pour le suivre. Les boulets de terre compressée se brisent dans des bruits sourds sous mes bottes. J'émerge dans une nouvelle grotte plus délabrée que la première. Dans le sol, un gouffre mène encore à un niveau inférieur. Tout en haut, une cheminée s'ouvre sur un point bleu du ciel. L'air est étouffant, ici. La chaleur est vraiment infernale. Je transpire tellement que j'y vois à peine. Qu'est-ce que je fais là ? Je reviens maladroitement sur mes pas, coupable d'avoir déboulé dans son monde secret, territoire aussi troublé et inquiétant qu'un mauvais rêve. Veille-t-il quelque part derrière un rocher, ou me jette-t-il un sort depuis une zone d'ombre ? Fuyant Dieu seul sait quoi, il ne veut pas être trouvé. Depuis la crête de la *rambla,* je fais une pause pour regarder en arrière quand j'aperçois du mouvement en bas : quelque chose de sombre s'élève d'une galerie de cheminées des fées. Un oiseau de proie – une crécerelle, me semble-t-il – descend en piqué et disparaît. Puis le dédale est à nouveau vide.

Ce soir, je passerai ma dernière nuit dans ce ravin. Gonflant une fois de plus mon matelas crevé pour rien, je pense au *loco* endormi – dort-il ? – non loin de là, niché dans ce sol crevassé. Une réflexion me vient : y en a-t-il d'autres comme lui – d'autres comme moi – quelque part là-bas, en train de regarder les milliards de soleils se lever, terrés dans leurs bad-lands privées ?

Je ne suis pas les *ramblas,* je quitte mon ravin par un chemin différent, par le haut et dans la partie désertique plus élevée, au nord. C'est la fin de l'après-midi et la chaleur a dépassé les quarante degrés, aujourd'hui ; si c'était la même chose dans mon corps, je serais en phase de crise et mes cellules commenceraient à se déformer. Mais il me reste deux litres d'eau et la confiance d'avoir survécu à une semaine dans la nature. Je n'ai pas encore fini. Pour ma dernière nuit dans le désert, je veux dormir dans un endroit en hauteur, avec vue sur les fonds marins asséchés du miocène, donc je gagne les *mesas* – les montagnes « tables » – qui s'élèvent au nord-ouest de la ville et de son fort maure. Elles portent des noms d'animaux : *La Tortuga*, la Tortue ; *Cabeza del Águila*, Tête d'Aigle ; des esprits gardiens du désert préservés dans la roche vivante. Traversant une *playa* de sel craquant, un dépôt minéral rejeté par les collines, je laisse une ligne d'empreintes parfaites comme sur un champ de givre. Des *cortijos* en ruine sont éparpillés, tentatives de colonisation abandonnées, avant-postes téméraires de culture repoussés par des conditions difficiles.

Une longue butte d'herbes jaunes m'amène au sommet de la *mesa*, dont je suis la crête vers le point de chute. Il arrive soudainement, un plongeon dans un espace ouvert comme le bord du Grand Canyon ; je pense aux chariots qui s'arrêtent et aux pionniers qui se grattent la tête de désespoir. Une peau de serpent flotte sur un rocher, un drapeau indiquant le danger.

Une série de manœuvres imprudentes m'entraîne sous la lèvre de grès qui forme la limite de la *mesa*, où je trouve un promontoire. Il dissimule un lit de poussière de plusieurs mètres de profondeur, parsemé de crottes de bouquetin. Au bout de plusieurs minutes à ramasser la poussière pour lui donner forme, j'ai créé un espace creux juste à ma taille. La roche est comme une vague de surf fossilisée qui se courbe en surplomb de moi, m'enveloppant, me cachant à la vue. Suspendue au-dessus du vide, elle est étrangement réconfortante. Le soir venu, alors que les anciens fonds marins sont inondés d'une lumière orange éblouissante, un vent se lève au bas du canyon et se précipite à ma rencontre. Il crée une tempête de poussière qui fait rage jusque tard dans la nuit, une tornade de poudre étouffante dont je suis l'épicentre, me forçant à me couvrir les paupières et à respirer dans des souffles courts protecteurs. Je ne peux pas cuisiner ni vraiment bouger, je ne peux que me blottir et attendre que ça passe. Au matin, ma peau et mes cheveux sont gris, mes yeux remplis de sable, mon nez plein, mes poumons obstrués; ma bouche accueille des sédiments chaque fois que je tousse. Alors que je descends de la *mesa* par le chemin escarpé, en suivant les sentiers sinueux des bouquetins, mes vêtements claquent en soulevant des nuages comme s'ils sortaient du sac à craie d'un grimpeur.

La poussière se déverse de mon corps en coulées de boue miniatures, torrents cascadant, récurant les buttes de mes chevilles et les hoodoos de mes orteils. La cataracte me nettoie, ôte des décennies à ma peau. Je me trouve dans la même douche, dans le même hôtel une étoile, et je ressens un luxe inimaginable. Le linge du lit est impeccable et le ventilateur au plafond résonne comme un vieil ami. Je fais ensuite une sieste profonde et me réveille au son des cloches de l'église.

Revenir dans ce bled est déconcertant. Les ombres des palmiers sont trop précises, le bleu de la piscine municipale est irréel, tout à fait incroyable, et les gens dans les rues ressemblent plus que jamais aux figurants d'un film sur la vie en Andalousie : *Il était une fois dans le Sud.* Des vieillards coiffés de casquettes plates s'habillent de cardigans en laine par une chaleur de plus de quarante degrés; plusieurs générations de femmes traînent leurs chaises dans les allées pour fumer ensemble et juger joyeusement les passants. D'un café l'autre, j'enchaîne les boissons glacées jusqu'à ce que mon urine, de couleur ambrée, redevienne claire. Un seul verre de bière du soir suffit à me rendre instantanément ivre.

Sur le chemin du retour à mon hôtel, je croise un saint voyageur. Il est hissé, avec beaucoup de solennité et de joie, à la tête d'une procession qui sort de l'église et fait le tour de la ville, accompagnée par une fanfare qui joue un air lourd et mélancolique. Des petites filles vêtues de leurs plus belles robes de dentelle répandent des pétales de rose dans les rues. Les hommes et les femmes portent des icônes et des bougies dans des verres rouges. Le flux est irrésistible ; malgré la fatigue, mon corps est entraîné dans le dédale de voies aussi étroites et abruptes que les parois de la *rambla*, dans les canyons des rues plus larges et les plaines des places. Bloquée dans des tourbillons de ragots de voisinage, la procession va et vient, prend de la vitesse dans les descentes avant de se rassembler sur une place publique bien ordonnée. Le prêtre, qui marche sous un auvent doré porté par quatre hommes en costume sombre, balance son orbe de fumée sucrée. De là où je me tiens, son visage est masqué par l'objet du trésor sacré qu'il brandit : un miroir circulaire en argent dans une gloire de rayons dorés.

Le saint patron, quel qu'il soit, devient insignifiant. Il me semble que cette foule suit une effigie du soleil.

Il y a un certain point d'observation non loin dans le désert – il devrait être marqué d'une plaque – où Tabernas offre les deux visions contradictoires de lui-même. D'un côté, le château maure en ruine rappelle une histoire qui a vraiment existé – huit siècles de domination islamique et un melting-pot culturel qui a tout influencé, de la langue à l'architecture en passant par l'ADN des Andalous d'aujourd'hui – mais qui, depuis la reconquête chrétienne, a été largement écartée, négligée et commodément oubliée. De l'autre côté, les lettres mimétiques de l'enseigne *Texas Hollywood* symbolisent un récit entièrement faux et pourtant glorifié, célébré à tel point que, pour des générations de cinéphiles, elle est devenue plus vraie que la réalité elle-même. Parcourir la distance qui sépare ces deux points revient à voyager dans le temps pendant mille ans, depuis le débarquement de l'armée de Tariq ibn Ziyad à Gibraltar au VIIIe siècle jusqu'aux convois de chariots américains roulant vers l'ouest au XIXe. Au milieu de cette histoire se trouve 1492 : non seulement l'année où les trois navires de Christophe Colomb accostèrent le Nouveau Monde, revendiquant les Amériques pour la Couronne espagnole, mais aussi – par une étrange bizarrerie du destin – celle où le dernier sultan maure, connu des Espagnols sous le nom de Boabdil, rendit le royaume de Grenade, se retournant une fois pour regarder en arrière depuis le col du Dernier Soupir du Maure avant de s'exiler au Maroc. Cette année-là, l'Espagne rompit enfin ses liens avec l'Orient islamique pour se lancer à la poursuite d'une richesse et d'une puissance inimaginables à l'ouest, entraînant avec elle une grande partie de l'Europe et changeant à jamais l'histoire du monde. C'est le point de pivot de la scission schizophrénique entre les identités du désert : le Moyen-Orient d'un côté et le Far West de l'autre.

Bien sûr, Tabernas lui-même n'est aucun des deux. Les souvenirs et les fantasmes que les gens y ont superposés ont un parfum de désespoir, une sorte de déni furieux, comme si personne ne pouvait se résoudre à admettre qu'il est simplement ce qu'il est : un désert – rude, inhospitalier, improductif, étranger – sur le continent européen censé être apprivoisé et cultivé. On l'a rendu irréel.

Mais la réalité nous rattrape.

De l'Espagne à l'Italie et à la Grèce, dans tout le sud de l'Europe, les conditions désertiques et semi-désertiques s'étendent progressivement vers le nord. C'est le cas depuis longtemps, depuis que l'arrière-pays vert et fertile de l'Afrique du Nord – le grenier à blé de l'Empire romain – a commencé à jaunir et à brunir il y a mille ans. En cette ère de crise climatique, le thermogramme du monde change de teintes plus rapidement que jamais. Un article récent paru dans la revue *Scientific Data*, évaluée par des pairs, présente une comparaison de deux cartes, l'une montrant la classification climatique de Köppen-Geiger de 1980 à 2016 – celle que je connais bien – et l'autre une projection, basée sur les tendances actuelles, s'étendant de 2071 à 2100. Dans ce futur, une grande zone de la France n'est pas colorée en vert, mais en jaune, passant de la catégorie « océanique tempéré » à la catégorie Csa, « savane ». Une large bande du nord de la Russie n'est plus considérée comme « subarctique », mais comme « continentale humide », et une partie du sud-est de l'Espagne, qui s'avance vers l'intérieur des terres depuis la côte, est rouge BWh, « désert chaud », se fondant dans la masse plus importante du Sahara incarnadin.

Selon un récent rapport de l'ETH de Zurich, au cours des trois prochaines décennies, les villes de l'hémisphère Nord commenceront à ressembler davantage à des cités situées à des centaines de kilomètres plus au sud. D'ici à 2050, les températures à Madrid évoqueront celles de Marrakech aujourd'hui ; Varsovie concurrencera Tbilissi ; Stockholm imitera Budapest ; Londres clonera Barcelone. Comme le suggère la vague de chaleur de cette semaine, les extrêmes redoutables ne seront plus confinés aux zones arides périphériques. Ce que nous appelons des records de température deviendra bientôt des moyennes estivales.

Dans les Cairngorms et la Białowieża, je marchais vers la perte, mais mon immersion à Tabernas ressemble à autre chose : une acclimatation inconsciente à des conditions encore à venir. Dans ces bad-lands désertiques, j'ai fait un pas vers le futur.

Avant de quitter Tabernas, cependant, je ne peux résister à la rémanence de ce passé réimaginé. Le moment est enfin venu de visiter Texas Hollywood.

La porte est gardée par un beau et jeune cow-boy en chemise noire, un six-coups à la taille, son insigne de shérif étincelant d'argent sous le soleil de midi. Les drapeaux de l'Espagne, du Mexique, de l'Andalousie et de l'Union européenne flottent doucement sur leurs mâts, tandis que la bannière étoilée claque avec assurance au-dessus de Fort Bravo, la forteresse qui sert de quartier général au 3e régiment de cavalerie US; elle défend vraisemblablement la civilisation blanche contre le danger clair et présent incarné par quelques tipis pathétiques accrochés à un monticule voisin, barbouillés de sigils improbables. Je traverse le fort vide et entre dans la ville frontière, où un flingueur à la tête simiesque consulte son smartphone à l'ombre. Les touristes déambulent par deux, se relayant pour monter et descendre la rue principale dans une charrette à cheval conduite par un homme à la barbe noire dont les avant-bras sont plus épais que mes jambes. J'attends que la charrette soit libre et je grimpe à bord.

À l'image de Western Leone, ce décor de film est divisé en deux quartiers distincts : la colonie anglo-saxonne et le *pueblo* mexicain. Nous passons devant une école en bois, la prison du comté de Doña Ana, un armurier, une potence, des poteaux d'attelage, le bureau du shérif et la First Union Bank, qui doit sûrement être l'une des banques les plus cambriolées du monde. La scierie de Mayfield – décor du récent film *Les Frères Sisters* – n'est en fait qu'une façade soutenue par des échafaudages. Dans le quartier mexicain, on trouve des maisons en adobe de style colonial en ruine et deux magnifiques agaves, peut-être les seuls encore debout à Almería. Le fléau du charançon ne semble pas pouvoir pénétrer ce fantasme, une bulle de protection cellulaire qui tient la réalité à distance. « *No hay muro! No Trump!* » lance le cow-boy musclé alors que nous entrons aux États-Unis : « Il n'y a pas de mur ! Pas de Trump ! » Il l'a manifestement déjà dit plusieurs fois, mais il le prononce avec délectation. Quand je lui demande comment il est arrivé ici, il répond : « *Me gustan los caballos* », « J'aime les chevaux », d'une manière calme et étrangement touchante.

Après la promenade, je m'offre une boisson fraîche dans le saloon, où les serveuses sont habillées comme des prostituées avec des coiffes à plumes rouges, des corsets et des porte-jarretelles écarlates, et semblent beaucoup plus dures que leurs homologues cow-boys. Je reconnais l'une d'entre elles pour l'avoir vue dans un café en ville, et je me souviens d'une phrase de Laurence : « Il fut un temps où le chef de la police de Tabernas était aussi le shérif de Fort Bravo. » Laurence pourrait probablement trouver un emploi en tant qu'Amérindien résident, mais il exprime très clairement son mépris pour cet endroit. Un foutu Disneyland, d'après lui, qui accapare toute l'eau.

Sur le mur au-dessus du bar, il y a un crâne de bison monté en cape. Il est identique à celui que l'on pourrait voir dans un bosquet de chênes dans la Białowieża ; le bison d'Europe et le bison d'Amérique sont tous deux des symboles des frontières sauvages, et leurs exterminations – bien qu'elles aient eu lieu à des siècles d'intervalle – sont emblématiques de la civilisation et du douteux progrès chrétien. Aux États-Unis, les troupeaux de bisons sont passés, à la fin du XIXe siècle, de trente millions d'individus à quelques centaines seulement à l'état sauvage. Le tristement célèbre « Buffalo » Bill Cody se vantait d'en avoir abattu personnellement plus de quatre mille, parfois douze par jour en moyenne, afin de briser la résistance des tribus des Indiens des plaines, qui dépendaient de la chasse. Selon les mots d'un colonel américain de l'époque : « Tuez tous les bisons que vous pouvez ! Chaque bison mort est un Indien en moins. »

Presque aussitôt établie, la frontière américaine est devenue une parodie d'elle-même, enchantée par l'image qu'elle s'était créée. Bien avant Texas Hollywood, elle s'était transformée en un produit. Dans les années 1870, Buffalo Bill, qui n'était plus un combattant d'Indiens, jouait une version pantomimique de sa propre vie aventureuse dans un spectacle itinérant du Far West qui faisait le tour des États-Unis et de l'Europe. Une attraction similaire, dirigée par son ancien associé Pawnee Bill, mettait en scène un autre nom emblématique : Goyaałé, « Celui qui bâille », le chef de guerre apache vaincu, plus connu sous le nom de Geronimo.

L'homme dont le nom est devenu synonyme de défi vain et glorieux et de chutes d'une hauteur qui défie la mort – yodlé par une relation de Dougie alors qu'il plongeait du haut d'une montagne écossaise – n'est pas parti dans un feu de gloire, malgré son héritage. Après avoir mené son peuple dans des guerres contre les Américains et les Mexicains, avoir vu sa mère, sa femme et ses enfants assassinés, et avoir finalement été capturé, Geronimo a terminé sa vie en jouant, sous la garde de l'armée américaine, le rôle du « bon sauvage » apprivoisé, vendant les boutons de sa chemise pour vingt-cinq cents pièce aux habitants curieux désireux de posséder une tranche de l'histoire américaine.

Geronimo. Ce nom est moins un vertige qu'une sensation de naufrage, à présent.

La poussière tourbillonne au-delà des portes battantes. Le spectacle est sur le point de commencer.

Voilà le beau shérif sur sa brillante jument alezane. Il rentre par effraction et crache par terre. La musique de Morricone augmente. Trois durs à cuire lui emboîtent le pas, des desperados – reconnaissables à leurs cheveux gras et à leur air renfrogné – clairement venus en ville avec l'intention d'en découdre. Un cinquième cavalier apparaît, l'adjoint qui vérifie son smartphone sur son cheval pie, et tous galopent follement autour de la place, étouffant le public avec la poussière. Lorsque le calme revient, ils mettent pied à terre et attachent leurs montures en sueur.

Ce qui suit – comme dans la plupart des westerns – est moins une intrigue qu'une série d'excuses pour des actes de violence dramatiques, avec beaucoup de jeux d'acteurs et de tirs masturbatoires. Les dialogues, en espagnol, sont trop rapides pour que je puisse les comprendre. Il y a des coups de fusil tirés près de pieds qui dansent, des bons fouettés au revolver et des méchants au lasso ensuite traînés derrière des chevaux dans la poussière. Il y a de l'ivresse comique, un vol de banque et une évasion de la prison du comté. Le final de la fusillade a tout pour plaire – des stetsons décollent des têtes et un type fait un saut périlleux depuis un balcon du premier étage en hurlant – avant que l'action ne culmine dans le rituel du duel de l'Ancien Monde. Les doigts trépignent sur les étuis. Les regards se défient malgré la distance. Deux coups de feu rapides retentissent. Un homme – le méchant – tombe.

Plus tard, les filles du bordel dansent un cancan, exhibant leurs culottes blanches, tandis que les cow-boys ressuscités applaudissent consciencieusement. S'ensuit une nouvelle démonstration de violence masculine joviale : des verres de tequila glissent sur le bar ; on assiste à un poker et à une bagarre à trois ; des coups de poing sont donnés ; des testicules sont bottés ; les prostituées crient ; un enfant dans le public hurle ; quelqu'un est projeté la tête la première à travers les portes battantes ; un autre entre en tirant ; le gamin continue de pleurer et doit être emmené dehors ; le dernier homme debout est abattu, agréablement, par la barmaid.

Générique : « *Ring of Fire* », de Johnny Cash. Le public applaudit poliment. Le crâne de bison contemple la scène, visiblement peu impressionné.

Tout cela est ridicule. Et pourtant, quelque chose me touche. Cette brutalité ritualisée, la reconstitution des mythes fondateurs violents d'un autre temps et d'un autre lieu, est une sorte de jeu mystérieux de cow-boy, une mémoire populaire soutenue par une répétition indiscutable. Ses symboles, rites et superstitions sont chorégraphiés aussi parfaitement que la gentille procession catholique que j'ai suivie dans les rues hier soir. Je peux l'imaginer jouée, peut-être avec quelques détails déformés ici et là, dans un millier d'années, par une culture quelconque survivant dans le grand désert ibérique, sur les rives d'une mer qui monte. Libéré de ses prétentions à la moindre exactitude historique, il sera devenu ce qu'il veut être : une véritable mythologie.

Le spectacle est terminé. Il est temps de partir. Mais je n'en ai pas envie. Avec la chaleur du jour qui diminue et les ombres qui s'allongent, les chevaux que l'on frotte et à qui on chantonne dans leurs stalles, ces rues, et l'illusion qu'elles créent, sont étrangement apaisantes. Une mélancolie écrasante s'est installée après toutes ces morts, le calme qui suit les actes violents ; son atmosphère est un rêve que je ne veux pas quitter. Mais les cow-boys se sont retirés et le portail d'entrée se referme. Les voitures des touristes me dépassent alors que j'entame la dernière marche – mon bus pour Almería m'attend – dans la lumière la plus douce du soir. Devant moi, étendue sur la terre dans des proportions grotesques, se profile l'ombre d'un homme portant un chapeau à larges bords.

Je le suis dans le soleil couchant.

LA STEPPE DE HONGRIE

Il était une fois deux frères. Ils s'appelaient Hunor et Magor. Leur père, Ménrót, un roi guerrier – certains disent que c'était un géant –, régnait dans l'Est lointain : un pays au ciel immense et au sol aussi plat qu'une mer, couvert d'herbe ondulante d'un horizon à l'autre. Le peuple y apprivoisait les chevaux et apprenait à bien les monter. Ce pays de l'Est est le pays d'où viennent les chevaux.

Hunor et Magor aimaient chasser, et lors d'une de leurs parties de chasse, ils surprirent un cerf qui ne ressemblait à aucun animal qu'ils avaient vu auparavant. Il était blanc de la tête aux sabots, avec de magnifiques bois immaculés. Ils le traquèrent pendant des jours, mais le cerf était très rapide, bien plus que leurs montures. Il courait de plus en plus vers l'ouest, à travers les plaines d'herbe, et ils galopaient à sa poursuite, loin du royaume de leur père. Enfin, les frères gagnèrent une autre terre – verte, bien arrosée, abondante – où le cerf, ayant joué son rôle dans l'histoire, disparut.

Mais ils y découvrirent une plus grande proie : les belles filles du prince Dula, chef d'un peuple appelé les Alans, qui campaient près d'un lac. Hunor et Magor les enlevèrent.

Ils les épousèrent ou les violèrent, ou les deux. Les descendants de Hunor devinrent les Huns, ceux de Magor, les Magyars, et l'union forcée des trois tribus nomades – Huns, Magyars et Alans – fut la source du peuple hongrois.

Le ciel est bas, tacheté. La campagne a l'air terne. À peine le train a-t-il quitté Munich que mon sac à dos est fouillé par un agent en civil qui me pose beaucoup de questions. « Qu'allez-vous faire en Hongrie ? » demande-t-il.

Je ne réponds pas « Je suis à la recherche du cerf blanc ». À la place, je demande : « Vous êtes de la police allemande ?

— Bavaroise », me dit-il sévèrement.

Plus tard, je me rends compte que le lendemain marque le début d'un festival de musique à Budapest et que les wagons sont remplis de raveurs allemands à dreadlocks. Il y a probablement des kilos de drogue à bord ; mais pas le moindre gramme dans mon sac.

La Basse-Autriche se fond harmonieusement dans l'ouest de la Hongrie, avec des terres agricoles similaires et monotones, et la même architecture impériale étouffante rappelant l'époque où les deux pays étaient réunis au sein d'une double monarchie. Je m'endors seul et me réveille, étalé sur trois sièges, pour constater que le compartiment s'est rempli de grands hommes à l'allure bizarre qui tentent de me faire de la place. J'ai certainement bavé. À ma gauche, j'aperçois des collines boisées. À l'extérieur du train, la plaine s'étend vers le sud. À mon arrivée, Budapest me semble étrangement silencieuse pour une ville que je me rappelle bruyante. Mais peut-être est-ce simplement mon cerveau qui, n'ayant reçu que quatre heures de sommeil interrompu, filtre les stimuli… Les chaînes de magasins multinationaux côtoient des boutiques à l'ancienne avec des étalages de cordes, de balais et de matériel de pêche. Des ivrognes entourent la gare de Keleti, des gens de la rue aux visages vieillis par la fumée et aux expressions endurantes. Le Danube coule, gris et vert, à travers la ville jointe et divisée, moitié Buda, moitié Pest, enjambée par des ponts en fer. L'air est poisseux ; la chaleur du mois d'août ressemble à celle d'un four que l'on aurait laissé allumé trop longtemps et que l'on aurait oublié. J'étouffe dans l'humidité et grimpe jusqu'au château de Buda.

Ici, depuis l'imposante caserne des Habsbourg et l'architecture fantaisiste de l'église Matthias, avec ses tuiles multicolores et ses folies blanches, on aperçoit la prochaine terre étrangère que je vais parcourir. Au-delà du dédale de rues sinistres de Pest, un espace s'ouvre là où la ville se termine et s'étend sur des centaines de kilomètres vers l'est : c'est le début de la grande plaine hongroise.

Au matin, ce terrain plat file de l'autre côté de la vitre crasseuse d'un autre train. Un bref souvenir me revient, décousu, d'une locomotive à vapeur miniature franchissant le cap de Dungeness ; un même sentiment de départ dans un espace insondable. Les banlieues deviennent rapidement des champs entrecoupés de maisons aux toits rouges et de jardins clôturés, chacun avec ses rangs de légumes ou de vigne. Nous traversons Cegléd et Szolnok, puis des agglomérations plus petites où se bousculent les consonnes, le méli-mélo agglutinant du magyar, qui ne ressemble à aucune autre langue d'Europe. Entre quelques bouquets d'arbres, la terre s'étend uniformément.

Elle évoque un peu la Pologne – la clairière de la taille d'un pays –, mais il n'y a jamais eu de forêt ici, du moins pas à l'époque de l'homme. La grande plaine hongroise se trouve dans le bassin des Carpates ou Bassin pannonien (du nom d'une province impériale romaine), vaste dépression délimitée par les murs protecteurs des Carpates et des Alpes dinariques. Comme Tabernas, il était autrefois submergé, non pas par une mer, mais par le lac préhistorique de Pannon, qui s'est asséché il y a dix mille ans, à la fin de la dernière période glaciaire, et s'est transformé en un bras mort de la Tisza. Les marais d'eau douce qui en résultent s'évaporent depuis dix millénaires, aidés par les plans de drainage des peuples agricoles. Le sol fertile est appelé lœss, un nom poétique et mélancolique : poudreux, fin et pâle, soufflé par le vent à travers l'Europe pour s'accumuler en grands dépôts. De la Chine à l'Amérique du Sud, le lœss est à la base de certaines des plus anciennes civilisations agraires du monde.

C'est la fertilité de ce lœss qui a attiré les nomades de l'Est, d'abord pour des raids et des pâturages, puis pour l'agriculture. Ce sont des terres agricoles depuis longtemps, au moins depuis que les descendants d'Hunor et Magor se sont installés, il y a mille ans, convertis au christianisme, et ont commencé à labourer. Le lœss est une des raisons qui m'ont entraîné ici, mais la principale est l'étrange platitude du sol. La vaste plaine qui défile – que les Hongrois appellent *puszta*, un mot qui dérive de « stérile », « nu » – est l'extension la plus occidentale de la steppe eurasienne.

Le terme « steppe » désigne des prairies tempérées et semi-arides qui se forment lorsque les précipitations sont suffisantes pour tenir le désert à distance et favoriser une profusion d'herbes, mais pas de forêt. Comptant parmi les plus grands biomes de la planète, sa variante eurasienne (du slave *step*) – connue sous le nom de prairie en Amérique du Nord, de pampa en Amérique du Sud et de veld dans le sud de l'Afrique – s'étend sur cinq mille kilomètres, de l'immense plaine hongroise à l'Ukraine, en passant par le sud de la Russie, le Kazakhstan, la Mongolie et la Mandchourie, reliant l'est de l'Europe à l'intérieur de la Chine. D'un bout à l'autre, cette distance couvre un cinquième de la circonférence du globe terrestre. Tout au long de l'histoire, la steppe eurasienne a joué le rôle d'une sorte de tapis roulant pour la migration des populations d'est en ouest ; elle a permis la route de la soie et les invasions mongoles. Sur une carte Köppen-Geiger, cette ceinture affiche le jaune poussiéreux de BSk, « semi-aride froid ». Les géographes divisent cette vaste étendue du plus grand continent du monde en trois : la steppe pontique caspienne (occidentale), la steppe kazakhe (centrale) et la steppe mongole (orientale). La vaste plaine hongroise, séparée du reste par le rempart des Carpates, est une exclave de la steppe mère.

La Puszta hongroise est un morceau d'Asie échoué au cœur de l'Europe.

Les quelques tentatives de collines font penser à des vagues qui ne parviendraient pas à se briser et retomberaient dans la platitude sans laisser d'ondulation dans la terre. Les champs de blé et de maïs passent, et avec eux les prairies qui ont été fauchées pour le foin. La lumière a une certaine qualité – une clarté, un éclat lucide – qui produit une impression que je peux seulement décrire comme de la « grandeur ». Sous ce ciel, les détails aperçus se détachent avec urgence : une grue qui atterrit dans un champ, aussi blanche et nette qu'un avion en papier ; une volée d'oiseaux, un genre de moineaux, qui s'élèvent au-dessus d'un toit ; le panache de poussière traîné par un camion lointain. Puis, pendant ce qui semble des heures, on ne voit plus que des tournesols, la tête basse comme s'ils avaient collectivement honte.

Cette vision me paraît sinistre, mais je n'ai jamais aimé ces plantes ; je les ai toujours trouvées tristes, depuis leur apparition dans un rêve récurrent de mon enfance. Maintenant que j'y pense, il se déroulait dans un pays semblable à celui-ci. Je conduisais un tricycle rouge sur une colline sablonneuse. Au sommet, la vue donnait sur un vaste espace plat qui, je le savais, s'étendait à l'infini, et au loin – mais se rapprochant à une vitesse seulement possible en cauchemar – vivaient trois énormes monstres pratiquement aussi hauts que le ciel. Je ne me souviens pas de ce à quoi ils ressemblaient, uniquement de mon effroi. Mes roues étaient enlisées dans le sable et je ne pouvais pas m'échapper.

Chaque fois que je faisais ce rêve, l'image d'un tournesol fané le précédait, comme l'écran titre avant un film.

Peut-être, inconsciemment, suis-je venu ici pour une épreuve de force.

En train plutôt qu'à tricycle, je fonce vers l'est sur la plaine qui pourrait bien s'étendre à l'infini, vers un horizon qui n'arrive jamais. Une ombre de cet effroi me revient ; la vieille peur d'être exposé, sans rien pour se cacher. Est-ce la terre, est-ce moi, ou est-ce quelque chose d'autre ? J'ai été sur les nerfs toute la journée ; la Hongrie, malgré son éminente culture et sa civilité, sa courtoisie *Mitteleuropa*, me semble avoir un côté menaçant, au cours de ce voyage. Hier, du château de Buda, j'ai regardé la splendeur néogothique du bâtiment du Parlement et je me suis souvenu que ce pays était au bord de la dictature – voire au-delà de ce bord –, que son gouvernement avait pris le contrôle de la presse, des institutions culturelles et du système judiciaire, et que c'était la première nation de l'Union européenne à démanteler sa propre démocratie au point que ce terme même ne s'applique plus vraiment. Le courant fasciste sous-jacent qui prévaut aujourd'hui dans toute l'Europe est particulièrement puissant dans ce territoire, où il ravive de vieilles blessures. Les frontières méridionales du pays sont scellées par des barbelés à lames de rasoir. Cette connaissance semble présente dans la terre, dans le sentiment vertigineux d'étendue ; les espaces ouverts paraissent bien souvent favoriser les mentalités fermées, comme si l'échelle tournait l'esprit des gens vers l'intérieur, à la recherche d'un abri. Les champs de tournesols défilent. Je m'endors pendant un moment. Aucun monstre haut comme le ciel n'apparaît à l'horizon, mais je me réveille avec un certain malaise.

À Debrecen, je trouve un hall d'attente du plus pur style socialiste, avec ses deux fresques délavées représentant des blocs d'ouvriers travaillant avec courage. J'achète du pain, des fruits et du fromage avant de monter dans un bus local qui va vers l'ouest, en direction de Balmazújváros.

Enfin, mes bottes touchent le sol dans une petite ville de campagne avec des prunes mûres accrochées aux arbres en bordure de la route et de vieux agriculteurs assis sur des bancs en train de manger des glaces. C'est un après-midi humide. Personne ne semble me regarder, ce dont je me réjouis. Après des heures – des jours – de transport sans effort, la marche ne me vient pas naturellement, alors que la voie est bien droite et longée de robiniers. Mes pieds n'ont pas encore trouvé leur rythme. J'ai l'impression d'être un imposteur. Mais le sac sur mon dos, décoloré par la poussière de Tabernas, est le même que celui que j'ai porté dans la neige arctique et dans la chaleur du désert. Le chapeau à larges bords est sur ma tête. Mes jambes retrouvent leur tempo. N'ayant aucune envie de réfléchir, je me contente d'avancer en direction de l'ouest, vers le soleil. Tout me semble simple. Mon malaise s'estompe.

Au loin dans le ciel s'étire une courbe souple et fluide; ce n'est pas de la fumée, mais un lointain murmure, des étourneaux qui migrent de continent en continent.

Au bout d'une demi-heure de marche, une brèche apparaît dans les arbres, comme une fenêtre qui s'ouvrirait. De là, j'aperçois pour la première fois ce que je suis venu chercher.

Rien que des herbes jaunes sifflant dans le vent.

Ou presque rien. Il y a un chalet aux murs blancs à côté de bottes de foin disséminées aux sommets touffus et pointus, et la silhouette d'un homme maniant une fourche. Un coq chante. La cloche d'un animal invisible tinte doucement.

C'est la limite de l'Hortobágy, la plus grande étendue intacte de Puszta non cultivée de Hongrie.

Ce n'est peut-être pas la Mongolie extérieure, avec à peine plus de cinq cents kilomètres carrés, mais pour de nombreux Hongrois, ce paysage culturel protégé – le premier parc national du pays et site du patrimoine mondial de l'Unesco – a une résonance presque spirituelle. En tant que région préservant les traditions d'un mode de vie pastoral qui remonte aux premiers jours de la colonisation magyare, l'Hortobágy est une terre sacrée, un dépôt symbolique de l'histoire des origines nationales et un portail vers les paysages plus vastes de l'Est. Des centaines de milliers de personnes viennent visiter le parc chaque année, une foule étonnante pour un endroit où, à première vue, il n'y a que de l'herbe à voir.

Pour la vieille génération qui a grandi sous le communisme, l'Hortobágy a aussi des connotations plus malheureuses. De 1950 à 1953 – trois ans avant l'échec de la révolution contre la domination soviétique russe –, entre dix et quinze mille prisonniers politiques de tout le pays ont été envoyés aux travaux forcés ici, après avoir reçu l'ordre de quitter leur domicile avec seulement quelques heures de préavis. Ils dormaient dans des étables et étaient battus pour le moindre délit, étouffant dans la chaleur de l'été et gelant en hiver. La patrie spirituelle de la nation devint un lieu où le rêve d'indépendance était systématiquement écrasé par un labeur inutile et éreintant. Ce goulag était une variante de la Sibérie en Europe centrale.

La nuée bruissante est maintenant au-dessus de moi, une rivière fluctuante d'oiseaux qui se déverse dans le ciel comme le contenu d'une bouteille sans fin. Le chemin passe à côté d'une étable qui exhale la puanteur du lisier, et où j'aperçois des têtes noir et blanc qui se balancent. Après cela, il n'y a que de l'herbe dans une brume pâle et ondulante.

Quelque chose bouge sur la route devant moi : un gigantesque lapin. Il saute, plus long que tous ses congénères que j'ai croisés jusque-là, suivi d'un autre, et d'un autre encore; la Puszta en est remplie. Ils bondissent avant de s'accroupir dans l'herbe jaune en tonnant à travers la steppe telle une ruée de chevaux miniatures. Puis je réalise que ce sont des lièvres, des multitudes de lièvres. Quelques minutes plus tard, une nouvelle créature que je n'identifie pas au premier abord se traîne avec des mouvements étranges sur mon chemin, une sorte de hérisson géant. Lorsque je me baisse pour l'observer de plus près, il lance un sifflement aigu, comme le son de l'air qui s'échappe, et son corps se hérisse de javelots désordonnés. Un signal d'alarme. Je m'éloigne, surpris par tant de vitalité.

Le prélude des animaux se poursuit. À côté de la route,

un troupeau de moutons avance dans l'herbe en un front déterminé, comme une phalange romaine. Un berger avec un chapeau à bord rond et un visage brun et creusé par le temps tourne la tête pour me regarder arriver; son chien aboie une fois, sèchement.

« Hortobágy? » je demande. Ce n'est pas tant une question qu'une façon de faire comprendre que je suis en route pour quelque part – vers le village qui a donné son nom à la région et où j'ai l'intention de dormir –, que mon but est légitime, que je ne suis pas là pour voler ses moutons, que je ne fais que passer.

« *Igen* », « Oui ». Il hoche la tête, en levant trois doigts courts que je prends pour trois kilomètres.

Il voulait dire trois heures.

Au bout de deux, se présente un ensemble de cottages, battus par les intempéries et fissurés par le soleil, où trois chevaux alezans brillent dans un paddock vert. Un chien noir s'élance pour me défier avant de s'aplatir sur le ventre avec un air féroce. Mais son attitude ressemble plus à un rituel qu'à une attaque, comme une performance pour un public que le cerbère seul peut voir. Lorsque je me retourne pour vérifier qu'il a cessé de me suivre, j'aperçois, au nord, un tas de gros cumulus et le ciel strié de taches : des systèmes météorologiques extrêmement distants – peut-être autant que la chaîne des Carpates – qui n'ont aucun rapport avec cet après-midi sans nuages. Ici, on peut voir loin, dans le temps comme dans l'espace.

Soudain, l'air devient doux, chargé d'une senteur réconfortante, chaude comme une haleine qui précède un troupeau non clôturé : un murmure de bétail monte. Je m'arrête, admiratif, car ce ne sont pas les bovins de briques de lait que j'ai croisés tout à l'heure; de couleur ivoire, lisses comme du marbre, avec des cornes démesurées et gracieusement incurvées, qui se terminent en pointes noires, ceux-ci ressemblent davantage à des animaux gardés par des guerriers masaï dans une savane africaine : des biens de noble statut. Il s'agit de bovins gris hongrois, traditionnels de la Puszta, amenés de l'Est voici mille ans par les tribus magyares en migration et jadis prisés dans toute l'Europe, où ils étaient transportés sur les routes vers les cours des rois français et allemands. La race a connu un goulet d'étranglement et une quasi-extinction au XXe siècle et ne survit plus qu'ici et dans quelques autres endroits de Hongrie.

Ne percevant aucune menace malgré leur formidable armement, je m'assieds pour reposer mes jambes. Puis je ferme les yeux et j'écoute. Le son ressemble à une machine silencieuse : le crissement multiple et étouffé de plusieurs centaines de bouches au travail, faisant fondre les sucres de l'herbe dans une sorte de massage auditif.

Un sifflement m'oblige à me retourner : leur propriétaire arrive par la route. Ce n'est pas un guerrier masaï, mais un vieil homme sur une moto cabossée, accompagné du même chien noir qui m'a assailli tout à l'heure. Il ne s'intéresse pas à moi ; son attention est concentrée sur le bétail à rassembler dans la formation désirée, à border, à contraindre à faire demi-tour, à gifler joyeusement quand l'un de ses membres s'égare, baissant alors ses cornes en défi, des négociations pour la défense de la dignité. Le vacher, qui m'adresse un signe de tête, crie des mots en langage de vache d'une syllabe (ou en langage de chien, peut-être) dans le but de donner une direction au flux. Le troupeau retourne vers le hameau, où la voix d'une vieille femme les appelle.

Quand ils sont partis, je vois au-delà un groupe moins important et plus sombre. Ce ne sont pas des vaches, mais des ânes sauvages, dont un petit nombre vit encore en liberté dans la steppe. Choses tordues à l'apparence ancienne, d'un âge plus vénérable que l'agriculture, d'un passé non domestiqué, ils semblent à la fois familiers et étranges. L'un d'eux lève la tête et se met à braire, un son saccadé et douloureux.

Hortobágy est moins un village qu'une étendue de fermes, ou de maisons qui y ressemblent, chacune entourée de son lot d'arbres fruitiers, d'enclos et de poulaillers. Le camping où je plante ma tente borde un champ de poulains. Lorsque j'arrive, il y a des hirondelles dans le ciel et une demi-lune ; la marche a été longue et la faim me tenaille. Dans l'ancienne auberge des bergers, près du célèbre pont à neuf arcs qui enjambe la rivière Hortobágy, une icône du parc national, je bois une soupe de goulasch épicée tandis que la nuit envahit la steppe. L'endroit présente des nappes en lin immaculé, une terrasse voûtée aux murs blanchis à la chaux et des œillets rouges dans des pots ; un bol de poivrons au paprika est posé sur chaque table. Là encore, je pressens un lien avec l'Est, car on ne trouverait jamais ce condiment en Roumanie ou en Slovaquie, et certainement pas en Autriche. Farouchement hongrois, le paprika est l'un des signes – comme la langue et le nomadisme – par lesquels le pays se distingue strictement.

Cette auberge, baptisée la Grande Csárda, est une autre icône du parc. C'était une étape importante sur l'ancienne route du sel qui partait de Maramureș, dans l'actuelle Roumanie, et traversait la monotonie de la Puszta pour rejoindre l'Europe centrale. Elle fait honneur à cette histoire, en informant fièrement les clients que ses caves servaient de cachette à un *betyár* local nommé Pista Sós, et se vante d'une sorte de coffre-fort appelé le « sauveteur de dommages » : « utilisé pour les objets fragiles afin de les mettre en lieu sûr lorsque les invités ivres commencent à tout casser et à se battre entre eux ». L'établissement est plus raffiné ces jours-ci, ce que je regrette, jusqu'à ce qu'une joyeuse bande de motards tout en cuir orné d'écussons de club assortis garent leurs Harley au bord de la route et entrent en trombe pour boire des bières. Mais ils repartent au bout d'une demi-heure, sans aucun signe de bagarre.

Les héros populaires connus sous l'appellation *betyár* – le terme vient du turc *bekar*, « homme qui n'est pas marié » – étaient des voleurs de bétail et de chevaux, des bandits de grand chemin qui faisaient l'objet de ballades enjouées au XIXe siècle. Le nom du comté dans lequel je me trouve, Hajdú-Bihar, et ceux des villages voisins, Hajdúnánás, Hajdúböszörmény, donnent un indice de leurs activités : les *hajdúk* étaient des soldats irréguliers postés en garnison pour protéger les troupeaux des déprédations des *betyárok*. Les fringants brigands de la steppe avaient un uniforme informel composé de chapeaux noirs rigides de bouvier et de magnifiques moustaches peignées en pointes aussi féroces que les cornes des vaches qu'ils volaient. Les plus infâmes, et les plus célèbres, étaient Jóska Sobri et Sándor Rózsa, respectivement morts en 1837 et 1878 – le second en prison, le premier en se suicidant alors qu'il était encerclé. Mais leur légende fut précédée par celle du bandit slovaque Juraj Jánošík, qui vécut un siècle plus tôt et qui devint un symbole de la résistance à l'oppression des nobles. Sorte de Robin des Bois de la Puszta, il paya un lourd tribut à son anarchie, en finissant pendu par le flanc à un crochet.

Tout cela constitue un récit passionnant, mais le mythe romantique des bandits de grand chemin a des ressorts plus profonds. La Hongrie a une histoire sanglante de violentes révoltes paysannes, chacune suivie d'une réponse aristocratique brutale et prévisible ; après la révolte de 1514, qui laissa une traînée d'évêques, de collecteurs d'impôts et de trésoriers empalés à travers la vaste plaine hongroise, le chef rebelle György Dózsa fut placé sur un trône en fer chauffé au rouge tandis que sa chair était arrachée avec des pinces et que ses camarades étaient forcés de la manger. Il n'est pas étonnant que lorsque les Ottomans arrivèrent, seulement douze ans plus tard, la paysannerie démoralisée n'opposât pas une grande résistance. Beaucoup devaient haïr leurs dirigeants plus que les envahisseurs turcs.

Trois siècles plus tard, ces rancœurs perduraient. Les *betyárok* ne sortaient pas de nulle part, ils opéraient à une époque de profonds changements sociaux, lorsque les dernières étendues de prairies ouvertes étaient livrées à l'agriculture, divisées par des champs, des clôtures et des canaux, puis par des voies de chemin de fer et des routes, dépossédant les éleveurs de leurs droits de pâturage traditionnels. À l'instar des Maures exilés d'Andalousie qui se tournaient vers la piraterie contre l'Espagne, le banditisme était à la fois une contre-offensive et un moyen de survie ; l'ancienne lutte entre éleveurs et agriculteurs, entre Caïn et Abel, qui se joue depuis les débuts de l'histoire humaine.

Si la steppe incarnait la liberté, ces hors-la-loi étaient le dernier souffle de la vieille âme nomade.

Mon plan initial prévoyait de parcourir la steppe de l'Hortobágy du nord au sud, mais – pour une terre sans obstacle – elle présente des difficultés surprenantes. Comme le site Unesco de la Białowieża, le parc national est protégé, et une grande partie est interdite d'accès en dehors de quelques sentiers autorisés qui ramènent les marcheurs en boucle à leur point de départ. De plus, contrairement à la *puszcza* qui dissimule tous les intrus, je serais visible à des kilomètres, dans cette Puszta sans relief. (*Puszcza*, Puszta : il doit y avoir un lien. En vérifiant l'étymologie, je m'aperçois que *puszta* n'est pas d'origine magyare, mais un mot d'emprunt slave signifiant « contrée sauvage ». Il est étrange que le même terme puisse dire des choses à ce point différentes – un endroit défini par la présence d'arbres et un lieu marqué par leur absence –, des significations aussi fluides, à leur manière, que celles de « désert » et de « forêt ».)

Mais la résolution du problème de cette marche peut attendre quelques jours. Au bureau d'information du parc, près du repaire de Pista Sós, j'apprends que le haras de Mátai Ménes, situé à un kilomètre au nord d'ici, loue des chevaux pour des promenades de quatre heures, et le romantisme de l'idée m'attire irrésistiblement. Quelle meilleure manière de voir la steppe qu'à dos de jument Nonius, la quintessence de la race Puszta ? J'appelle les écuries à l'avance – « oui, je sais monter à cheval » – et on me dit d'arriver à l'heure pour midi.

Techniquement, je sais monter à cheval. Je ne l'ai pas fait depuis l'enfance, mais cette connaissance m'est sûrement restée, inscrite de façon instinctive dans mon corps. Avec une confiance totalement mal à propos, je marche vers Mátai Ménes le long de la rivière verte, bordée de noyers et de robiniers. À l'extérieur des écuries, de beaux chevaux à la robe brillante, marron clair ou noire, paissent sous les chênes. Ils dégagent un air de douce puissance, comme des moteurs qui ronronnent. Des fers à cheval – orientés vers le bas en Hongrie – sont cloués sur les étables pour porter chance.

« Je croyais que vous aviez dit que vous aviez des bottes, dit la femme en ajustant les étriers.

— Ce sont des bottes.

— Ce sont des chaussures.

— Ce sont des bottes !

— Ce n'est pas ce que nous appelons des bottes. »

Pas vraiment un début prometteur à proprement parler, mais ça ne me fait pas reculer. Avant de m'emmener dans la steppe, qui se profile dans une brume jaune vacillante par-delà la frange verte de la ferme, elle me demande d'effectuer un parcours autour du paddock. Je monte en douceur, m'assois le dos droit, de la façon que je sais être correcte, avec les rênes à la bonne longueur et les talons dans les étriers. Je pose ces derniers sur les flancs de la jument, qui se met à avancer au pas tranquillement. Après deux tours, la femme me rappelle poliment.

« Vous ne pouvez pas sortir, me dit-elle.

— Pourquoi ? »

Elle hausse les épaules. « Vous ne savez pas monter à cheval. »

Plus que curieux, je lui demande ce que je fais mal, mais elle semble incapable de le dire avec des mots. Rien ne va ; elle l'a compris dès qu'elle m'a vu. Je l'implore de me donner une autre chance et elle cède à contrecœur. « Très bien, vous pouvez tenter le trot. Mais faites bien attention. »

Le trot est un désastre total. Incapable de trouver le rythme, je suis secoué et je rebondis dans tous les sens, perds un étrier et passe le reste du temps à m'accrocher, ma mâchoire claquant violemment dans mon crâne tandis que la jument paraît vouloir se mettre au galop. Elle sait très bien que je ne contrôle pas la situation et semble offensée par la présomption que je l'aie jamais contrôlée ; c'est comme une punition équine face à mon orgueil humain. Nous faisons encore deux fois le tour, sous la surveillance de palefreniers sans expression. Je suis soulagé quand la femme me rappelle. « Vous voyez ? dit-elle sans satisfaction. Sur la Puszta, il y a des cerfs, des lapins, du vent. Ces chevaux sont sensibles. Il faut savoir monter. »

Mi-humble, mi-humilié, j'opte pour une visite de la steppe en calèche.

La mienne est la dernière de quatre, chacune tractée par une paire de canassons et conduite par un homme taciturne en chemise indigo et chapeau de feutre, un autre costume de l'Hortobágy. Hormis un Japonais solitaire, je suis le seul étranger. Nous nous engageons sur la piste de terre, laissant derrière nous le haras, et nous dirigeons vers la prairie en soulevant un sillage de poussière. Une cabane construite en chaume jaune pointe à l'horizon. Elle semble proche, mais nous mettons un moment, étonnamment long, pour l'atteindre ; la steppe a des effets particuliers sur la perception du temps et de la distance.

Un autre homme en chemise indigo émerge de la cahute, le dos voûté. Il ne fait rien et ne dit rien. Il se contente de regarder, appuyé sur un bâton. Tandis que les touristes commencent à prendre des photos, j'aperçois ce que nous sommes venus chercher : une douzaine de buffles dans un trou d'eau stagnante.

Ils sont comme de la glaise vivante, des golems élémentaires. Presque entièrement submergés, seuls leurs narines, leurs larges cornes et le sommet de leur tête dépassent le niveau de l'eau. Leurs oreilles en forme de pales battent les mouches au loin. Chaque partie d'eux est de la couleur uniforme de la boue ; de temps en temps, une queue grise se soulève et retombe dans un jet d'eau, ou une langue grise pointe d'une bouche grise et baveuse pour sonder l'onde. Leurs yeux sont gris. Leurs dents sont grises. Ils évoquent des poissons des fonds, des carpes abandonnées qui se noieraient dans un étang en train de s'évaporer lentement et nous regarderaient avec des expressions à la fois moroses et indulgentes.

« Pouah ! » s'exclame un enfant en bas âge avec un véritable dégoût.

Les calèches gardent une distance respectueuse. Ces bêtes, notoirement grincheuses, peuvent dominer un cheval au galop. Elles aussi sont arrivées en Hongrie par la porte arrière de l'Europe, attelées aux caravanes des Avars – un peuple nomade d'Asie centrale qui a précédé les tribus magyares – au VIe siècle, à l'époque des grandes migrations.

Au moment de partir, je me retourne pour voir l'homme se recroqueviller pour rentrer dans sa cabane, mettant un terme à l'excitation de la journée. Il est apparemment leur gardien, ce qui paraît être une tâche ingrate.

Nous nous dirigeons vers un autre point d'intérêt de ce vaste espace : une longue grange en forme de trapèze qui semble n'être qu'un toit, avec ses avant-toits en chaume qui touchent presque le sol. Des bovins gris hongrois déploient leurs cornes majestueuses, impressionnantes architectures qui paraissent presque trop lourdes pour leur crâne, certains debout, d'autres couchés, calmes malgré notre présence. Ici, les touristes sont autorisés à débarquer et à se promener, et même à piquer dans les murs de chaume d'un mètre d'épaisseur de l'étable. Il s'agit en fait d'y attendre une arrivée autrement importante. Nous les regardons s'avancer dans le lointain : trois cavaliers sombres filant tels des navires, la tête inclinée vers le soleil. Ils donnent moins l'impression de se rapprocher que de grandir.

Ces *csikók* sont les bouviers traditionnels de l'Hortobágy, des cow-boys de l'Est sauvage, qui semblent tout droit sortis d'un conte de fées. Pas de jeans ni de jambières de cuir poussiéreux, pour eux : ils portent des tricornes noirs raides ornés de plumes d'outarde, des gilets noirs brodés et des pantalons larges en forme de jupe d'un indigo sublime, sous lesquels brillent des bottes en cuir noires. Selon certains historiens, ce costume est un emprunt aux nomades turcs que les Magyars ont rencontrés au cours de leurs siècles d'errance. Et qui pourrait leur reprocher de l'avoir volé ? C'est la quintessence de l'audace. Ils sont ici pour donner une représentation – les vêtements eux-mêmes insistent sur ce point. D'ailleurs, le public se rassemble autour d'eux en un fer à cheval étroit. Le spectacle s'ouvre sur le balancement synchronisé des fouets, qui envoient des claquements à fendre les oreilles à travers la steppe, résonnant tels de vrais coups de tonnerre. Puis, sur leur ordre, leurs montures tombent au sol et se tournent sur le côté, comme si elles étaient mortes ; les cavaliers glissent doucement avant de se mettre à califourchon sur elles et de se redresser en brandissant leurs fouets en l'air, un rituel de domination. Les bêtes supportent sans broncher ce spectacle d'apparence brutale, s'installant même en position assise comme des chiens à la fin du show. Cette démonstration a une signification qui, une fois encore, remonte à l'époque du banditisme *betyár* : à l'origine, les fouets étaient utilisés pour habituer les animaux aux coups de feu, afin qu'ils restent calmes pendant les raids, et ils étaient entraînés à se coucher à plat pour se fondre dans l'herbe lorsqu'ils étaient poursuivis par des *hajdúk* ou d'autres agents de la force publique. Les selles sont d'une élégante simplicité, juste une feuille de cuir lisse, pour permettre aux cavaliers de descendre en une seconde.

Vient ensuite le point culminant du spectacle, une haute voltige équestre, un acte de galanterie si macho qu'il en est absurde. Un cavalier se tient debout avec un pied sur le dos d'un cheval et un pied sur un autre – des éponges absorbant les chocs donnés par les bottes pour épargner leurs colonnes – en tenant les rênes de trois chevaux attachés à l'avant, le tout au grand galop sur le terrain plat. Contrairement au claquement des fouets ou à l'astuce consistant à s'allonger sur le sol, cette chevauchée a pour seul but de paraître impressionnante. Il ne s'agit pas d'une coutume ancestrale datant de l'époque des nomades, mais d'un cas particulier où la vie imite l'art. En 1923, Ludwig Koch, un peintre autrichien, a dessiné cette formation bizarre comme une scène imaginaire, une sorte de fantasme de la steppe, et un cavalier hongrois du nom de Béla Lénárd a décidé de l'essayer. Il lui a fallu des années de tentatives et d'erreurs pour perfectionner la technique ; la première haute voltige réussie a été réalisée dans les années 1950. D'autres l'ont apprise à leur tour, si bien qu'elle fait aujourd'hui partie du canon de l'équitation *csikó*.

La performance touche à sa fin. Les *csikók* posent pour des photos et promènent les enfants à cheval. Je pense au spectacle de Texas Hollywood – la comparaison est inévitable. Mais ces reconstitutions sont des mondes à part. C'est peut-être du tourisme, mais c'est aussi, à n'en pas douter, la perpétuation de traditions enracinées dans le réel, pas importées d'un film. Ces tours sont exécutés par des hommes dont les grands-pères auraient pu faire de même (mais peut-être pas leurs pères, dans les années du communisme) et ils portent leurs costumes excentriques comme s'ils étaient sérieux. Ils s'en vont bientôt, sans doute pour enfiler des vêtements modernes et mettre en route la climatisation, mais cela n'atténue en rien le charme. Sur le chemin du retour à Mátai Ménes, le chauffeur passe des appels sur son téléphone. D'une manière incongrue, ce geste affermit les traditions.

Les chevaux ont été domestiqués pour la première fois dans la steppe occidentale ou centrale voici cinq à six mille ans – la date de 3500 avant notre ère est souvent utilisée, par commodité – bien qu'une étude plus récente suggère que leur domestication pourrait être bien plus ancienne, et même remonter à la fin de la dernière période glaciaire. La théorie traditionnelle de la steppe veut que des éleveurs surnommés Yamnaya aient migré vers l'ouest aux environs de 3000 avant notre ère, avec des connaissances sur l'élevage des chevaux ; une autre hypothèse fait référence aux Botaïs, un peuple de l'actuel Kazakhstan septentrional, qui a laissé derrière lui de nombreux vestiges archéologiques – des fosses d'ossements de chevaux et des poteries ayant contenu du lait de jument – témoignant de la place prépondérante des équidés dans leur culture. La vérité se cache dans un réseau de contre-accusations archéologiques et d'ADN mitochondrial trop complexe pour que je puisse le démêler. Le plus probable, peut-être, est que différentes personnes ont amené différentes souches de chevaux sauvages à différents stades de domestication, à diverses époques, et que ces courants variés ont fini par fusionner en un seul.

Mais il y a une différence entre domestiquer un animal

– l'élever ou le préserver pour sa viande, son lait, contrôler sa reproduction et l'exploiter pour transporter des objets – et sauter sur son dos et le lancer au galop. La question de savoir si les chevaux ont d'abord été utilisés comme des animaux de trait, tels les bœufs ou les buffles, ou à titre de bêtes de selle, fait encore débat. Les importantes races de rennes, au mieux semi-domestiquées, étaient (et sont toujours) montées par des tribus turques, les Dukhas en Mongolie, par exemple, mais un ordre de grandeur sépare le cervidé de l'équidé. Est-il possible que les rennes aient été montés en premier et les chevaux plus tard ? J'aime à penser que cette découverte a été faite par un casse-cou, un Béla Lénárd des temps anciens, quelqu'un qui souhaitait mourir ou qui avait besoin d'impressionner pour séduire. Comme cela a dû être à la fois terrifiant et exaltant pour cette première personne qui a serré ces flancs entre ses cuisses et s'est accrochée à cette crinière pour sauver sa vie ; quelle accélération saisissante des possibilités humaines, que de remonter l'horizon à des vitesses jamais imaginées auparavant ! Devant elle s'étendait un espace illimité de carburant pour chevaux. Qui, avec le vent dans les cheveux, n'aurait pas éprouvé l'envie de voir ce qu'il y avait au-delà du point le plus éloigné, libéré de ses pieds, une révélation aussi énorme que la découverte du vol ?

Comme toute technologie puissante capable d'emmagasiner de l'énergie, le cheval a révolutionné toutes les cultures qui l'ont adopté, transformant la chasse, l'élevage, l'agriculture, les voyages, les communications longue distance, les réseaux commerciaux, les guerres et à peu près toutes les interactions entre les groupes humains. Les structures de pouvoir ont également changé, les chevaux devenant des symboles de statut social, au point que leurs ossements étaient enterrés dans les tombes des chefs, des rois et des guerriers. Les roues à rayons développées dans la steppe – une autre production fortuite du terrain plat – ont permis l'invention des chars, dont l'usage s'est rapidement répandu en Europe et en Mésopotamie, préludant aux invasions, à la naissance et à la chute des empires. L'équitation a fait d'immenses bonds en avant : l'invention du mors, dont les Botaïs utilisaient déjà des versions il y a cinq mille ans; la selle solide, mise au point par les nomades eurasiens dès le VIIe siècle avant notre ère; et l'étrier, apparu en Chine et qui s'est répandu vers l'ouest. Ces innovations autorisaient une plus grande manœuvrabilité et une meilleure stabilité lors du maniement des armes; l'étrier, en particulier, était crucial pour les Scythes qui menaçaient Rome depuis la steppe occidentale, car il permettait aux archers montés de se retourner et de tirer en arrière depuis la selle, perfectionnant de ce fait les attaques en rafale qui déconcertaient leurs poursuivants. Les mythes des centaures de la Grèce antique trouvent peut-être ici leur origine : l'homme et le cheval unis pour former une unité de combat redoutable. Ces cultures, ainsi que d'autres de guerriers à cheval, ont été les précurseurs des Huns – la progéniture bâtarde d'Hunor – qui ont envahi l'Europe au Ve siècle, et qui étaient loin d'être les derniers nomades des steppes à dévaster la chrétienté.

« En marge de l'allégorie, entraperçus à travers la brume légendaire et la poussière des chroniques, ces étrangers ont quelque chose de démesuré, quelque chose de géant et quelque chose d'ogres », écrit Patrick Leigh Fermor dans *Entre fleuve et forêt*, le récit de sa marche en Europe, y compris dans la grande plaine de Hongrie, dans les années 1930. « Nuisance permanente pour l'Occident, leur étrier nouvellement inventé les rendait encore plus redoutables : une assise ferme sur la selle a évincé l'arc comme arme principale du cavalier et l'a remplacé par la lance, puis la lance, à son tour, a donné naissance aux chevaliers lourdement armés du Moyen Âge puis, de façon peu barbare, au char d'assaut. » En tant que terminus géographique de milliers de kilomètres de terrain plat, la Hongrie a subi le poids de cette machine à envahir à cheval ; presque aussitôt après leur arrivée, sur les traces d'autres maraudeurs, les Magyars devinrent le rempart de l'Europe contre les vagues d'incursion des Mongols, des Coumans, des Petchenègues, des Tatars et enfin des Turcs ottomans, qui écrasèrent les troupes de Lajos II à Mohács en 1526, une catastrophe qui entraîna la partition du royaume.

Il existait aussi des races de chevaux sauvages endémiques dans le Nouveau Monde – où le genre *Equus* a vu le jour avant de s'implanter en Eurasie en traversant le pont terrestre de Béring –, mais elles disparurent des prairies de cette région à la fin de la dernière période glaciaire, poussées à l'extinction soit par le changement climatique, soit par les populations humaines effectuant une migration inverse, ou plus probablement par une combinaison mortelle des deux. Se propageant vers l'ouest à travers l'Asie, les chevaux furent absents d'Amérique du Nord pendant dix mille ans. L'invasion européenne qui commença en 1492, à laquelle ils étaient militairement essentiels, joua, sans le vouloir, en faveur d'une réintroduction de l'espèce. Les Indiens des plaines et d'autres groupes adoptèrent rapidement l'équitation et l'adaptèrent à leurs besoins, maîtrisant la pratique si naturellement que c'était comme si les chevaux n'étaient jamais partis.

L'Hortobágy préserve un lien avec l'histoire équine la

plus ancienne. Seules deux races jamais domestiquées ont survécu jusqu'à l'époque moderne – les chevaux « sauvages » d'aujourd'hui sont en fait des animaux qui ont échappé au contrôle de l'homme et se sont réensauvagés : les tarpans et les chevaux de Przewalski (du nom de l'explorateur russo-polonais Nikołaj Przewalski). Le dernier tarpan connu est mort en captivité en 1909, tandis que le cheval de Przewalski, à l'image du bétail gris hongrois, a réussi à franchir le goulet d'étranglement pour éviter de justesse l'extinction, en partie grâce à des programmes d'élevage en Mongolie, où ses ancêtres auraient pu errer. On en trouve un petit troupeau ici, dans le parc national : corpulents, ternes, les jambes arquées, la crinière noire raide comme un balai, ils sont aussi différents d'un pur-sang Nonius que les ânes sauvages d'hier le sont des domestiques. Tout en eux semble ancien; une fois de plus, leurs lignes s'inspirent directement de l'art rupestre paléolithique.

Sur le trajet du retour vers le camping du village d'Hortobágy, je remplis mon chapeau de prunes mûres qui s'offrent au bord du chemin. Elles sont étonnamment douces, avec des peaux dorées et poussiéreuses. Un petit garçon marche au milieu de la route avec une paire de bottes d'équitation dans les mains (« Ce ne sont pas ce que nous appelons des bottes ») et un fouet autour du cou, un *csikó* en formation.

Empêché de traverser la steppe à cheval, j'essaie de le faire à vélo; je loue un engin à pignon fixe, avec des pneus tout ce qu'il y a de plus classique. Personne ne critique mon choix de chaussures ou n'exige de preuve de mes capacités; je pédale et je pars, maître de ma monture.

Je prends la route vers Debrecen, puis vers le nord,

presque jusqu'à Balmazújváros, et je tourne enfin vers l'ouest, avec le parc national de chaque côté. C'est la fin de la journée et la chaleur est étouffante. Les prairies s'éloignent. Des nuages immaculés projettent des ombres sur le ciel, approfondissant son bleu, et l'horizon frissonne dans une brume gélatineuse. Mon passage dérange de petits oiseaux bruns qui s'élèvent en bancs de gazouillis. Devant moi se trouve la région de Darassa, plus marécageuse et plus boisée que le reste de l'Hortobágy – un terrain de chasse pour les aigles impériaux, les pygargues à queue blanche et les faucons sacrés –, mais avant d'y arriver, un chemin de terre me fait quitter la route. Il n'y a personne en vue dans aucune direction; ignorant les panneaux de l'Unesco, je m'engage sur une étroite piste argileuse durcie par la chaleur qui file vers le sud. Le village d'Hortobágy doit se situer à une quinzaine de kilomètres face à moi. Entre nous, il n'y a que la Puszta non fauchée.

Je ne suis peut-être pas en train de galoper à cheval, mais, en faisant abstraction de mon incrédulité, glisser dans cet espace ouvert sans rien devant ni derrière – seulement le ciel au-dessus de ma tête et le sol sous mes roues – me paraît aussi proche de la liberté parfaite que ce que j'espérais. Une grande partie de l'expérience semble surréaliste, l'horizon ne cessant de s'éloigner doucement à la vitesse que je dicte, fuyant quand je le poursuis, s'arrêtant lorsque je me fige. La sensation de traque est addictive, comme si nous jouions. Poursuivre et rattraper. Cacher et chercher. Mais la liberté parfaite ne dure pas; une fois dépassée une ferme isolée – vide de tout observateur à l'exception d'un énorme taureau qui mugit une fois, comme en avertissement –, la piste se dégrade rapidement en ornières. Après un galop facile, mon allure tient plus d'un trot ignominieux, une épreuve d'endurance physiquement douloureuse. Soudain, la distance et le niveau d'exposition semblent beaucoup plus importants.

La couleur de la steppe passe du jaune à des tons plus complexes, s'assombrissant et s'éclaircissant avec des arbustes, des laîches, des herbes et des fleurs dont je ne connais pas le nom ; comme dans la Białowieża, mes yeux s'habituent à un monde de différences. Mais l'horizon reste inchangé, par une sorte de vaste inertie. Je n'ai mangé que des prunes dorées et j'ai négligé d'emporter de l'eau. La réalité de la soif revient tel un mauvais rêve. Dans la chaleur de la fin d'après-midi, je suis suffisamment épuisé et en sueur pour plonger mon visage dans une mare – l'eau y est trop sale pour être bue – avant de remarquer que la terre a été écrasée par des sabots. Je n'avais pas envisagé la présence de buffles, et cette possibilité est alarmante ; s'ils peuvent distancer un canasson, ils sont certainement capables de rattraper un vélo à pignon fixe sur un terrain accidenté. Je suppose que, si on me voit de loin, je pourrais m'allonger comme un cheval de *csikó*. Mais je n'ai pas de fouet.

Ici et là, l'infinité du plan horizontal est brisée par des structures verticales, comme d'étranges potences. Ce sont des puits traditionnels. Leur conception – un grand pieu articulé avec un bras en porte-à-faux (ou « balai ») sur lequel un seau est accroché pour puiser l'eau de la terre – est inconnue dans la plupart des pays d'Europe, mais commune en Asie centrale, en Égypte et en Inde, sous le nom arabe de *shaduf*, un autre écho de l'Orient. Leigh Fermor les a vus dans les années 1930 : « Ces montants solitaires donnent un air de désolation à la plaine : ils ressemblent à des engins de siège abandonnés le jour et la lumière déclinante les transforme en gibets ou en ces piquets surmontés d'une roue dans les tableaux de Jérôme Bosch où des vautours se disputent des squelettes suspendus dans les airs. » J'ai quelque part dans mes notes une liste de diagrammes montrant comment, autrefois, ils servaient à titre de système de signalisation pour envoyer des messages codés, une forme de sémaphore des steppes. Selon l'angle du balayage et la position du seau, ils pouvaient être utilisés en guise d'invitations – « Rentrez à la maison, le repas est servi », « Un commerçant ambulant est arrivé » – ou comme des avertissements : « Un décès est survenu », « L'eau est empoisonnée », « Les fonctionnaires du gouvernement sont dans la région, cachez votre bétail ». Un châle de femme pendu au bout peut signifier, pour un berger solitaire : « Une prostituée est ici. »

Voici d'ailleurs un berger solitaire, à côté d'un groupe de vaches éloignées, une forme noire se matérialisant dans le vide. Sachant que je ne suis pas censé me trouver ici, je marche, ce qui semble plus respectueux. Tandis que je fais rouler le vélo vers lui, le visage ruisselant de sueur, je le vois s'étoffer dans des proportions surprenantes : un homme énorme, à la tête lourde, portant un bâton sculpté dans le creux de ses coudes, bien calé derrière son dos. Je le salue d'un « *Servusz* », une formule plus courtoise que « *Szia* », plus familier. Il me regarde avec de grands yeux, dont le blanc est aussi rose que sa peau. J'essaie de ne pas fixer son ventre, qui est d'une taille étonnante, un sac violet et tacheté qui déborde du bas de son tee-shirt et pend entre ses cuisses et ses genoux, ondulant lorsqu'il marche. Il pourrait y cacher son bétail. La chienne jaune sur ses talons présente huit longues tétines qui se balancent.

Il prend ma main dans la sienne et la secoue solennellement, ne trahissant aucune surprise apparente de me croiser là, si loin d'une route. Sa curiosité placide a un côté vaguement bovin, comme si, par une transformation chamanique, lui-même l'était devenu à moitié dans l'isolement des champs.

« Vos vaches ? je demande en indiquant le troupeau qui souffle et trépigne tout près.

— *Nem.* » Il secoue la tête et désigne un autre endroit de la steppe – où il doit y avoir un troupeau – que je n'aperçois pas.

« Hortobágy ? je suggère en montrant le sud.

— *Igen.* » Il opine une seule fois.

En m'éloignant de lui par rebonds, je sens ses yeux et ceux de son chien – voire ceux des vaches – me suivre pendant un long moment, mais quand je me retourne, la distance les a tous engloutis.

Des kilomètres de punition musculaire passent et je commence à m'inquiéter de la position du soleil, qui bascule rapidement vers la nuit. Le ciel brille à l'ouest. Les herbes projettent des ombres précises. Au moment où je crois reconnaître la bosse d'une tour à grain et la bande de feuillage qui laisse entrevoir pour la première fois ma destination – bien que le village doive être encore à des heures de marche –, la boule orange déformée vacille à l'horizon, fondant à la limite du champ de vision. C'est là, sans aucune raison, que la piste s'arrête. D'une certaine façon, au fond de moi, je l'ai toujours su. Elle m'a conduit tout ce chemin pour se terminer dans le néant, sans la moindre trace d'un sentier dans l'herbe au-delà ; il n'y a rien d'autre à faire que de descendre de vélo et de pousser. La bicyclette, auparavant libératrice, est à présent un handicap, son lourd cadre un fardeau que je dois à moitié traîner, à moitié porter sur un sol inégal et des marais peu profonds. Des ruisseaux marécageux sillonnent la terre. Mes bottes ont des éclaboussures aux chevilles. L'herbe devient plus haute, plus sauvage, jusqu'à m'arriver aux genoux, à la taille. Un nuage de moucherons me suit, poussé à l'extase par ma sueur, mais je n'ai pas l'énergie de les balayer de mon visage. Le soleil est en dessous de la ligne d'horizon, à présent, de l'autre côté du monde, et bientôt il fera trop sombre pour y voir. Puis – alors qu'il semble que cela ne finira jamais – mes pieds se posent à nouveau sur un sol égal. Je suis dans une prairie où l'herbe a été fauchée.

J'avise une ferme en ruine à proximité, envahie par le séneçon, le chaume fendu en son milieu comme un arbre frappé par la foudre. Cette petite maison dans la prairie est un point de repère que j'ai déjà vu. Juste au-delà se trouvent un canal de drainage et le goudron d'une route. Mes genoux flageolent à cause de l'effort, mon corps est aussi meurtri et épuisé que s'il avait gravi une montagne. Mais la voie mène au pont à neuf arcs, au goulasch de la Grande Csárda et à une bouteille de bière forte, comme pour d'autres qui reviennent heureusement de la steppe.

Si dans la *puszcza* de Białowieża tout tournait autour des arbres – on les cultivait, on les défendait et on les vénérait autrefois –, l'Hortobágy est centré sur l'économie de l'herbe. Cette Puszta n'est pas une bulle primitive. Elle est qualifiée de « semi-naturelle », influencée depuis des milliers d'années par l'homme et son bétail, qui ont modifié la position de la végétation originelle de la steppe. L'herbe ne permet pas seulement de nourrir les troupeaux de vaches et de moutons, dont les excréments acidifient le sol alcalin depuis des siècles, elle est aussi récoltée pour servir de fourrage et de combustible, empilée dans les meules de foin que j'ai vues plus tôt ou mises en balles par des machines. Chaque matin, depuis ma tente, j'observe une lente cavalerie d'hommes âgés pédalant vers les champs sur des bicyclettes avec des débroussailleuses en équilibre sur les épaules, tels des chevaliers de joutes chimériques. (Plus tard, ils se rassemblent devant l'auberge pour fumer et boire du Zwack, une liqueur noire à base de plantes au goût parfaitement infâme.) L'odeur de l'herbe coupée est présente partout, donnant à l'air une senteur sucrée.

Les graminées sont, à certains égards, les colons les plus efficients au monde, et certainement les végétaux colonisateurs les plus efficaces. Elles propagent leurs graines par le biais du vent, qui les répand sur de grandes distances. Et comme les bouleaux pionniers, elles sont parmi les premières à s'installer sur les terrains nouvellement défrichés, prospérant dans les zones déboisées ou ravagées par le feu. Environ douze mille espèces d'herbes couvrent plus d'un tiers de la surface terrestre de la planète. Elles sont, à y regarder de près, aussi multiples dans leurs formes que les arbres : plumeuses, poilues, fines, grossières, teintées d'argent, de pourpre ou de bleu, aussi discrètes que le pâturin des prés ou imposantes que le bambou. Depuis les cultures céréalières du Croissant fertile – et sa trinité fondamentale de l'épeautre, du petit épeautre et de l'orge – jusqu'aux anciennes civilisations de la Chine et de la Méso-Amérique, la consommation de divers types d'herbe a alimenté l'essor des villes. Le blé, l'avoine, le seigle, le riz, le millet, le maïs, le teff, le sorgho et la canne à sucre sont tous des herbes domestiquées ; une douzaine de souches de *Poaceae* nourrissent aujourd'hui plus des neuf dixièmes de la population mondiale. Lorsque nous ne mangeons pas d'herbe, nous ingérons des animaux qui s'en repaissent ; à l'exception des chasseurs-cueilleurs, qui n'ont jamais été asservis par les céréales, les humains sont effectivement devenus une espèce herbivore.

De façon plus subversive, peut-être, la domestication va dans les deux sens. Les réserves de céréales, stockées comme une assurance contre les pénuries futures, ont peut-être permis aux populations humaines de se développer de manière exponentielle, préparant la voie aux civilisations agricoles à grande échelle qui suivirent la révolution néolithique, avec leur cortège de hiérarchies, de stratifications sociales, de constructions monumentales, de technologies, d'innovations et de guerres. Mais au service de l'herbe, l'homme a répandu ses graines très loin. Des rizières asiatiques aux champs de blé américains – sans parler des pelouses et des terrains de golf, irrigués par une eau précieuse, qui verdissent artificiellement les terres désertiques de l'Arabie saoudite au Nevada –, notre déification de l'herbe a massivement augmenté son aire de répartition, garantissant la survie de son espèce (ou de quelques-unes d'entre elles, du moins). Peut-être est-ce l'inverse et l'herbe nous fait pousser, nous ?

Dans le roman *Terre brûlée*, écrit par John Christopher en 1956, l'apocalypse prend la forme d'un virus qui balaie le monde en éliminant les espèces d'herbe une à une, en commençant par le riz en Extrême-Orient. En peu de temps, la civilisation s'effondre ; des centaines de millions de personnes meurent de faim ; la Chine et l'Union soviétique sombrent dans le chaos armé ; des hordes affamées du Pakistan envahissent la Turquie ; les Amériques et l'Australie imposent une quarantaine stricte dans une vaine tentative de retarder l'inévitable. Au-delà de la banlieue de Londres, l'Angleterre est devenue un paysage cauchemardesque en proie aux seigneurs de la guerre, avec des bandes qui battent la campagne et pillent les réserves de céréales. Dans la vision inquiétante de Christopher, aussi sombre et impitoyable que les conséquences d'un holocauste nucléaire, l'herbe est le mince vernis qui sépare l'humanité civilisée de la barbarie. Si elle meurt, nous mourons.

En ce qui concerne la barbarie – au sens historique et non péjoratif du terme –, l'herbe pourrait également être à l'origine des anciennes migrations vers l'ouest. Selon certaines théories, les changements climatiques eurent pour résultat d'accroître l'humidité dans la steppe orientale, réduisant ainsi la quantité de pâturages disponibles pour les troupeaux de bovins et de chevaux qui constituaient l'épine dorsale des économies nomades barbares. (Le terme « barbare », du grec *barbaroi*, est un pur snobisme linguistique, dérivé du charabia « bar-bar-bar » parlé par les tribus grossières et non civilisées au-delà du monde classique.) Les réfugiés climatiques à cheval se déplacèrent vers l'ouest à la recherche de conditions plus favorables, déplaçant d'autres groupes, qui en déplacèrent eux-mêmes d'autres, un effet domino qui atteignit l'Europe et conduisit finalement à l'effondrement de l'Empire romain. Sous ses diverses souches, cette plante inoffensive a été à l'origine de certains des développements, et des désastres, les plus profonds de l'histoire humaine.

Près du pont à neuf arcs se trouve le *Pásztormúzeum*, le musée des Éleveurs, avec ses costumes folkloriques et ses modèles en cire de la vie de la Puszta. J'ai toujours été attiré par les dioramas et j'y reviens sans cesse. Les éleveurs dormaient dans la steppe dans des abris saisonniers fabriqués en roseaux et préparaient leurs repas derrière des brise-vent en chaume, des nids verticaux faits d'herbe. Un tronc d'arbre, dont les branches étaient coupées pour former des marches d'échelle, servait de poste d'observation (ou sûrement, en cas d'orage, de paratonnerre), permettant de voir de loin les cavaliers en approche. Ils fumaient des pipes à tabac de la taille d'un pied et portaient des robes de feutrine élaborées, ourlées de rouge et de bleu et brodées de tulipes ainsi que d'autres fleurs. Pour faire sa demande, un éleveur laissait ce vêtement coûteux, appelé *szűr*, devant la porte d'une femme ; si sa proposition était acceptée, le *szűr* était emporté à l'intérieur, si elle était refusée, il était toujours suspendu dehors le lendemain matin, humide de rosée, attendant humblement d'être réclamé. Le hongrois moderne conserve l'expression *kiteszik a szűret*, « jeter son *szűr* », pour le rejet des propositions romantiques.

Je ne serais pas surpris qu'Albert ait ainsi courtisé sa femme, Judit ; c'est le couple propriétaire de la pension de famille dans laquelle je m'installe pour ma dernière nuit, avant – c'est du moins mon intention – de partir enfin à pied à travers la Puszta. Il est sûrement de sang *betyár*, un homme noble et pirate avec une longue queue-de-cheval grise et une barbe poivre et sel peignée en moustaches impressionnantes. La pièce du rez-de-chaussée dans laquelle je suis conduit est dominée le long d'un mur par un poêle en céramique aux carreaux vert arsenic, qui, heureusement, n'est pas allumé ; c'est la journée la plus chaude jusqu'à présent et mes vêtements collent comme une combinaison de plongée. Je signe les formulaires d'inscription en baignant dans des flaques, assis sur une chaise en bois sculpté à haut dossier. Le papier est maculé de ma sueur, une fois le processus terminé. Comme s'il voulait réguler un moteur, Albert fait joyeusement baisser ma température centrale avec un *fröccs* – pas un spritzer, insiste-t-il, qui est un plagiat autrichien –, du vin jaune de Tokaj, et de l'eau gazeuse provenant d'un SodaStream. Il a vécu toute sa vie sur la Puszta ; sa femme vient de la ville la plus proche.

« L'été, nous sommes agriculteurs, dit-il.

— Que faites-vous en hiver ?

— On dort et on fait des enfants. »

Le soir, Judit conduit deux chevaux dans la cour et Albert surgit avec des vêtements qui pourraient provenir du *Pásztormúzeum* : une chemise immaculée et un gilet en laine peignée orné de nœuds noirs et de boutons argentés en forme de glands, et un chapeau de feutre gris avec une plume d'outarde sur le bord. Il a l'air plus naturel dans ces vêtements que dans ses autres habits. Les chevaux sont attelés à un cabriolet ; assis à l'avant, Albert les guide à l'aide d'un fouet léger et claquant au bout d'un bâton, comme une canne à pêche. Des rubans aux couleurs nationales de la Hongrie – rouge, blanc et vert – sont suspendus à leurs harnais.

À bord du cabriolet sont installés deux autres invités, un couple d'Allemands qui revient d'une excursion ornithologique en Transylvanie. Nous traversons le village vers l'est, en passant devant des animaux paissant dans des enclos qui sont en fait de vastes jardins. À l'extérieur d'une des maisons se trouve un champ où vivent deux grands taureaux, un gris de Hongrie et un buffle, aussi différents l'un de l'autre que l'orge l'est du maïs ; le gris se tient tranquille et distant, un solide bloc d'ivoire, tandis que le buffle sort avec un gémissement primaire de son trou de couchage, couvert de boue dégoulinante. Je me demande ce qu'ils pensent l'un de l'autre.

Albert se dirige vers la Puszta, guidant les bêtes à l'aide

de sifflets silencieux et du bruit de l'air entre ses dents. Il parle aussi bien la langue du cheval que l'allemand et l'anglais. Son fouet s'agite de-ci de-là pour indiquer les essences d'arbres qui empiètent sur le territoire, tels le robinier faux-acacia, l'olivier de Russie et le faux indigo du désert, des espèces invasives qui font des incursions ici avec le réchauffement climatique. Son costume est peut-être figé dans le temps, mais la terre qui l'entoure change. Les étés sont désormais plus longs et plus arides – le bassin des Carpates est plus chaud d'un degré en moyenne qu'il y a trente ans, une température qui devrait, comme partout ailleurs, augmenter – et les sécheresses et les pénuries d'eau exacerbent les problèmes causés par l'intervention humaine. « À long terme, l'assèchement de la Puszta et la régulation de la Tisza au XIXe siècle ont peut-être gravement endommagé l'écosystème de la Puszta, indique le guide Crossbill sur la nature que j'ai utilisé comme référence ici. La baisse des eaux souterraines alcalines résultant de ces mesures peut signifier que les sels alcalins ne peuvent plus atteindre la surface et donc entraîner une désalinisation de la Puszta. » Cette désalinisation en cours modifie le caractère de la steppe ; les oiseaux migrateurs sont particulièrement vulnérables à ce changement. Comme les vagues d'invasion humaine qui ont déferlé au fil des ans, les menaces qui pèsent sur la sérénité de la prairie viennent de loin. « Les parcs nationaux n'existent pas en vase clos, explique encore le guide. Malgré les mesures de protection, les populations de certains oiseaux nicheurs déclinent lentement, mais sûrement. Beaucoup d'entre eux hivernent au-delà du Sahara. L'expansion du désert du Sahara due au changement climatique et l'utilisation de pesticides sur le continent africain ont un impact négatif sur les résidents estivaux de l'Hortobágy. »

Le désert encore : toujours là, un rappel jaune de la mort, un *memento mori* aussi présent que la fonte des glaces. Sur l'échelle qui va de l'humide au sec, du tempéré au chaud, les steppes – ces prairies semi-arides – sont à quelques petits écarts de température des zones véritablement arides du Sud, où le sol se transforme en poussière et où même l'herbe ne pousse pas. Le semi-aride devient l'aride, selon la sagesse climatologique, lorsque les précipitations annuelles tombent en dessous d'un certain seuil, et la désertification peut être causée par le changement climatique ou l'activité humaine (bien que la frontière entre les deux n'ait pas de sens de nos jours). L'exemple du Dust Bowl dans les prairies américaines, dans les années 1930, ou la propagation des conditions désertiques dans les steppes de l'Asie centrale communiste, tout au long du XXe siècle, offrent des exemples récents et inconfortables de la rapidité avec laquelle l'herbe peut mourir.

Albert fait de nouveau un geste avec son fouet : un faucon à pattes rouges – qui est venu d'Asie centrale pour se reproduire sur cette île de plus en plus petite d'herbe non coupée – plane au-dessus de la steppe comme s'il faisait du surplace. Je ne pense plus aux pesticides, ni au réchauffement climatique ou à d'autres horreurs invisibles ; il est plus facile de croire que cet oiseau sera toujours là, suspendu dans un temps fixe, une caractéristique immuable de l'air. L'Allemand rayonne en le regardant, enchanté comme un enfant.

Notre destination est la maison d'un vieux fermier, un ami d'Albert, qui a manifestement intégré ces visites dans sa routine quotidienne. La raison de son enthousiasme devient évidente lorsque la *pálinka* apparaît, une eau-de-vie claire distillée à partir de mirabelles, versée dans cinq tasses en étain décorées de scènes de chasse. Nous trinquons – « *Egészségedre!* » – et buvons. Des cochons aux poils bouclés s'affairent autour des roues, et un troupeau de moutons Racka tire sur l'herbe jaune à proximité, une autre race locale traditionnelle, avec des cornes qui donnent l'impression d'avoir été saisies aux extrémités et tordues. La scène semble à nouveau figée dans le temps, une illusion d'immobilité que j'accepte avec bonheur, surtout lorsque les tasses sont remplies. Notre retour au village au coucher du soleil est accompagné d'un vol de centaines d'oies qui se dirigent vers leurs aires de repos dans les zones humides d'Halastó.

Une fois dans la cour, on verse encore de la *pálinka* et du vin maison. Les chevaux en sueur ont reçu des pommes vertes de l'arbre, ont été frottés et conduits au pâturage à l'extrémité du hameau. L'obscurité tombe soudainement et coïncide avec une ivresse à laquelle personne ne semble prêt; elle emporte Albert et Judit au lit, peut-être pour faire d'autres enfants, et bientôt après, l'Allemande dans le noir. Il ne reste que son mari et moi, qui remplissons nos verres respectifs. Mon attention est davantage attirée par la danse mortelle des papillons de nuit dans la flamme de la bougie que par les mots qu'il prononce – quelque chose sur son métier de prothésiste dentaire, son amour des oiseaux, la dérive vers la droite de la politique européenne – mais sa voix s'assombrit. « Je suis désespéré, dit-il. Ils sont tous en train de disparaître. »

J'attends. Quelque chose a changé, mais je me demande bien quoi.

« Les oiseaux. Les insectes dont ils dépendent. Tu as vu ce rapport allemand? Trois quarts des insectes se sont volatilisés au cours des vingt-cinq dernières années dans les réserves naturelles. Dans les *réserves naturelles.* Est-ce le réchauffement climatique ? Des produits chimiques ? Personne ne le sait. Mais chaque année, il y en a moins. »

La bougie brûle faiblement. Dans l'obscurité, je ne distingue pas son visage, seulement les plans de lumière et les creux noirs autour de ses yeux. Il ne peut voir que la même chose de moi, ce qui facilite la situation.

« Demain, nous irons à Halastó pour que je puisse contempler les oiseaux, mais ça ne me rendra pas heureux. » C'est comme s'il se confessait. « Comment en parler à ma femme ? Je vais sourire et ne rien dire. Nous venons dans le coin pour observer ce qui a disparu d'Allemagne. Bientôt, nous devrons pousser plus loin pour trouver ce que nous ne verrons plus ici. Ensuite, cette possibilité s'essoufflera elle aussi. Il y a tant de beauté dans le monde, mais nous sommes dans des ténèbres. »

Son visage a presque entièrement disparu, une forme noire et anonyme. Deux étrangers assis dans l'obscurité, nous sommes sûrement trop ivres pour nous souvenir de ce moment ; mais je me rappelle le jeune homme enfantin du début de ces promenades, pleurant les jonquilles hors saison et le manque de neige. Combien d'autres petits chagrins comme celui-ci se partagent en silence ? « Je n'ai plus d'espoir », dit cet homme auparavant souriant qui buvait de la *pálinka* dans une carriole tirée par un cheval. Sa voix est de plus en plus mutique, elle coule avec la bougie. « Ces endroits… ces lieux sur la terre… il y en a de moins en moins. Et personne ne semble s'en soucier. Les oiseaux partent tous et personne ne s'en préoccupe. Que pouvons-nous faire ? »

Je sens quelque chose vaciller en moi, un glissement inattendu. Je parviens à me contenir jusqu'à la fin de la conversation. « Nous ne résoudrons pas ce problème ce soir », dit-il en souriant (mais si ce n'est pas ce soir, *quand*?) avant de descendre le reste de son verre et de disparaître dans la nuit. Je lui lance un « *Schlaf gut* », « Dors bien », et je me retrouve seul dans l'obscurité. Il y a un demi-litre de vin sur la table et le chant des grillons.

La vague monte en moi avec une force étonnante et me fait trembler, m'effondrer. Je fourre mon visage dans mes mains et me mets à pleurer, aussi silencieusement que possible, espérant qu'il revienne – cet étranger dont le chagrin pour le monde touche le mien – et en même temps soulagé qu'il ne soit plus là. Dans son choc et son caractère inévitable, ce sentiment ressemble au vêlage d'un iceberg ou au craquement d'un arbre quelques instants avant sa chute; à une violence et un relâchement lents qui se préparent depuis longtemps. Peu à peu, les bruits que je fais se transforment en mots. Ils ne sont pas intelligents, mais ce sont les seuls que je peux formuler en cet instant. Je les répète en boucle.

« Je suis désolé. Je suis désolé, je suis désolé. Je suis désolé. »

Geronimo. En dessous de moi, le néant.

Ensuite, je m'essuie le visage, débarrasse la table et vais me coucher. Le lendemain matin, Judit prépare le petit-déjeuner : œufs, pain frais, fromage, saucisses, prunes cueillies sur l'arbre. Le couple d'Allemands et moi mangeons bien, commentant la confiture faite maison. Ni l'ornithologue ni moi ne parlons de la nuit dernière. Mes compagnons prennent leurs jumelles et partent dans leur voiture de location. Je ne lui ai même pas demandé son prénom.

Vidé, je quitte la demeure d'Albert pour marcher dans la steppe.

Hier, à l'aide de cartes sur Internet, j'ai identifié une fine ligne blanche serpentant vers le sud à partir d'un lieu nommé Faluvéghalma, que je suppose être un village, dans la zone la plus large et la plus déserte du parc national d'Hortobágy. Ce trait se termine au milieu de nulle part – un thème apparemment récurrent avec les chemins de la Puszta. Seule une prairie sans piste s'étend sur des kilomètres ; d'un gris cendré sur le plan satellite, elle ressemble moins à un pré ondulé qu'à la peau d'une lune tachée, criblée de trous et exposée. De l'autre côté de la chaîne, au sud-est, se situe une ville appelée Nádudvar. À quinze kilomètres ? Peut-être vingt. Un long chemin à parcourir à travers un terrain découvert où je ne suis pas censé me trouver, mais – dans l'esprit du nomadisme et de l'attitude désinvolte de *betyár* – j'ai décidé de tenter ma chance.

Après l'effondrement de la nuit dernière, marcher est tout ce que je peux faire.

Pour atteindre Faluvéghalma, je dois suivre la ligne de chemin de fer vers l'ouest pendant deux heures en direction d'Halastó, la zone humide où le couple allemand est allé observer les oiseaux. Je dépasse la maison foudroyée dans la prairie qui m'a servi de signe de délivrance lors de cette malheureuse traversée à vélo. Son toit est à présent couvert de corbeaux. Un train bleu déglingué passe, et met longtemps à rapetisser dans le lointain ; vu le bruit qu'il fait, il a été huilé pour la dernière fois à l'époque où les communistes étaient au pouvoir. Devant moi, une frange de joncs marque la limite d'Halastó. Centré autour d'un complexe d'étangs à poissons creusés par des prisonniers pendant la Première Guerre mondiale – une extension moderne de la campagne séculaire visant à forcer la productivité de la Puszta –, c'est maintenant une importante réserve, qui abrite trois cents espèces d'oiseaux, soit quatre-vingts pour cent du total de la Hongrie. Si j'étais encore ici dans un mois, j'assisterais à l'arrivée épique de dizaines de milliers de grues, une étape dans leur migration annuelle de la Scandinavie vers l'Espagne. À présent, un mouvement brownien d'étourneaux tourbillonne au-dessus des roseaux. Je me demande si le prothésiste dentaire les observe à travers ses jumelles en souriant en silence. J'espère qu'il a oublié la nuit dernière et qu'il parvient à être heureux.

La chaleur torride du matin est coupée par un courant de fond tiède. Depuis la limite d'Halastó, je suis une route qui bifurque vers le sud et traverse un hameau appelé Szásztelek. Je passe devant des étangs gris et des buffles dont seuls les crânes plats et les regards indifférents dépassent de la vase. Ils ne paraissent pas troublés par mon intrusion. Szásztelek est vide de toute vie à l'exception d'un gigantesque cochon frisé qui se roule sous un arbre. La moitié de ses maisons sont en ruine, leurs toits se sont effondrés, et ses habitants semblent se cacher ou avoir fui depuis longtemps. Un puits abandonné se dresse avec son balayage horizontal : « Faites attention », dans l'ancien code.

Une heure de marche plus tard, Faluvéghalma n'est pas un village, mais une grande ferme d'élevage moderne. La route que je suis se termine ici, dans des hectares de granges en aluminium et de lisier ; au loin, des tracteurs empilent des pyramides de balles de foin. Je tergiverse au portail, en essayant de rester hors de vue. Cette industrie inattendue n'est pas une perspective rassurante et il semble qu'il n'y ait aucun moyen de la contourner. Au moment où je fais demi-tour, décidant que cette route est impossible – mon esprit vagabond ayant pathétiquement régressé au premier obstacle –, une voiture s'arrête et un homme aux cheveux blancs sort la tête d'un air interrogateur. Je lui demande comment me rendre à Nádudvar, à l'autre bout du parc national.

« *Puszta*, dit-il simplement en inclinant son menton vers le sud.

— *Tilos*? » Interdit?

Son visage affiche plusieurs expressions peu engageantes en même temps, une série de contorsions diplomatiques clairement destinées à signifier : « Oui et non », ou « Si quelqu'un vous interroge, vous ne m'avez jamais rencontré ». Il me montre du doigt la clôture de la ferme et me dit d'en faire le tour; son index esquisse la suggestion d'une voie de l'autre côté.

Traversant l'herbe haute jusqu'à la taille et sautant des portions de marais, je me faufile, coupable, à la périphérie de la ferme. Le chemin est, comme l'a indiqué le doigt, la ligne blanche ténue que j'ai identifiée sur la carte satellite. Mon ingérence n'a pas attiré l'attention des machines qui cliquettent, bien que la nervosité ait asséché ma gorge. Une prairie s'étend devant moi.

Tournant le dos à l'agriculture, j'entre dans le champêtre.

J'ai à peine marché quinze minutes, mais c'est comme si j'avais marché une heure. Je regarde en arrière : la ferme a disparu; j'ai pourtant moins l'impression d'une progression que celle que les bâtiments se sont détachés et flottent au loin, comme des objets sur un étang. Je déambule pendant une heure et c'est comme si je n'avais pas fait un pas. Pendant le reste de la matinée jusqu'à la chaleur blafarde de l'après-midi, l'expérience de ce voyage ne se mesure qu'aux petites escalades de douleur dans les muscles de mes jambes et de mes pieds; la répétition d'un terrain plat, la secousse métronomique de chaque pas, est une punition aussi inattendue que de gravir et descendre des collines. Mais l'effort n'apporte à peu près aucune modification. J'ai l'impression de faire du surplace tandis que la roue de hamster se relance sous mes bottes, que la même vue défile une fois de plus. Seul le passage des nuages indique un changement.

Lorsque la piste arrive à son terme, une trahison dont j'étais prévenu, je règle ma boussole au sud-est et plonge dans une vaste pelouse non entretenue. Il ne me reste plus qu'à continuer à avancer en ligne droite.

Avec l'intérieur de mon corps meurtri par la nuit dernière, le fantôme fumant de la *pálinka* planant encore dans mes os, mettre un pied devant l'autre m'apporte une paix rythmique familière. La ferme est désormais derrière l'horizon, mon esprit s'apaise. La vieille peur d'être exposé sous un ciel qui voit tout ne se manifeste pas comme je l'aurais cru ; le niveau de visibilité est si extrême, sans aucune possibilité de couverture, d'abri ou de répit, qu'il suscite un sentiment paradoxal d'intimité. Personne ne peut se douter de ma présence ici parce qu'il n'y a jamais personne. Je suis peut-être seul au monde, à moins que je ne déambule dans un rêve.

Sur un terrain plat, ou en mer, la courbure de la terre fait que l'horizon est toujours à environ cinq kilomètres (du sommet d'une montagne de taille décente, ce peut être jusqu'à cent soixante). À un rythme de marche de cinq kilomètres à l'heure, atteindre le point visible le plus distant me prendra une heure ; le problème est que rien ne m'indique quand j'y suis arrivé. Le manque d'éléments pousse à faire une halte à un endroit donné. Pourquoi ce carré d'herbe et pas le suivant ? Pourquoi pas trois kilomètres plus loin ? Mais je m'arrête souvent, sans intention particulière, en constatant simplement que mon corps a ralenti et s'est figé, tel un voilier quand le vent tombe. Serein, je reste immobile. Par moments, je m'allonge. Parfois, je tourne sur moi-même, parcourant des yeux la circonférence de la ligne d'horizon, comme l'axe d'une roue en rotation, jusqu'à ce qu'ils reviennent au même point. Sans ma boussole, il pourrait s'agir d'un autre point d'apparence identique.

Lorsque je baisse mon regard de l'horizon qui s'étend de tous côtés, il passe d'un ensemble brumeux à un monde de détails : de petits changements se produisent à mes pieds, à l'échelle des brins et des grains. Parmi les tiges rugueuses, on trouve des carex, des plantains, de minuscules fleurs sauvages de trois ou quatre millimètres de diamètre, invisibles en hauteur ; il y a de la tanaisie jaune poussiéreuse et quelques grandes fleurs blanches que je découvrirai plus tard et que l'on surnomme « flocons de neige d'été ». L'insaisissable fleur violette de la lavande de mer hongroise éclabousse la gamme, une plante au nom trompeur pour un pays enclavé.

Ou peut-être pas ; pendant des heures, je suis plus en mer que sur la terre ferme. Des granges occasionnelles apparaissent et disparaissent de mon champ de vision tels des navires de passage – non pas industrielles, mais traditionnelles maintenant, avec des toits de chaume épais et des murs traités à la chaux, chacune avec son puits incliné différemment – avant de me laisser seul à nouveau. Des flottes d'arbres glissent au loin, en route vers d'autres rivages. Dans les courants changeants du vent, les herbes se déplacent comme des marées.

Le Mongol né sous le nom de Temüdjin, dont l'empire

des steppes était loin de toute mer, se faisait appeler Gengis Khan : « souverain océanique ».

Des tourbillons de poussière de lœss poudreux dansent dans la plaine. Des papillons blancs volettent au-dessus de l'herbe. Le ciel azur insondable s'élève comme un bol renversé.

Ce bol bleu a un nom : le ciel père, Tengri. Il ne s'agit pas d'un nom hongrois, mais bien mongol, qui s'est répandu dans la steppe avec les prières des tribus nomades turques, des Huns et des Magyars préchrétiens ; en mongol, *tenger* signifie simplement « ciel ». La religion connue sous le terme de tengrisme a prévalu dans une grande partie de l'Eurasie avant l'adoption du monothéisme – ou du bouddhisme plus à l'est –, avant que les nomades ne se sédentarisent et que les chamans ne perdent leur pouvoir. Cette foi en un dieu-ciel, que les cultures de la Clairière auraient pu reconnaître, contient également un élément de dualisme, équilibrant le culte de la lumière – si souvent un archétype masculin – avec la vénération d'Etügen Eke, la terre mère sombre et fertile. Elle est toujours pratiquée en tant que religion minoritaire en Mongolie, en Asie centrale et en Sibérie, en partie en opposition au bouddhisme et à l'islam et en partie de manière syncrétique avec leurs croyances. Comme je le découvrirai dans les prochains jours, elle survit, voire prospère – à l'image d'une grande partie de la culture de la steppe –, dans la Hongrie moderne.

Maintenant, je marche entre le père, ciel, qui me surveille et la mère, terre, qui soutient mes pieds.

Leur harmonie cosmique ne m'aide pas beaucoup. Au cours de l'après-midi, une douleur lancinante dans mon tibia gauche devient aiguë ; je la compense en ajustant la foulée de mon autre jambe. Très vite, mon tibia droit se signale. Il n'y a rien à faire, alors pourquoi s'arrêter là? Pourquoi ailleurs? Tout ce que je peux faire, c'est continuer, mes pas se transformant en boiteries, en maintenant mon cap vers le sud-est et en attendant que quelque chose – n'importe quoi – émerge sur la ligne d'horizon et indique une fin.

Au bout d'une heure supplémentaire, le terrain présente une modulation : une bosse de terre couverte d'herbe, à peu près de ma hauteur et longue d'une dizaine de mètres, située un peu à l'ouest. Peu après, une autre apparaît. Ces tumulus, appelés kourganes, ont indubitablement été bâtis par l'homme. On les trouve de la grande plaine hongroise au sud de la Russie. Ce ne sont pas les tengristes adorateurs du ciel qui les ont construits, mais une culture beaucoup plus ancienne, un peuple presque aussi mythique et distant qu'Hunor et Magor. L'« hypothèse kourgane » postule qu'une vague préhistorique de groupes se déplaçant vers l'ouest, partageant une langue proto-indo-européenne et des rites funéraires, s'est répandue depuis la steppe occidentale entre 4000 et 1000 avant notre ère. Parmi eux se trouvaient les Yamnaya, le peuple qui pourrait avoir apprivoisé les premiers équidés. Il est certain que les chevaux étaient au cœur de la culture kourgane. Ces tumulus sont les seules preuves physiques subsistant de cette ancienne migration, qu'il s'agisse d'une invasion ou d'un processus d'assimilation plus complexe, comme le passage de la culture de la chasse et de la cueillette à celle de l'agriculture. Mais son influence perdure dans la parole. Le groupe linguistique indo-européen, qui a galopé à la vitesse d'un cheval non seulement vers l'Europe, mais vers l'est, par-delà l'Himalaya, a ensuite divergé en plusieurs centaines de langues aussi apparemment différentes les unes des autres que le sanskrit, le persan, le russe, le grec, le latin, l'allemand et le gaélique. Il est peut-être ironique de constater que le magyar n'a rien à voir avec cette vaste famille eurasienne, mais qu'il dérive de l'ouralien, un groupe totalement indépendant qui comprend également l'estonien et le finnois.

Cette partie de la Puszta est riche en kourganes ; ils surgissent comme des taupinières. Il ne faut que quelques secondes pour grimper sur l'un d'eux qui, à environ deux mètres de haut, constitue la plus grande altitude que j'aie gagnée de toute la journée (à part mon bref et peu glorieux séjour à cheval, c'est le point le plus élevé au-dessus du niveau de la mer où je me sois trouvé depuis quinze jours). De ce poste d'observation sommaire, je repose mes tibias douloureux et imagine que je vois un peu plus loin, une fraction de kilomètre, peut-être, jusqu'à l'horizon. Des millénaires gisent sous mes bottes. Peut-être y a-t-il des squelettes nichés dans la terre, des guerriers ou des chamans dont l'importance est depuis longtemps perdue. Il pourrait encore y avoir des os de chevaux, un résidu de lait de jument.

Le terme *kourgane* vient d'un mot turc qui signifie « forteresse », ce qui me rappelle le lien celtique entre les tumulus préhistoriques (les « châteaux de fées ») et les *sídhe*, ce petit peuple censé descendre d'une race disparue, poussée à l'extinction – ou dans l'autre monde – par des vagues successives d'envahisseurs. Existe-t-il des croyances similaires sur la Puszta ? Dans les contes populaires, les éleveurs hongrois sont-ils irrésistiblement attirés sous terre par la musique jouée à l'intérieur de ces monticules – les ombres fantomatiques des Yamnaya – et ressortent-ils quelques heures plus tard pour découvrir que des centaines d'années ont passé et que tous ceux qu'ils connaissaient et aimaient sont partis, comme la musique ? Je ne suis pas tombé sur des histoires de ce genre, mais, du haut de ce tumulus, je suis témoin d'un effet qui paraît surnaturel.

Loin au sud, une rangée d'arbres s'est détachée du sol et semble flotter, sans tronc, à une courte distance au-dessus de la ligne d'horizon, avec un espace clair en contrebas. Je regarde ailleurs puis de nouveau dans cette direction. Elle est toujours là, en lévitation. C'est l'équivalent pour l'Hortobágy du spectre de Brocken des Cairngorms, le mirage connu sous le nom de Fata Morgana (dérivation italienne de la fée Morgane, la sorcière de la légende arthurienne), provoqué par les rayons de lumière qui se courbent grâce à une inversion de température, avec une couche d'air plus chaud au-dessus et une plus froide en dessous. De loin, l'effet se confond souvent avec celui de l'eau qui scintille sous la chaleur. Je pense aux voyageurs en route vers l'ouest qui ont dû être tentés, pendant des milliers d'années, d'éperonner leurs chevaux à la poursuite d'une illusion. Ce n'est peut-être pas un cerf blanc qui a conduit Hunor et Magor vers l'ouest.

Mais alors, je me tourne dans l'autre sens. Quelque chose de bien plus réel traverse la steppe.

Les herbes ont un roulement sinistre, comme une houle maritime. La lavande de mer ondule en vagues violettes et violentes. D'imposantes piles de nuages clairs bouillonnent au nord, des têtes d'orage s'amoncellent à la verticale et grossissent presque sous mes yeux. Il est impossible de dire à combien de mètres ils se trouvent ni à quelle vitesse ils se déplacent, mais ils gagnent du terrain, projettent leurs ombres sur la plaine, s'effondrent et se recomposent. Il n'y a aucun abri sur des kilomètres et des kilomètres. En descendant du tumulus, je me dépêche de rejoindre les arbres flottants, mais se hâter est impossible, ici ; la distance dévore mes pas. Chose la plus haute d'un horizon à l'autre, je suis un paratonnerre ambulant, un conducteur de Tengri à la terre. La douleur augmente dans mes tibias, me réduisant à boiter. Je jette un coup d'œil en arrière toutes les minutes pour voir la tempête grossir, approcher.

Le vent qui se lève. Le roulement des tambours. Et soudain, la peur familière du rêve d'enfant me revient : le monstre plus grand que le ciel tonne à travers la plaine, mes pas lambinent à une lenteur cauchemardesque, le vide est infini et il n'y a nulle part où courir ou me cacher.

Dans une tempête de sabots, la cavalerie en armure noire déferle sur la plaine, lances étincelantes en avant et bannières de soie flottant derrière. Des cavaliers aux longues moustaches, coiffés de chapeaux de fer pointus bordés de fourrure, se retournent sur leur selle pour tirer en arrière. Arrivent ensuite des colonnes d'infanterie dont les épées s'entrechoquent sur les boucliers, un homme portant un faucon au poignet, une femme en tunique brodée d'or qui brandit une hache de guerre, des chameaux de Bactriane à double bosse et aux pompons écarlates qui tressautent, une charrette en bois tractée par des buffles, une voiture remplie d'enfants. Enfin, deux bergers dirigeant un troupeau de moutons Racka qui nettoient l'herbe barattée par les sabots.

Je viens d'assister à l'arrivée des Magyars.

Un campement de yourtes se dresse, les drapeaux sont ornés de croissants de lune et de profils de tête de loup, tandis que de robustes poneys paissent dans les pâturages au-delà. Des queues de cheval blanches et noires sont suspendues à de sinistres entrées en forme d'échafaudage – le blanc pour la paix et le noir pour la guerre – et des combattants en armure de cuir boivent à la corne. Des groupes familiaux parcourent les étals de quincaillerie et, toutes les dix secondes, le claquement d'un fouet fend l'air. Des haut-parleurs diffusent le son lugubre du chant guttural mongol.

Soixante-douze heures se sont écoulées depuis l'orage. La foudre ne m'a pas frappé. Lorsque les têtes de tonnerre ont éclaté, j'étais en sécurité hors de la steppe, abrité à Nádudvar, regardant le déluge transformer les routes en rivières. Se sont ensuivis des jours de pluie, un camping dans la station thermale de Püspökladány, des voyages ferroviaires vers l'ouest à travers la grande plaine hongroise, une nuit dans une ville appelée Kecskemét, un train local plus petit vers le sud et cinq heures de marche de Kiskunfélegyháza au village de Bugac, à la périphérie d'une plus petite bande de Puszta ouverte. Des panneaux le long de la route annonçaient :

ŐSÖK NAPJA

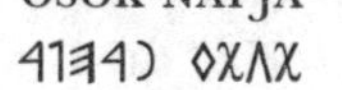

Les lettres latines familières, suivies de *rovásírás*, une écriture runique issue de l'alphabet vieux-turc promue par les nationalistes magyars qui se souviennent des anciennes gloires, annoncent la fête des Ancêtres, une célébration de l'identité des steppes qui dure tout un week-end.

L'arrivée ici ressemble beaucoup à l'approche de n'importe quel festival – sacs à dos, gaillards barbus aux cheveux longs, instruments de musique, vêtements aux couleurs vives – mais avec une quantité alarmante d'armes médiévales. Je n'ai jamais assisté à un festival aussi lourdement armé. Un homme serrant une énorme épée incurvée discute avec un officier de police ; tout le monde, y compris les enfants, semble porter au moins une hachette ou un couteau affûté dans son étui. À l'extérieur de l'aire de camping, des panneaux mettent en garde contre l'ivresse excessive, la nudité et le risque de se faire tirer dessus par un archer à cheval.

Les participants installés à côté de moi sont accueillants, bien qu'un peu perplexes devant l'apparition d'un Anglais seul et sans épée. D'un côté, un couple de personnes âgées m'offre du vin brut fait maison qui me donne instantanément mal à la tête ; mes autres voisins sont un groupe de Székelys – une minorité hongroise de l'actuelle Roumanie – portant des blouses et des pantalons en lin blanc, de hautes bottes noires et des chapeaux de paille, qui boivent des shots de *pálinka* et entonnent occasionnellement des chansons. Des gens campent avec leurs chevaux sous une rangée d'arbres à proximité, des bottes de foin empilées entre leurs tentes. Les buffles paissent au son du heavy metal, ce qui leur convient.

Ősök Napja est un dérivé du Grand Kurultáj, qui a lieu tous les deux ans, un rassemblement de peuples des steppes de plus de quarante nations, de l'Asie centrale et de la Sibérie à la Chine. La fête des Ancêtres en est une version réduite, mais il y a toujours des délégations de Mongolie, de Turquie, du Kirghizstan et d'une poignée de républiques russes, ainsi que des Hongrois de souche bloqués hors de la mère patrie par les caprices de la géopolitique, comme mes voisins székelys. Ici, on se souvient très bien de l'histoire, ou peut-être qu'on ne la laisse jamais mourir. Ősök Napja se situe à mi-chemin entre un festival folklorique hippie, une foire de reconstitution médiévale et, comme je vais le découvrir, un rassemblement nationaliste d'extrême droite.

Alors que le soleil se couche, le gémissement d'une cornemuse en peau de chèvre s'échappe du site du festival, un son obsessionnel et exaspérant – moins une mélodie qu'une provocation. Mon mal de tête intact, je m'en approche. Des gardes, dont l'uniforme composé de chemises noires et de calots rappelle le fascisme de l'entre-deux-guerres, patrouillent par deux ou trois, vérifiant les infractions au règlement du camping. Mais les vrais muscles sont en fait du côté des hommes au torse massif et aux bras nus, vêtus de robes volumineuses et de chapeaux de *csikó*, le fouet enroulé autour de la taille, chargés d'empêcher le public de se faire encorner ou piétiner. Ces gardiens de la foule me bloquent le passage lorsqu'une colonne de cavaliers huns revient au trot de l'arène, puis la voie est à nouveau libre. Devant moi, il y a de la musique, des lumières aveuglantes et la vapeur montante des stands de nourriture.

Je me dirige vers une troupe qui regarde le groupe sur la scène principale ; pas de la cornemuse en peau de chèvre, mais un punk hargneux et rageur. Le chanteur, au crâne rasé éblouissant, porte un tee-shirt noir orné d'une inscription gothique, tandis que le musicien à côté de lui – un flûtiste doux, à lunettes, vêtu d'un gilet en moleskine – semble venir d'un groupe différent ou d'un autre siècle. La guitare trash se glisse dans des solos de flûte tournoyants, puis dans des larsens distordus, un son aussi confus que le public, en tenues folkloriques diverses, de peaux de daim et d'armures en cotte de mailles. L'homme torse nu devant moi arbore un tatouage sur tout le dos représentant des aigles, des loups hurlants et un croissant de lune. Un couple de personnes âgées emmitouflées dans des drapeaux turcs discute avec un type souriant, aux traits larges d'Asie centrale, coiffé d'un grand chapeau de soie ; lorsque je lui pose la question, il révèle être d'origine kirghize. Il fait partie de la délégation kirghize dont la yourte est installée à proximité. Quand je lui serre la main, il touche ma joue de la sienne. Les Turcs comprennent sa langue, mais il ne parle pas la leur. « Nous sommes frères », crie-t-il avant que je ne le perde dans la foule.

Des heures plus tard, nous nous retrouvons, les mains jointes, tournant en rond, l'entropie de la masse devenant mouvement collectif. Les cornemuses en peau de chèvre sont à l'œuvre. Leur gémissement saccadé et rythmé reforme les individus en un ensemble structuré. Je danse sans savoir comment, entraîné dans une répétition démocratiquement simple de pas – deux tapes du pied en avant et une en arrière –, chaque personne saisissant la main de celle qui la précède, de sorte que nos bras, derrière notre dos, sont quasiment entrelacés. Les visages du Kirghize souriant, d'un guerrier mongol en fourrure, d'une femme székely aux cheveux tressés se confondent et disparaissent dans la nuit. Désordonné et peu raffiné, ce rituel est contraignant.

Je rentre à ma tente à deux heures du matin. La règle « pas d'ivresse excessive » a été complètement ignorée ; des *csikók* évanouis et des Huns beurrés jonchent le chemin du retour. Seuls les doux chevaux se tiennent tranquillement sous leurs arbres, hochant la tête dans l'obscurité.

Tout cela est déconcertant. Je le démêlerai demain.

« C'est le seul endroit où, après minuit, on peut trouver un musulman conservateur dansant avec un skinhead. »

Me dit l'un des participants à la fête d'hier soir : un jeune homme avec une barbe touffue, des yeux ambrés plutôt incertains et un chapeau à pampilles en crin de cheval. Je l'ai rencontré par hasard autour d'un petit-déjeuner de *lángos,* de la pâte frite imbibée de crème aigre, et je l'ai interrogé sur l'équilibre délicat entre multiculturalisme et nationalisme. Où nous situons-nous exactement, sur le spectre allant du folklorique au fasciste ?

« C'est une hypocrisie, dit-il. Ou peut-être une dualité. Les nationalistes hongrois n'arrivent pas à se décider entre le fait d'être des Européens chrétiens et cette identité magyare, extérieure à l'Europe. Ils admirent la culture de la steppe, même si la plupart des cultures de la steppe se trouvent aujourd'hui dans des pays musulmans. Les musulmans nomades sont acceptés, mais pas les sédentaires, et surtout pas les migrants. Tout est confus.

— Pourquoi es-tu venu ici ? » je demande. Ses yeux ambrés s'illuminent.

« Parce que j'ai l'impression de faire partie de l'Est ! Je peux parler avec quelqu'un de Iakoutsk et savoir qu'il est pareil à moi. Nous sommes tous des Touraniens. Et tout le monde déteste l'Ouest… »

C'est le premier touraniste assumé que je rencontre, bien que les références à ce sujet soient partout à Ősök Napja. Ce mouvement nationaliste romantique a commencé – à l'instar de la plupart des mouvements nationalistes romantiques – au XIXe siècle, lorsque la Hongrie était l'associée de l'Empire autrichien. Face à la montée du pangermanisme et du panslavisme dans les pays qui les entouraient et parmi les minorités non assimilées de Hongrie, les patriotes magyars se sont détournés de l'influence occidentale corruptrice pour s'intéresser à leurs compatriotes de langue ouralienne à l'est. Après avoir été linguistiquement isolés pendant un millier d'années, la découverte qu'ils n'étaient pas seuls mais faisaient partie d'une famille d'idiomes apparentés qui s'étendait sur le plus grand continent du monde a dû être ressentie comme une porte ouverte ; dans le même temps, les ethnologues ont établi des liens entre les groupes eurasiens de la Hongrie, de la Finlande et de l'Estonie jusqu'aux rives du Pacifique. Le touranisme est né de ce mélange de théorie linguistique et de science raciale douteuse ; le nom vient de la dépression de Touran autour de la mer Caspienne.

Après le désastre de la défaite lors de la Première Guerre mondiale, la Hongrie a perdu les deux tiers de son territoire. Cette séparation est encore ressentie aujourd'hui ; un tee-shirt populaire dans le festival représente l'ancienne carte du pays – qui s'étendait de la Transylvanie à la mer Adriatique – déchirée par les mains squelettiques de ses voisins voleurs. Le sentiment d'être trahi par l'Europe a accru l'attrait de l'Est, donnant au touranisme un élan émotionnel qui s'est transformé en fascisme dans les années 1930. Après la Seconde Guerre mondiale, il a été supprimé par les communistes, mais aujourd'hui, alors que le gouvernement de droite hongrois se détourne de l'Union européenne et cherche un renouveau dans le nationalisme et un passé mythique glorieux, son aura croît à nouveau.

Il est clair que les costumes aident.

Au milieu de toute cette confusion visuelle, il me faut un certain temps pour comprendre ce qui me semble si étrange. La plupart des nationalistes européens tendent vers une identité chrétienne et caucasienne, la civilisation tenant la corde contre les hordes barbares. C'est le contraire, ici. Ces touranistes sont fièrement du côté de ces dernières.

Cela n'est nulle part plus apparent que sur l'énorme bannière accrochée à un immense cadre en bois à l'entrée de l'arène. Les traits maigres et sans humour d'Attila, chef tribal des Huns, contemplent le festival ; jaune flamme, probablement à la lumière d'un village en feu. Dans toute l'Europe, cet homme, dont les armées ont ravagé les Balkans, la Grèce et l'Empire romain d'Occident, traversé le Danube et le Rhin et saccagé une grande partie du nord de la France, est considéré comme un épouvantail, la terreur de la chrétienté, une malédiction infligée par Dieu pour punir les indignes. « C'était un homme né pour ébranler les nations, le fléau de tous les pays, qui, d'une certaine manière, faisait peur à toute l'humanité », écrivait l'historien du VIe siècle Jordanes. Appliqué par les propagandistes alliés aux troupes allemandes pendant la Première Guerre mondiale, le mot « Hun » est synonyme de sauvagerie et de profanation. Il évoque des visions d'églises en feu, d'œuvres d'art pillées et de nonnes outragées. Mais ici, Attila est célébré comme un héros culturel.

Le visage rond et joyeux de Gengis Khan fait également l'objet d'un hommage. Dans une *ger* richement décorée – une yourte mongole en feutre –, je bois un verre de lait de jument fermenté devant un sanctuaire dédié au célèbre spoliateur, père de seize millions de descendants, tandis qu'une femme de l'ambassade de Mongolie me nourrit de biscuits au lait de jument. Gengis n'est jamais venu en Hongrie, mais son petit-fils Batu l'a fait, à la tête de la Horde d'Or ; l'invasion de 1241 dévasta l'Europe. Les Mongols surpassèrent même les Huns en efficacité ; selon certaines estimations, la Hongrie perdit un quart de sa population et une large part de la grande plaine hongroise resta dépeuplée pendant des siècles. Avec deux tiers de ses établissements détruits et des centaines de milliers de morts, toute la région s'est vidée, ses champs redevenant des pâturages.

De la même manière que le terme « désert » désigne un endroit déserté, le mot *puszta* – « stérile », « nu » – se traduit également par « sans ressources ».

Le territoire où se déroule l'Ősök Napja préserve un patrimoine linguistique, qui renvoie à cette époque de déplacements de populations. Le mot *kun* est fréquent dans les noms de lieux, de même que *kiskun*, « petit kun » – les villes et villages à proximité comprennent Kunszállás, Kiskunhalas et Kiskunfélegyháza, tandis que la région elle-même est appelée Kunság –, ce qui témoigne de la présence historique d'un peuple de la steppe supplémentaire, les Kuns ou Coumans, qui ont migré vers l'ouest avant les invasions mongoles. Initialement invités à s'installer par le roi Béla IV, qui espérait qu'ils pourraient former une première ligne de défense contre d'autres hordes venues de l'Est, ils finirent par piller leurs voisins sédentaires et causer presque autant de désordre que les Mongols. La Petite et la Grande Coumanie ont survécu en tant que zones ethniques distinctes, même après l'extinction de la langue coumane en 1770 (son dernier locuteur est mort à Karcag, une cité située juste à l'extérieur de l'Hortobágy) ; le renouveau culturel du XIXe siècle a finalement réuni les Coumans et les Magyars – sans parler des Mongols eux-mêmes – sous la bannière touraniste.

Les biscuits sont moelleux et étranges, le lait fermenté mousseux et glacé a un goût qui ressemble un peu à celui du petit-lait. À l'extérieur de la yourte, vingt danseuses mongoles au sourire d'un rouge parfait, vêtues de robes violettes, dorées, vertes, bleues, roses et argentées, avec des chapeaux en forme de cônes et de flèches, exécutent un numéro synchronisé sous les sifflets de la foule.

Un jeune Hongrois très ivre, qui a manifestement veillé

toute la nuit, jette un œil de l'entrée, assis comme s'il priait. « Mon âme, dit-il quand je lui parle.

— Votre âme ?

— J'ai une âme asiatique. Je veux vivre comme eux, toujours en mouvement. »

Selon la légende, l'agité Attila n'a jamais dormi plus d'un soir au même endroit.

« Rayonnant depuis la grande plaine, mettant à sac et réduisant en esclavage la moitié de l'Europe, ils ont fait trembler tout l'Empire romain, écrit Leigh Fermor avec une délectation caractéristique. Quand Attila est mort, la bride imprudente, après un lourd banquet, quelque part près de la Tisza… les Huns galopèrent autour de sa tente funéraire dans une débandade de lamentation. »

Laissant le type à son sourire rêveur, je me dirige vers une version contemporaine de cette tente funéraire. De l'autre côté du site se dresse la yourte des Ancêtres.

C'est, de loin, la plus grande structure couverte du festival : un énorme dôme sombre semblable à une soucoupe volante malveillante qui aurait atterri au bord du champ. La file d'attente pour y pénétrer compte plus d'une centaine de personnes, qui avancent lentement – hommes, femmes et enfants, en famille ou seuls – dans la température étouffante du début d'après-midi. Il me faut presque une heure pour arriver près de l'entrée, qui est gardée par un *csikó* géant dans une ample robe noire. La politique est la suivante : une entrée pour une sortie. Une pancarte indique que les épées ne sont pas autorisées dans la tente. Je m'avance enfin dans la pénombre, ma curiosité désormais à vif. À première vue, il n'y a pas grand-chose ; c'est surtout un espace vide, comme l'intérieur d'une mosquée. Puis je me rends compte que des gens se déplacent dans le sens des aiguilles d'une montre autour du mur, lisant et examinant des panneaux et des objets exposés. L'histoire du peuple magyar est ici, en hongrois et en *rovásírás,* avec des cartes montrant leur progression fléchée depuis l'Est ; il y a des offrandes funéraires, des tessons de poterie et des bijoux, et les têtes modelées en cire des principaux chefs de tribu, des individus aux yeux étroits, aux pommettes hautes et aux moustaches fines. La pièce maîtresse, encastrée dans le sol devant une fresque mélodramatique de sabots qui s'agitent et de drapeaux déchirés, d'ennemis piétinés, est un squelette humain enterré avec la mâchoire d'un cheval, déterré d'un kourgane de la steppe occidentale. Les gens se baissent pour lui rendre hommage, en silence et avec révérence. Enfin, la yourte des Ancêtres abrite une collection de crânes grotesquement modifiés par une pratique de déformation crânienne consistant à emmailloter la tête d'un enfant de manière à allonger les os et produire un front plat et incliné et un sommet conique. Cette pratique était celle des Huns pour se distinguer des peuples qu'ils conquéraient et leur conférer le statut de royauté ; à l'intérieur de cet ovni noir, on pourrait croire à des extraterrestres.

Plus tard, les drapeaux des nations touraniennes sont déployés dans l'arène bondée : la bannière de Székely, avec son soleil doré et son croissant de lune sur fond bleu, est la plus applaudie après celle de la Hongrie. On assiste également à des démonstrations de tir à l'arc à cheval, à des combats de ceintures à cheval menés par des adolescents torse nu qui s'arrachent le pantalon l'un de l'autre tandis que leurs montures s'arc-boutent et se tournent, et à un jeu d'Asie centrale, le *buzkashi,* au cours duquel deux équipes de cavaliers se disputent le contrôle d'une chèvre décapitée et traînent sa carcasse à travers le terrain. Le public, dont les applaudissements se succèdent en rythme, comme s'il n'arrivait pas à se décider entre collectivisme et individualisme – une particularité hongroise dont je n'ai été témoin nulle part ailleurs –, n'est pas tant spectateur que participant, souvent paré d'atours plus barbares que les artistes. Contrairement à ce qui se passe à Texas Hollywood, ils ne font pas semblant d'être ce qu'ils ne sont pas, mais plutôt ce qu'ils imaginent avoir été un jour. Ce qui me frappe, c'est à quel point ces tenues qui étaient à la mode voici des siècles paraissent aller comme un gant à beaucoup d'entre eux – comme Albert conduisant son cheval et son cabriolet en gilet et chapeau à plumes d'outarde.

« C'est de l'hypocrisie », dit mon ami aux yeux d'ambre. Parmi les vêtements mongols éclatants et les proclamations d'unité, on trouve des tee-shirts ornés d'aigles nazis et ces mots « L'Europe m'appartient », assez ironiquement pour ces fiers descendants des grandes migrations. Plus tard dans la nuit, au cours d'un autre concert de guitares tonitruantes, je regarde – avec un malaise naissant – l'homme discret à côté de moi lever son bras droit à un angle de quarante-cinq degrés, paume vers le bas, et le maintenir dans cette position. Personne ne lui prête attention. Sa femme et sa fille adolescente gloussent, un peu gênées, mais pas honteuses, puis un type plus jeune les rejoint en souriant joyeusement. Tous deux continuent à chanter jusqu'à ce que leurs muscles soient fatigués, puis ils s'étreignent, comme s'ils avaient partagé un moment spécial.

Selon une chronique du XIIIe siècle, la *Gesta Hunnorum et Hungarorum* (la légende d'Hunor et Magor) a une origine biblique. Leur père, Ménrót, le géant guerrier qui régnait sur les lointaines steppes de l'Est, n'était autre que le tyran Nimrod, petit-fils de Noé, qui offensa Dieu en construisant la tour de Babel. Il s'agissait peut-être d'une tentative d'assimiler le mythe païen au mythe chrétien, mais cela fait sens en tant que moyen de comprendre la linguistique. Comment expliquer sinon l'existence du hongrois au cœur de l'Europe – un idiome qui ne ressemble en rien à celui parlé par ses voisins – si ce n'est comme un produit du babillage cacophonique de langues qui inonda le monde lorsque la tour s'est effondrée ? L'inintelligibilité était la punition de Dieu pour l'orgueil.

Avant de quitter Ősök Napja et la Puszta, une autre chose me vient à l'esprit à propos du mythe d'Hunor et Magor. Je ne cesse de rencontrer l'emblème de la biche à la grande ramure.

Il flotte sur les drapeaux, est vendu sur les étals, porté à la taille sous forme de boucles de ceinture et de sporrans en cuir. Il apparaît dans l'iconographie de la fête elle-même : un cerf doré stylisé dont les bois, telles des flammes enroulées, courent sur toute la longueur du dos. Son intensité et sa grâce ont la qualité de l'art rupestre préhistorique, bien qu'il date de plusieurs millénaires. D'origine scythe, il était fréquent en Asie centrale, ce grand goulasch entremêlé du nomadisme des steppes. Chaque bois est censé représenter une tribu ancestrale.

Le symbole cervidé, à bois multiples ou non, est clairement apparenté au cerf blanc, l'animal totem hongrois qui a conduit les frères à travers la steppe, pour disparaître mystérieusement plus tard, comme s'ils fusionnaient avec lui (le nom de leur mère, note la chronique, était Eneth, qui signifie « biche »). Les nomades d'Eurasie ont voué un culte au cerf dès les premiers temps, en suivant les schémas saisonniers des troupeaux migrateurs qui n'ont jamais véritablement pu être domestiqués, mais seulement traqués. Le symbole du cerf blanc a des connotations magiques et sacrées dans les cultures de toute l'Europe, de la mythologie celtique à la conversion de saint Eustache, qui eut la vision d'un crucifix entre les bois d'un cervidé immaculé.

Et soudain, je me retrouve hors de Hongrie, à l'autre bout du continent, là d'où je suis parti.

Quand je pense à des cerfs blancs, je vois des rennes.

La blancheur pourrait-elle être celle d'une peau de renne ? Cette fourrure gris argenté qui est à la fois chaude et froide, la couleur de la glace et du métal ? Ce n'est pas impossible. Les cultures migratoires d'éleveurs de rennes – Evenks, Dukhas, Soïotes, Tofalars, Touvains de Tozha et autres groupes – adhèrent toujours aux anciens modèles dans le nord-est de la Chine, en Mongolie et à travers la Sibérie, tout comme en Scandinavie samie, reliant la zone de steppe du Sud au permafrost changeant du Nord. Serait-ce le renne qui a conduit les premiers nomades vers l'ouest ?

Et maintenant, je vois au-delà de tout cela – les costumes, les jeux machos, les drapeaux, le nationalisme confus – pour retrouver la liberté d'un espace vide qui s'étend à l'infini.

Il y a la toundra arctique des Cairngorms, gelée comme les peaux de cerfs. Il y a le vert de la Białowieża, aussi sombre que la mémoire. Il y a les minéraux desséchés du seul désert d'Europe, des bad-lands qui étaient autrefois une mer, dans les tons ocre d'une grotte peinte. Les vers de Finlay me reviennent en tête :

Comment sommes-nous arrivés ici ?
En suivant les rennes qui
marchent à reculons vers le printemps

Et j'avise des troupeaux anonymes traversant les rideaux du temps et de l'espace, des migrations de masse en réponse à un climat qui change rapidement. Comme la diminution des glaciers, la montée des eaux, l'extension du désert, la lumière et l'ombre dont les vagues clapotent sur le continent dans une marée d'arbres, ces mouvements d'animaux et de personnes sont le pouls vivant de la planète. Le passé gelé disparaît du panorama et l'avenir est sombre, inconnu. Nous marchons tous à reculons, incapables de voir où nous allons, vers le printemps qui arrive avec la fonte des glaces.

Épilogue

LES DERNIÈRES NEIGES

Le jour où je retourne dans les Cairngorms, un service funèbre est organisé à deux mille sept cents mètres d'altitude dans les Alpes – en présence d'un chapelain, d'une délégation de scientifiques de l'Association suisse pour la protection du climat et de joueurs de cor des Alpes en tenue de deuil – pour marquer la mort du Pizol, un glacier suisse disparu. Au cours des dernières années, une telle quantité de sa substance a fondu que, d'un point de vue scientifique, il ne peut plus être considéré comme un glacier. Il a perdu son nom. Bientôt, il ne sera plus que de l'eau.

Pendant que je traversais en sueur la grande plaine hongroise, une petite plaque était en cours d'installation à Okjökull, dans l'ouest de l'Islande, un glacier autrement appelé Ok. L'inscription, en islandais et en anglais, rédigée par l'écrivain et ancien candidat à la présidence Andri Snær Magnason, dit ceci :

Lettre à l'avenir

Ok est le premier glacier islandais à perdre son statut de glacier.

Dans les deux cents prochaines années, tous nos glaciers devraient emprunter la même voie.

Ce monument acte que nous avons conscience de ce qui se passe et de ce qui doit être fait.

Vous seuls savez si nous l'avons fait.

Août 2019
415 ppm CO_2

Le chiffre du bas fait référence au taux de dioxyde de carbone dans l'atmosphère[1]. La dernière fois qu'il a été aussi élevé, c'était non seulement avant l'histoire, mais avant l'existence de l'espèce humaine.

À la fin de mes voyages dans les régions périphériques d'Europe, je retourne dans l'Arctique écossais pour retrouver le Sphinx.

C'est la dernière semaine de septembre et j'ai suivi de manière obsessionnelle les mises à jour d'Iain Cameron, l'homme qui documente la santé des neiges persistantes britanniques. La plus récente, datant d'il y a trois jours, prévient qu'il ne reste plus que trois plaques : une sur l'Aonach Beag, une montagne voisine du Ben Nevis, et deux – le Sphinx et Pinnacles – dans le creux glaciaire du Garbh Choire Mòr. Selon lui, toutes les trois peuvent être qualifiées de « gravement menacées ». Il est loin de croire qu'elles tiendront jusqu'à l'hiver.

Le vent souffle, humide et chaud. Si les glaciers des Alpes et d'Islande ont déjà cessé d'exister, quel espoir y a-t-il pour ces blobs échoués ? Il est peut-être trop tard.

Aviemore est plus fascinant à l'aube que lors de ma pre-

1. Nombre de molécules de CO_2 par million de molécules d'air.

mière visite, la nuit et sous une pluie battante ; avec son architecture victorienne lugubre et ses pins sombres drapés de nuages, sa palette de pourpres, de verts et de gris, il ne reste qu'une trace de la romance à la Walter Scott à laquelle je m'attendais la première fois. En descendant du train de nuit, je me fraie un chemin en passant devant les boutiques de vêtements de montagne fermées, laissant derrière moi Happy Haggis, Royal Tandoori et le pub où j'ai étudié les cartes avec Dougie, avant de passer au-dessus de la Spey en crue et de traverser le hameau d'Inverdruie. Les sommets se trouvent devant, nus. Un chemin mène au milieu des premiers arbres de la forêt de Rothiemurchus.

Voici huit mois, par une nuit d'hiver, le sol de cette forêt était tout blanc. Aujourd'hui, celui visible sous les pins sylvestres noueux est d'un vert irréel : ce que je reconnais maintenant comme une forêt tropicale tempérée de fougères, de bruyères et de genévriers rabougris, luisante de vie fongique et de puits de mousse si profonds que je pourrais y enfoncer le bras jusqu'au coude. Des manches écailleuses de lichen pendent des membres rouges des arbres. La lumière se reflète sur une couverture argentée de feuilles de myrtilliers. Rothiemurchus est l'un des vestiges de l'ancienne grande forêt calédonienne qui dominait le nord de l'Écosse après le dernier maximum glaciaire ; vieille d'environ neuf mille ans, elle est presque, mais pas tout à fait, aussi primitive que la Białowieża. Bien sûr, c'est le manque de neige qui me la révèle maintenant, une richesse et une complexité qui ne viennent qu'avec un âge vénérable. Mais j'ai également l'impression que la Białowieża, ainsi que l'attention des personnes qui m'ont guidé à travers ces arbres, m'a donné des yeux différents.

Mon cœur s'emballe à la vue d'excréments sombres sur

un rocher; puis je me souviens qu'il n'y a pas de loups ici, et depuis longtemps. Peut-être – probablement – y en aura-t-il de nouveau, mais pour l'instant, nous avons rempli le paysage de l'angoisse avec d'autres peurs.

L'eau bouillonne sous les pieds, s'écoule, blanche, à travers les arbres là où l'Allt Druidh descend en roulant sur son lit de cailloux. Après le désert et la steppe, c'est un luxe d'être ainsi entouré d'eau, de savoir que ma gourde sera toujours pleine. Une grenouille traverse d'un bond un ruisseau. Je fais disparaître le sommeil du voyage en plongeant la tête dans le torrent.

Le relief augmente et les arbres rapetissent à mesure que je m'approche de la lisière des bois. Les espaces entre les troncs s'élargissent et se vident. La complexité diminue : les fougères et les mousses sont réduites, les arbres à feuilles caduques dépouillés, ne laissant que des pins tordus, des bruyères et des myrtilliers. Le biome s'insinue dans le biome : en l'espace de huit cents mètres environ, la forêt tropicale tempérée se transforme en taïga et la taïga en toundra.

Je me dirige vers l'entrée nord du Lairig Ghru.

La grande vallée glaciaire est striée d'éboulis, preuve du traumatisme ancien infligé au paysage. La lumière du soleil sonde par taches pâles, attrapant les fils des chutes d'eau qui brillent sur la terre dénudée. Sans neige, sans glace, cela ressemble à un nouveau monde, ou peut-être au futur venant à la rencontre du passé. Dans l'ascension du col, je me heurte à un puissant vent de face qui souffle depuis l'étroite bouche – la paroi abrupte du Creag an Leth-choin, Lurcher's Crag, à ma gauche, le flanc du Cairn Gorm à ma droite – qui n'est plus poisseux et humide, mais vif et gelé. Depuis le point culminant de la vallée, le sentier caillouteux redescend, passant devant les bassins clairs de la Dee, dont les parois ont été creusées plus récemment par un effondrement de rochers ou une avalanche, laissant de longs sillons dans le flanc de la montagne. Un sol rouge et granuleux s'y découvre, le *ruadh*, du nom gaélique des Cairngorms. Je me sers de mes paumes pour boire. L'eau a un goût de pierre.

Naviguant sur une moraine de blocs erratiques entassés, le chemin devient ingrat. Devant moi s'étendent des nuages inquiétants, alternativement inondés de lumière jaune et s'assombrissant de gris, comme si une main invisible jouait avec un variateur d'intensité. On croirait un couloir rempli de fumée – je pense au long été des incendies – qui coupe les sommets des montagnes au-dessus de mille mètres d'altitude ; je me dis que je ne trouverai peut-être jamais le Garbh Choire Mòr dans ce brouillard, et encore moins deux taches de neige, si elles sont encore là. Mais les nuages se gonflent et laissent entrevoir d'étroites fenêtres de ciel. En face et en dessous se dressent la Pointe du Diable et la bosse du pic de l'Ange, bien plus loin que je ne l'imaginais ; devant et au-dessus se dessine la ligne de crête que j'ai parcourue avec Dougie.

Et puis quelque chose retient la lumière d'une manière que la roche ne peut pas faire.

Deux points pâles, qui brillent dans la pénombre.

« La neige donne l'impression d'attirer la lumière à elle », note l'écrivain Christopher Nicholson, un autre « plaqueur de neige » compulsif, dans son livre *Among the Summer Snows.* « Elle ouvre ses bras et embrasse la clarté. Ce phénomène, connu sous le nom de décalage de Purkinje, n'a en réalité rien à voir avec la neige, mais résulte de l'adaptation des bâtonnets et des cônes de l'œil humain aux conditions de lumière changeantes. » En anglais le mot « crépuscule », *gloam,* souligne-t-il, a la même racine que *gloom,* la « morosité », mais également que son contraire, *glow,* la « lueur ».

Mais ces taches sont des choses sans paroles. Elles sont aussi pâles que des blancs d'œufs, ou des lunes. Je retiens leur regard, mais le nuage se reforme et bientôt elles disparaissent à nouveau.

Je m'avance vers leur souvenir, en suivant une ligne droite vers le haut du mont.

Hors du chemin, sur la bruyère, dans la tourbière, dans la boue, dans la sphaigne, sur les ruisseaux, dans la montagne vivante. Je ne marche pas à sa surface, mais dans un écosystème de vie tissée, mes bottes et parfois le bas de mes jambes plongeant dans de soudains abîmes. Sur ce sol spongieux, tour à tour souple et flottant, je tombe toutes les deux minutes sinon plus, sur le dos, le front, le visage. Heureusement, il n'y a pas d'atterrissage plus amorti. Comme dans la forêt de Rothiemurchus, sans la couverture immaculée, une richesse étonnante est révélée, la toile d'araignée densément enchevêtrée qui tisse la toundra : des suintements de *Marsupella profunda* cramoisie évoquant un organe interne sanglant; des jungles étranges de dicrane qui palpite de vert algue; les lobes charnus de pawwort monstre; des éclaboussures de lichen lugubre. À travers les étendues plus humides et plus sombres pousse une forme délicate et ramifiée dont la couleur est le vert le plus pâle qui existe avant le blanc : le lichen des rennes, la raison pour laquelle le troupeau prospère ici aujourd'hui. C'est ce qui rappelait si fortement sa région natale à Mikel Utsi, dans le nord arctique de la Suède, et il ne ressemble à rien de ce que j'ai vu en Grande-Bretagne. Retrouvant mon souffle après une de mes chutes, à moitié enfoncé dans le sol mouillé, je m'en rapproche et mon regard se perd dans un labyrinthe de ramures ; il évoque parfaitement le diagramme d'un réseau neuronal, une floraison synaptique qui s'interconnecte avec les autres plantes, tissant la toundra à elle-même et les rennes à la toundra. Sa croissance est glaciaire, quelques millimètres par an, une lenteur bien adaptée aux températures négatives et à la survie pendant des mois ou des années sous la neige ; c'est la nourriture préférée des rennes et leur bouée de sauvetage en hiver. Après avoir cueilli une tige, je la mâche prudemment en sautillant. Elle a un goût de poisson, de champignon, telle une sorte d'algue de la toundra.

Les yeux rivés sur mes pieds, j'ai perdu de vue mon objectif. Les nuages masquent la cuvette escarpée du cirque que je cherche à atteindre. Mais en suivant un ruisseau glougloutant à l'aveuglette, je tombe sur un refuge à mi-pente. Comme celui des Gués d'A'an, c'est un petit abri triangulaire, avec un plancher en bois et des murs en pierre, et juste assez d'espace pour s'allonger et se tenir debout. À l'intérieur, parmi les classiques bidons d'essence à moitié vides, bougies et provisions alimentaires emballées dans du papier aluminium, un bienfaiteur littéraire a laissé derrière lui un exemplaire de *La montagne vivante* qui, alors que je le feuillette, s'ouvre à une page clé. « Il y avait de la neige qui valait la peine d'être vue en ces étés d'autrefois. À l'époque je croyais qu'il s'agissait de neige éternelle, et je la touchais avec un sentiment de crainte, écrit Shepherd à propos de cet endroit. Mais en août 1934, il n'y avait plus du tout de neige dans les Cairngorms, à l'exception d'une petite parcelle dans le recoin le plus profond du Garbh Choire de Braeriach. L'autrefois a disparu de nos flocons. »

Dans le livre d'or, je tombe sur une entrée d'Iain Cameron, qui date de deux mois. « À l'heure où j'écris, la situation semble sombre. Je m'attends à ce que la neige fonde en septembre. Si cela se produit, ce sera la première fois qu'elle fondra totalement pendant trois années consécutives. Historique ! »

Un sentiment d'urgence m'envahit. Je jette mon sac à dos sur le sol et, ainsi allégé, je pars.

Le Garbh Choire Mòr est un amphithéâtre creusé dans le corps de Braeriach, une morsure dans le flanc de la montagne, le rongement primordial de la Cailleach qui amène l'hiver. L'escalade des éboulis humides et meubles, parfois à quatre pattes, rend mon approche plus humble ; c'est comme de monter les marches brisées d'un temple. Les pierres sont glissantes, recouvertes d'une étrange mousse noire et de taches de verdure moisie, arrosées par la fonte des neiges, survivant dans le goutte-à-goutte terminal de leurs propres petits glaciers. Une pluie amère se met à tomber. La lumière devient de plus en plus grise. Tout ce que je peux faire, c'est grimper là où la roche rencontre les nuages, vers les points cachés de la neige, dont la manifestation antérieure commence à ressembler à une illusion. Était-ce une fée Morgane de Purkinje ? Un tour du spectre de Brocken ? Ou les ai-je aperçus quelques instants avant leur soudaine et fatidique fonte ?

Puis le nuage cède à nouveau et je les vois, aussi réels que la pierre.

Le Sphinx et Pinnacles : la dernière neige d'Écosse.

C'est le Sphinx que j'avise en premier, essoufflé par la montée. Il est le plus petit des deux, malgré sa plus grande renommée. Sa forme est grossièrement circulaire, dix mètres de diamètre, et ses bords ne sont pas lisses, mais festonnés comme du silex taillé, ses dentelures soulignées par la crasse. Sa surface, piquée et érodée par l'ablation et la recongélation, est recouverte d'une fourrure drue d'aiguilles de pin, de brindilles et de brins d'herbe, telle une bête en pleine mue; des décolorations de terre rosée, soit lavée d'en haut, soit soufflée ici par le vent, lui donnent l'apparence d'une hémorragie interne.

Il est plus épais que je ne le pensais, au moins un mètre. Son bord inférieur se soulève de la roche vers le haut, comme s'il reculait devant une surface hostile. Jusqu'à sa première disparition enregistrée, en 1933, sa masse était composée d'innombrables générations de chutes de neige accumulées, mais en cette ère postindustrielle, ce lien avec le passé s'est rompu. Ce que je regarde maintenant a moins d'un an.

Traversant un col de gravier humide, je rends visite à Pinnacles, plus fin et plus long que le Sphinx, un obloïde irrégulier enroulé dans la montagne. Au départ, j'avais l'idée d'entreprendre son ascension – j'ai même apporté mon piolet et mes crampons à cet effet –, mais maintenant que je suis tout près, l'initiative me semble irrespectueuse. Je pense à la cascade de glace du Khumbu par laquelle passa mon grand-oncle en route vers le sommet de la planète, et à la façon dont elle s'effondre à présent; à ce glacier du Cachemire qui se dissout dans la neige fondue sous les bottes de scientifiques solennels. Mon poids, ou du moins ce qu'il semble, pourrait briser cette pureté. Au lieu de cela, je retourne vers le Sphinx et j'utilise la pointe du piolet pour faire un petit trou – ce seul geste me semble une violence – et fouille ma poche pour prendre les offrandes que j'ai apportées.

Une par une, je les dépose, souvenirs d'autres contrées :

un gland de la Białowieża, un fragment de gypse de Tabernas, des brins d'herbe de l'Hortobágy. Puis je les recouvre de glace.

Combien de temps vont-ils rester ainsi englacés ?

Peu, à en juger par la mélodie : un goutte-à-goutte percussif, un filet d'eau chantant. Couché à plat sur la roche humide, je vois le dessous qui suinte, un plafond voûté de glace qui fuit en cent endroits. L'architecture est bancale, soutenue par des piliers qui se corrodent et des contreforts qui se changent en neige fondue. Le liquide se déplace inlassablement à l'intérieur et en dessous de la glace, s'écoulant et se répandant, se vidant régulièrement.

Je suis un fil clair jusqu'à ce qu'il forme une poche lente et grasse et positionne ma gourde en dessous. Le petit-déjeuner de demain sera un porridge à la glace fondue et aux myrtilles. Alors que les gouttes se dilatent et tombent sans cesse – trayant le Sphinx comme la Cailleach son troupeau de cerfs –, je ferme les yeux et me concentre sur ce pouls.

La gourde met un temps incroyablement long à se remplir.

Au moment où l'eau déborde, mes membres sont contractés par le froid. La pluie s'abat. Le vent se lève. J'ai du mal à m'arracher de là, mais il faut y aller. Il ne me reste plus qu'à souhaiter bonne chance à ces masses de temps échouées – à nous souhaiter bonne chance à tous – et à laisser mes pieds me ramener au refuge, qui m'attend.

À mi-chemin sur le flanc de la montagne, je me retourne pour jeter un dernier regard en arrière. Deux yeux pâles suivent mon départ. L'un m'adresse un clin d'œil. Les deux clignent des paupières. Puis tous deux disparaissent.

POSTFACE

Contre toute attente, le Sphinx et Pinnacles n'ont pas fondu en 2019, ils ont été sauvés par une chute de neige précoce une semaine après ma visite. Une chute plus importante au début du mois d'octobre a assuré leur survie de justesse jusqu'à un autre hiver.

Au moment de la rédaction de ce texte, l'année au cours de laquelle j'ai fait ces randonnées était la deuxième plus chaude (après 2016) de l'histoire, depuis que des relevés existent.

REMERCIEMENTS

À Dungeness : merci à David Snoo Wilson et à sa famille pour notre séjour dans la cabane. Aux Cairngorms : *tapadh leat* à Dougie Strang, Chris Hammond, Iain Cameron, Tilly Smith, John Hunt et au Grand Homme Gris. À Białowieża : *dziękuję* à Joanna, mon guide forestier, Augustyn, Marianka, Asia, Adam et tous les autres courageux militants de la maison des défenseurs de la forêt, et *spasibo* à Natalya. À Tabernas : *muchas gracias* à Kevin Borman et Troy Roberts, Laurence Burton (Standing Eagle) et Bri Hutchings. À Hortobágy : *köszönöm* à Judit Rácz, Albert et Judit, et à l'Allemand dont je n'ai jamais su le nom. Ailleurs : merci à Bethany Ritz du magazine *Emergence*, dont les révisions ont contribué à l'élaboration d'une partie du chapitre sur la Białowieża, à Gregory Norminton et Mark Goldthorpe pour leurs néologismes, à mon agente Jessica Woollard, à mon éditeur aux yeux de lynx Joe Zigmond, à Nick Davies pour son soutien et ses conseils au fil des ans, à Caroline Westmore, à Morag Lyall, à Howard Davies et au reste de la brillante équipe de John Murray, (à l'original) Nicholas Brealey, à mes amis et collègues toujours inspirés du « Dark Mountain Project », Ron Hutchinson, Alisa Taylor et Isabella Hutchinson, à Caroline Hunt, Caroline Williams, Otto et la maison de Gratitude Road.

Composition : Nord Compo
Achevé d'imprimer
par CPI Firmin-Didot
à Mesnil-sur-l'Estrée, en juin 2022
Dépôt légal : juin 2022
Numéro d'imprimeur : 170037

ISBN : 978-2-07-293559-6/Imprimé en France

377831